민주시민교육의 이론과 실제

전득주 · 페터 마싱 · 허영식 편

엠-애드

민주시민교육의 이론과 실제

2006년 6월 30일 1판 발행

지은이 전득주 · 페터 마싱 · 허영식 외
펴낸이 이승한
펴낸곳 도서출판 엠-애드
출판등록 제2-2554
주소 100-273 서울시 중구 충무로5가 77-3
전화 02) 2278-8063~4
팩스 02) 2275-8064
E-mail madd1@hanmail.net
표지디자인 임 선 실

ISBN 89-88277-47-3 03370

※ 판권은 도서출판 엠-애드가 가지고 있습니다.
※ 무단전제와 무단복제를 금합니다.
※ 잘못된 책은 바꾸어 드립니다.

정가: 15,000원

머 리 말

　본 도서는 서울에서 2004년도에 설립된 "한·독 민주시민교육 포럼"의 틀 속에서 개최된 국제학술회의에서 발표된 논문 중 일부를 선정하여 모아놓은 것이다.
　2004년 서울에서 개최되었던 한·독 학자들의 제1차 회의는 민주적 정치문화의 발전과 촉진, 그리고 안정화에 있어서 민주시민교육의 기능에 관한 집중적인 논의를 통하여 양국에서 민주시민교육이 처한 구체적인 상태와 실제적인 문제들을 알고, 학문으로서의 정치교육학과 민주시민교육의 현황과 실태를 보다 더 자세하게 살펴보는 데 기여하였다.
　2005년 10월 베를린에서 개최되었던 제2차 학술회의에서는 여기에 기초하여 특히 독일과 한국에서 민주시민교육의 이론형성 및 경험연구와 관련된 문제와 개선점에 대하여 논의하였다. 이때 주된 목적은 민주시민교육과 관련된 교수·학습의 공동 연구프로젝트의 가능성을 탐색하는 데 놓여 있었다. 그동안 정치교육학과 민주시민교육에 관한 여러 가지 질문과 과제에 대한 연구모임이 형성되었으며, 한국과 독일의 연구자 사이에 학문적인 접촉도 역시 학술회의 사이의 기간에 걸쳐서 유지되었다.
　2004년도 및 2005년도 국제학술회의의 결과를 담은 공동의 출판사업이 이루어지게 되었으며, 이에 따라 전득주 교수와 페터 마싱(Peter Massing) 교수가 편자로 활동하며, 독일어판은 슈발바흐(Schwalbach/Ts.) 소재 보헨샤우(Wochenschau) 출판사에서 발행하고, 이와 동시에 한국에서는 이 도서를 통하여 한국어판을 발간하게 된 것이다. 요컨대, 두 번에 걸쳐 이루어진 상기 국제학술회의는 민주시민교육과 정치교육학에 관심이 있는 한·독 사회과학자들 사이의 협력을 지속적으로 유지하고 심화하는 데 기여했다고 말할 수 있다.

지난번 베를린에서 개최되었던 학술세미나에서 민주시민교육의 이론적 구상, 경험적 연구의 접근방안, 준거학문과 실제적 문제에 관하여 심도 있는 토의가 이루어지는 동안 한국과 독일에서 민주시민교육이 안고 있는 가장 근본적인 새로운 도전 중의 하나는 '세계화'라는 개념과 연결된다는 것이 분명하게 나타나게 되었다. 오늘날 세계화는 세계적 수준에서 사회과학적 논의에서 있어서 핵심적인 범주가 되었으며, 이를 둘러싸고 여러 가지 측면에서 논쟁이 벌어지고 있으며 관련문헌도 개관하기 힘들 정도로 많이 등장하게 되었다. 이런 배경에서 출발하여 2006년 9월 서울에서 개최되는 제3차 민주시민교육 한·독 국제학술회의의 기본주제는 "세계화·민주주의·민주시민교육"으로 설정되었다.

지난번 학술회의에서는 서로 다른 준거학문의 맥락 속에서 학문적 이론형성과 경험적 연구의 질문을 분석하고, 학문으로서의 민주시민교육에 대한 조리 있는 철학에 도달하는 데 주된 목적을 두었다면, 이번에 개최될 세미나에서는 세계화현상에 대하여 보다 더 많은 고려를 하면서 민주시민교육에 대하여 결정적으로 중요한 요인으로 작용하는 것을 명시적으로 포함시키고 이것을 논의의 중심에 놓는 데 주된 관심이 있다. 이렇게 함으로써 다시 2년 전 서울에서 개최되었던 회의에 대해서도 역시 연결고리를 찾을 수 있게 된다. 그때에는 세계화의 문제를 이미 다루기도 하였지만, 민주시민교육에 대한 그 결과와 영향에 대하여 심도 있게 그리고 명시적으로 논의하지는 못하였다.

2006년도 국제학술회의의 주제는 간학문적인 접근방안을 요구한다. 이에 부응하기 위하여 정치교육학과 민주시민교육을 대변하는 학자 이외에 정치경제학, 민주주의 이론, 국제관계에 중점을 둔 경제학자와 정치학자, 그리고 사회학자도 역시 참여할 것이다. 바로 이와 같이 서로 다른 학문분야 사이의 협력을 통하여 한국과 독일에서 민주시민교육의 근대화를 위한 중요한 결과와 더불어 현재 및 장래의 연구계획과 프로젝트를 위한 단서와 자극이 나올 것으로 기대한다.

이와 같은 배경과 맥락에서 발간하게 된 본 도서의 제1부에서는 민주시민교육의 이론적 기초와 문제에 초점을 맞추어, 정치교육의 역사와 이론, 정치교육의 준거학문과 정치교육학과의 관계, 통일을 대비한 민주시민교육의 현황과 발전방향, 시민교육의 비전, 정치학과 정치교육의 관계 등의 주제를 다루고 있다. 제2부에서는 민주시민교육의 실제와 경험적 연구의 문제에 중점을 두면서, 정치수업에서 수업방법의 효과, 교육표준안과 평가, 정치적 판단형성, 교사양성 및 연수, 성인정치교육의 입장, 경제교육과 민주시민교육, 민주시민교육의 제도적 착근방안 등의 주제에 특별한 관심과 주의를 기울인다.

이 도서발간과 관련하여 그동안 주제발표 논문을 우리말로 번역하여 기한 내에 제출해 주신 참여자 여러분에게 감사드린다. 또한 어려운 출판사정에도 불구하고 이 도서의 발간을 위해 적극적으로 협조해 주신 도서출판 앰-애드의 사장님과 편집부원에게도 편자의 이름으로 감사의 말씀을 드린다.

2006년 5월

숭실대학교 교수 전득주
베를린자유대학교 교수 페터 마싱
청주교육대학교 교수 허영식

목 차

제1부: 민주시민교육의 이론적 기초와 문제

제1장 독일 정치교육의 역사, 이론적 구상, 최근의 도전
.... 볼프강 잔더(기센대)· 9
제2장 정치교육의 준거학문과 정치교육학적 이론형성을 위한
그 위상 .... 볼프강 잔더(기센대)· 28
제3장 통일을 대비한 시민교육의 현황과 발전방향
.... 전득주(숭실대)· 46
제4장 구동독의 체제지향 정치교육:
교화와 정치교육 사이에서 .... 페터 마싱(베를린자유대)· 71
제5장 미래 정치교육을 위한 비전:
시민교육 .... 페터 헹켄보르크(드레스덴대)· 88
제6장 정치학과 정치교육의 관계 .... 신두철(선거연수원)· 102

제2부: 민주시민교육의 실제와 경험적 연구의 문제

제7장 정치수업에서 수업방법의 효과. 경험적 결과와 연구문제
.... 페터 마싱(베를린자유대) · 124
제8장 정치교육에서의 교육표준과 평가
.... 게오르크 바이세노 (칼스루에교대) · 152
제9장 정치적 판단형성: 정치교육학적 이론형성의 핵심
.... 요아힘 데첸(아이히슈테트 카톨릭대) · 172
제10장 경험적 교과수업연구와 정치교육학적 이론형성을 위한
그 유용성 .... 다그마 리히터(브라운슈바이크기술대) · 188
제11장 민주시민교육 관련교과의 교사양성 및 연수
.... 허영식(청주교대) · 207
제12장 성인대상 정치교육의 입장
.... 클라우스-페터 후퍼(피어젠 시민대학) · 224
제13장 한국 경제교육과 민주시민교육의 현황과 발전방향
.... 유임수(이화여대) · 240
제14장 독일에서 정치행위의 새로운 실천형태
.... 한스 메르켄스(베를린자유대) · 271
제15장 경제발전, 가치변동과 민주주의의 안정
.... 베르너 페트(베를린자유대) · 278
제16장 SWOT분석을 통한 민주시민교육의 문제점 분석과
조직모형 구축 방안 .... 정창화(단국대) · 288

제1부 민주시민교육의 이론적 기초와 문제

제1장 독일 정치교육의 역사, 이론적 구상, 최근의 도전

볼프강 잔더(기센대)

독일의 경우 정치교육은 학교에서 가장 오래된 과제에 속하면서 동시에 가장 최근의 과제에 속한다. 정치교육은 학교의 교과 중 가장 최근에 수립된 교과의 하나이다. 1960년대에 비로소 이 교과는 학교에서 본격적으로 자리를 잡을 수 있었다. 그동안 약 40년이 지나면서 역사가 얼마 안 된 이 교과를 위한 인프라는 어느 정도 잘 갖추어졌다. 교과교사를 위한 양성교육과 교과와 관련된 학문적 연구, 그리고 전문학술지와 교과관련 협회를 갖추게 된 것이다. 그러나 동시에 정치교육의 문제는 근대학교 전체의 역사를 따라다니고 있다. 근대학교의 시작은 16세기로 소급되지만, 19세기 후반에 와서야 비로소 취학의무가 실제로 관철이 되었으며, 사실상 모든 아동이 학교를 다닐 수 있도록 하는 데 필요한 학교의 네트워크가 나라 전체를 통해 구축되었다. 오늘날 우리가 자명한 것처럼 간주하는 근대의 학교가 수립되는 전체 기간, 즉 300년 동안 계속해서 제기되고 논의되었던 질문은 다름 아니라 어떻게 해야 학교가 청소년을 대상으로 한 정치교육에 기여할 것인가 하는 것이다.

이 글에서 필자는 지난 400년 동안에 걸친 독일 정치교육의 역사를 포괄적으로 다룰 수 없다는 점을 이해해 주기 바란다. 논의의 전개는 다음과 같이 네 단계로 진행하고자 한다. (1) 우선 독일연방공화국 수립 이전 정치교육의 초기역사에 잠시 눈을 돌려, 아주 간단하게 언급한다. 여기서 중요한 점은 정치교육에서 전문적인 교과를 위한 세 가지 주장인데, 이것은 역사적 조망을 통해서 얻을 수 있으며 또한 오늘날까지 학교에서 정치교육의 근거를 수립하기 위하여 근본적으로 중요한 것이다. (2) 제2차 세계대전 이래 독일연방공화국과 관련하여 교과로서의 정치교육이 걸어온 역사에서 중요한 국면을 소개한다. (3) 독일에서 정치교육과 관련된 인프라에 대하여 개관한다. 여기서 말하는 인프라에는 학문으로서의 교과교수학도 역시 속한다. (4) 다음 단계에서는 정치교육의 준거학문, 즉 정치교수학이 갖고 있는 학문적인 자기이해의 몇 가지 핵심적인 사항을 지적하고 더불어 최근 이 교과가 부닥치고 있는 도전과 당면과제에 대하여 언급한다.

이 글에서는 주로 학교에서 이루어지는 정치교육에 주의를 기울이기로 한다. 독일에서는 청소년과 성인을 대상으로 한 정치교육의 분화된 체제도 역시 존재한다. 그렇지만 이 측면에 관해서는 시간 관계상 더 자세하게 다룰 수가 없다.

1. 독일 정치교육의 초기역사

청소년 대상 정치교육은 바로 근대학교의 설립동기 중 하나였다. 오늘날 독일의 영토에서 16세기와 17세기에 많은 국가를 통치했던 군주의 시각에서 볼 때, 학교를 설립하게 된 동기는 특히 다음과 같은 세 가지였다. 첫째, 그 당시 점차 등장하는 국가행정과 신민 사이의 의사소통이 중요한 문제였다. 아동이 나중에 성인이 되어 행정기관, 즉 영주의 명령과 지시를 해독하고 따를 수 있으려면 우선 읽는 것을 배워야 하였다. 둘째, 근대의 합리적인 경제방식, 처음에는 중상주의, 그리고 나중에 19세기부터는 산업을 관철시키는 일이 중요하였다. 이를 위해 농가의 생활리듬에 따라 성장한 청소년은 이제 기계의 박자, 시계에 따른 생활, 질서와 규율에 적응해야 하였다. 사실상 17세기와 18세기에 존재하던 대부분의 학교에서는 엄격한 규율이 지배적이었으며, 주의가 산만한 학생을 교사가 회초리로 때리는 일이 일상적인 일이었다. 셋째, 학교는 군주의 지배 혹은 통치에 대한 신민의 충성을 확보해야 할 과제를 안고 있었다. 아동은 행정당국에 대하여 어떤 의무를 갖고 있으며, 사회생활을 위하여 가장 중요한 규칙이 무엇인지 학교에서 경험해야 하였다.

적어도 이 세 번째 동기와 더불어 정치교육이 본격적으로 작용하게 된다. 오랫동안 정치교육은 기독교 종교수업의 자명한 구성요소였다. 그것은 보수적인 지향을 가진 종교교육이었으며, 기독교 교재·찬송가·성경을 통하여 학교에서 아동에게 행정당국에 대한 순종의 의무를 가르쳤다. 나중에 19세기 후반부터 특히 역사수업이 정치교육에 대한 기여를 할 것으로 기대되었으며, 지리수업과 국어도 역시 그러한 기대를 받았다. 이러한 교과는 그에 대응하는 주제와 학습자료의 선정을 통하여 민족에 대한, 그리고 1871년에 등장한 독일 국민국가에 대한 청소년의 동일시를 강화해야 할 과제를 안고 있었다. 1933~1945년에 걸친 민족사회주의에서는 이러한 정치교육의 형태가 특별히 극단적인 양상을 띠었다. 민족사회주의 시대에 학교는 정치교육을 위한 교과를 따로 갖고 있지 않았으나, 모든 교과와 학교의 일상을 학생을 젊은 민족사회주의자로 교육시켜야 한다는 요구사항에 종속시켰다. 여기서 역사·국어·지리 이외에 특히 생물과 체육이 중요한 역할을 수행하였다.

이와 같은 짤막한 개관을 통하여 특히 독일학교의 역사에서 정치적이지 않은 학교가 결코 존재하지 않았다는 점을 분명하게 확인하게 된다.

역사적인 회고에서 도출할 수 있는 사항이지만, 필자는 여기서 전문적인 정치교육을 위한 첫 번째 주장을 피력하고자 한다. 오랫동안 독일에서는 아동과 청소년이 학교에서 정치적인 질문을 비평적으로 다룰 수 있도록 하는 독립된 교과에 대하여 유보적인 태도가 있었다. 이러한 유보 뒤에는 종종 아동은 정치에서 멀리 거리를 두게 해야 하며, 학교는 정치교육을 수행해야 하는 과제를 떠맡기에는 힘에 부친다는 생각이 놓여 있었다. 거기에 반해서 학교의 역사에 대한 연구는 이러한 생각이 착각이라는 점을 보여주고 있다. 정치교육은 독일의 학교역사에서 언제나 존재했으며, 하지만 오랫동안 그것은 반민주적인 태도를 취했으며, 전문적인 능력과 자격을 갖춘 교사의 양성이 없는 상태에서 교육이 이루어졌다. 따라서 역사적인 회고에서 도출할 수 있는 첫 번째 주장은 이렇게 정식화할 수 있을 것이다. 학교는 정치교육의 문제를 정말로 피해 갈 수는 없다. 학교가 정치교육을 운영해도 좋은 것인가가 아니라, 어떤 방식으로 이것이 이루어져야 할 것인가가 바로 모든 사회에서, 그리고 현대 민주주의에서도 역시 답변을 해야 할 질문인 것이다.

이러한 과제를 위하여 독립된 수업교과가 필요할 수도 있는가 하는 질문을 둘러싸고 독일에서는 1871~1918년 동안의 제국에서 보다 더 강화되어 폭넓은 토의가 이루어지기 시작하였다. 마지막 독일황제인 빌헬름 2세는 이러한 토의를 장려하였지만, 그에게 우선적으로 중요한 것은 학교를 통하여 자신의 지배와 통치를 정당화하는 일이었다. 그러한 정당화는 종교나 역사와 같은 다른 교과에서 충분히 보장할 수 없다고 간주하였다. 이러한 동기부여는 민주적 정치교육에 관한 오늘날의 토의를 위해서는 별 유익한 도움을 줄 수 없다. 그러나 독립된 교과에 관한 이 초기의 토론에서는 선견지명이 있는 견해도 역시 있었다. 교육자 프리드리히 빌헬름 되르펠트(Friedrich Wilhelm Dörpfeld)는 1889년 발표한 논문에서 그러한 교과에 대한 요구의 근거를 지금도 여전히 그럴듯한 다음과 같은 주장을 통하여 제시하였다. 역사수업은 현재의 사회적 상태에 대한 비평적인 취급을 통하여 보완할 필요가 있다는 것이다. "왜냐하면 학교에 가르칠 수 있는 역사의 도움만 가지고는 어떤 아동이나 성인도 현재의 인간생활의 사정에 통할 수 없기 때문이다"(Sander, 2004, 50에서 재인용). 이것이 전문적인 정치교육을 위한 두 번째의 주장이 될 것이다. 오늘날의 용어를 사용하여 그것은 아마도 다음과 같이 표현할 수 있을 것이다. 현대사회는 더 이상 일차적으로 전통에 따라 움직이지 않는다. 현대사회의 문제를 처리하기 위한 타당성기준과 해결방안은 대개 더 이상 자명한 것으로 공유된 전통에 의존하여 획득할 수 없다. 그러므로 학교가 현대사회에서의 생활을 위해 준비시키려고 한다면, 현재의 이 사회적·경제적·정치적 상태와 조건을 학습의 대상으로 삼아야 한다.

되르펠트에게 중요한 것은 오늘날 이해하고 있는 바와 같은 민주적 정치교육이 아니었다. 민주주의와 정치교육 사이의 연관성에 관한 질문은 독일에서 바이마르 공화국, 즉 1918~1933년 동안 짧게 지속된, 그리고 내부적인 갈등으로 부담을 안고 있던 첫 번째 민주주의에서 처음으로 제기되었다. 그 당시 그러한 연관성을 매우 분명하게 바라본 몇 안 되는 교육자에는 파울 륄만(Paul Rühlmann)이 속하였다. 륄만은 1919년 다음과 같이 썼다. "민주주의가 지속적으로 유지되려면 공민교육의 문제가 모든 국가적 조치의 처음이나 끝이다"(Sander, 2004, 53에서 재인용). 확실히 첨예화하여 표현한 이 문장에서 정치교육의 초기 역사에서 나온 세 번째 주장, 즉 오늘날까지 교과의 근거로서 중요한 주장을 인식할 수 있다. 민주사회에서 정치의 정당성은 일차적으로 국민의 의사결정, 선거 혹은 국민투표에 놓여 있다. 그러므로 민주주의의 성공 여부는 장기적으로 볼 때 시민이 정치현상에 관하여 제대로 판단하고 평가할 수 있는 능력과 자질을 갖추고 있느냐에 달려 있다. 이를 위해 학교는 교과 측면에서 질적 수준을 담보할 수 있는 수업을 통하여 학습의 가능성을 마련하지 않으면 안 된다.

바이마르 공화국 시대에는, 비록 헌법이 '공민과'라는 이름으로 정치교육을 위한 독립된 교과를 명시적으로 규정하였지만, 그러한 수업의 단초만을 관찰할 수 있다. 그러나 바로 이점에 있어서도 역시 첫 번째 독일공화국에서의 헌법이 여러 번 무시되었으며, 헌법의 명령을 예를 들면 헌법재판소를 통하여 관철시킬 수 있는, 관심 있는 시민을 위한 가능성이 존재하지 않았다.

2. 독일연방공화국에서 정치교육의 전개과정

1945년 이후에도 약 20년이 지나서야 민주정치교육을 위한 고유한 교과가 학교에서 관철될 수 있었다. 1950년에 교육부장관회의는 정치교육을 위한 결의를 하였으나 이 문서에서는 독립된 정치교육 과목 설치에 관하여 구속력 있는 규정을 내리지 않고 단지 권고사항만을 제시하였다. 그런 이유로 인하여 오늘날까지 정치교육을 위한 교과를 지칭하는 용어가 주별도 다양하게 나타나고 있는데, 예를 들면 '사회과', '공동사회과', '정치·사회·경제', '사회과학'과 같은 용어가 사용되고 있다.

연방공화국 초기에 유행한 이론적 접근으로는 특히 '동반자교육'이 있었다. 미국의 실용주의와 존 듀이의 사상에 영향을 받은 이 접근방안은 정치적 지식과 정치적 판단보다는 오히려 주위환경에서 이루어지는 직접적인 사회적 상호작용에 주안점을 두었기 때문에, 정치교육의 핵심적인 내용과 맥락을 소홀히 다루었다는 문제점을 안고 있다.

1960년대에는 정치교육을 위한 정치교수학이 본격적으로 자리를 잡게 되었으며, 이런 맥락에서 교과교수학적인 이론이 개발되기 시작하였다. 교과교수학의 주된 과제는 교과의 목표와 그 근거, 학습내용과 내용 선정, 그리고 교과에 특정한 학습방법 등을 체계적으로 연구하고 논의하는 데 놓여 있다. 이러한 교과교수학 이론에서 주의를 기울인 일부 중요한 질문과 이론적인 문제를 여기서 간단히 소개한다.

첫째, 수업에서 정치현상의 구조적 특징을 어떻게 확인할 것인가 하는 문제가 논의의 대상이었다. 이와 관련하여 '사례원리(혹은 본보기학습)', '기본문제(기본적으로 중요한 문제)', '범주(範疇)교육(혹은 개념학습)' 등과 관련된 대안이 제시되었다.

'사례원리'란 시사적인 정치현상에서 본보기로 선정한 사건이나 일 혹은 갈등을 정확히 분석하는 것을 함축하고 있는데, 학생들은 여기서 구체적인 사례나 보기를 통하여 일반화할 수 있는 정치현상의 특징을 인식하여야 한다.

'기본문제'란 사회과학적 관점에서 볼 때 앞으로도 상당히 오랫동안 정치적 의미와 중요성을 지니고, 시사적인 정치에서 관찰할 수 있는 여러 가지 논쟁거리의 배경에 놓여 있는 정치적 문제를 가리킨다. 여기에 해당하는 보기로는 환경문제를 들 수 있으며, 국제화 및 세계화와 정치·경제·문화도 대표적인 기본문제의 보기로 간주할 수 있다.

'범주교육'의 개념은 일련의 범주를 가지고 정치현상의 특징을 파악하려는 취지를 갖고 있다. 기본개념이라는 의미에서 범주는 학생들로 하여금 정치적 상황과 사건을 분석할 수 있도록 해준다. 이 접근방안을 대변한 정치교육학자들은 그러한 범주로서 특히 권력·이해관계·효율성·정당성 등을 제시하고 있다.

둘째, 민주적 다원주의를 고려할 때 수업목표를 어떻게 설정하고 근거를 수립할 것인가 하는 물음이 이론적 논의의 대상이 되었다. 이와 관련하여 정치교육과 관련된 담론과 실천에서 중요한 준거로 삼게 된 계기가 다름 아니라 '보이텔스바하 합의'이다. 정치교육이 정치적 갈등과 논쟁을 어떻게 다루어야 하며, 모든 정치적 논쟁에도 불구하고 최소합의와 같은 것이 존재할 수 있지 않을까 하는 문제가 제기되었다. 격렬한 정치적 논쟁은 학교교육에 있어서 정치교육의 위치를 강화하기보다는 오히려 약화시켰다는 진단이 나오고, 또한 정치적·학문적 논쟁에도 불구하고 정치교육을 위해 어떤 근본적인 공통의 토대를 마련할 필요성이 있다는 인식이 널리 퍼짐으로써 정치교육의 합의문제에 대한 관심도 높아졌다.

이런 맥락에서 나온 것이 소위 '보이텔스바하 합의'(1976)인데, 이 말은 정치적으로 입장을 달리하는 여러 정치교육학자들이 남부독일의 보이텔스바하라는 소도시에 모여 개최한 학회의 결과를 일컫는 것이다. 여기서 합의된 사항은 다음과 같이 세 가지 명제로 요약되었다.

(1) 교화 또는 주입을 금지할 것. 가르치는 사람이 원하는 생각에 따라 (어떤 수단을 쓴다 할지라도) 학생들을 조종함으로써 이들이 자주적인 판단을 내리는 데 있어서 방해를 주어서는 안 된다. 바로 여기에서 정치교육과 교화(敎化) 사이의 경계선이 그어지는 것이다. 교화는 민주사회에 있어서 교사의 역할, 그리고 두루 인정받고 있는 교육목표, 즉 학생의 자율성과 상치된다.

(2) 학문과 정치에서 논쟁적인 것은 수업에 있어서도 역시 논쟁적으로 나타나야 한다. 이 요구사항은 앞에서 말한 요구사항과 밀접하게 연결되어 있는 바, 그 까닭은 상이한 입장들이 드러나지 못하고 선택가능성들이 은폐되고 대안들이 언급되지 않은 상태로 남게 되면 교화 또는 주입에의 길을 걷게 되는 것이기 때문이다. 여기서 물어보아야 할 점은 교사가 심지어 교정의 기능도 갖고 있어야 하지 않는가 하는 것인데, 이를 달리 표현하면, 교사는 학생들(그리고 정치교육에 참여하는 다른 사람들)에게 (그들 나름의 정치적·사회적 출신을 고려할 때) 생소한 관점들과 대안들을 특별히 들추어내어야 하지 않는가 하는 것이다.

(3) 학생은 어떤 정치적 상황과 그 자신의 이익(또는 이해관계)상황을 고려할 수 있고 또한 그의 이해관계에 따라 당면한 정치적 상황에 영향을 끼칠 수 있도록 해야 한다. 그러한 목표설정은 조작적인 행위능력에 대한 강조를 다분히 포함하고 있는데, 이것은 그

러나 위의 두 원칙에서 끌어낼 수 있는 논리적 귀결이다(Wehling, 1977, 179-180).

　교화의 금지, 논쟁점 반영과 취급, 학습자의 흥미·관심과 이해관계 고려, 이 세 가지 요구사항은 여러 상이한 정치적 입장들 사이의 최소합의를 암시하고 있으며, 또한 민주적인 정치교육을 위한 근본적인 원칙 또는 '본질적인 요소'를 지칭한다고 할 수 있다. 이 최소합의에 속한 세 가지 사항은 오늘날까지 민주적 정치교육의 기본원리로서 널리 받아들여지고 있으며, 각 주의 여러 교육과정에서도 세 가지 윤리적 원칙을 명시적으로 인용하고 있다.
　정치교육 교과의 역사에서 이 최소합의는 전문화의 중요한 계기를 나타내고 있다. 왜냐하면 이 세 가지 원칙은 정치교육을 담당하는 교사의 교육적 과제를 자신의 개인적인 정치적 신념과는 별개로 규정할 수 있어야 한다는 점을 명료하게 밝히고 있기 때문이다.

3. 독일연방공화국에서 정치교육의 인프라

　독일의 학교에서 정치교육의 인프라는 오늘날 어떤 양상을 띠고 있는가? 앞에서도 언급한 바와 같이, '학교교과'로서 정치교육은 수립될 수 있었지만 이제까지 서로 다른 여러 가지 용어로 지칭되고 있다. 이 교과의 시수도 주별로 매우 다르게 나타나고 있다. 일부 주에서는 교과의 중점이 10학년 혹은 11학년부터의 고학년에 놓여 있는가 하면, 다른 주에서는 5학년이나 7학년에서 시작하고 있다. 교과시수의 측면에서 볼 때, 정치교육 과목은 대체로 비교적 비중이 약한 교과에 속하고 있으며, 대부분 주당 1시간 혹은 2시간이 배당되어 있다.
　학교에서 이 교과가 안고 있는 근본적인 문제점 중의 하나는 교과와 관련된 전문적인 양성교육을 받지 않은 교사가 아직도 종종 이 과목을 담당하고 있다는 점이다. 추정한 바에 따르면, 전공하지 않은 교사가 정치교육 과목을 담당하고 있는 비율이 30~50% 정도에 이른다고 한다. 이런 일이 벌어지고 있는 중요한 이유는 적지 않은 교장들이 비중이 크지 않은 교과의 수업을 담임교사의 전공과 관계없이 가능하면 그 담임교사에게 맡기려고 하는 성향에서 찾게 된다.

대학의 경우를 보면, 오늘날 대부분의 연방주에서 정치교수학 담당 교수직이 존재하고 있다. 그렇지만 물론 모든 주와 모든 대학에 교수직이 설치되어 있는 것은 아니다. 정치교수학을 연구 및 교육 활동의 중점으로 삼고 있는 대학재직 학자의 수는 현재 100명 정도로 추산되고 있으며, 그중 약 4분의 1 내지 3분의 1이 교수직을 맡고 있다.

연방국가 수준에서 중요하면서 상당히 큰 역할을 수행하고 있는 제도가 다름 아니라 '연방정치교육원(BpB)'이다. 1952년에 설립된 이 정치교육원은 연방내무부 산하기구이다. 연방정치교육원은 그때그때 정권을 잡은 연방정부의 정책을 대변하거나 옹호라는 과제를 결코 떠맡고 있지 않다. 이 교육원은 초당파적이며, 당파성을 지양하고 극복하기 위한 제도적 장치로서 독일연방의회에 속한 국회의원 22명(여러 다른 교섭단체 고려)으로 구성된 감사위원단의 통제를 받도록 되어 있다. 그리고 관련 전문가와 학자 9명으로 구성된 학술자문위원회의 자문을 받고 있다. 연방정치교육은 비록 연구진흥을 수행하고 있는 것은 아니지만, 정치교육을 위해서 여러 가지 다양한 서비스를 제공하고 있다. 특히 정치교육과 관련된 여러 가지 다양한 수업자료와 전문서적을 발간하여, 무료로 혹은 약간의 저렴한 수수료를 받고 여러 학교와 교사에게 제공하고 있다. 또한 다양한 잡지를 발간하고 있으며, 사회교육 차원에서 이루어지는 정치교육 행사를 지원하며, 때로는 전문적인 학술행사와 회의를 주최하기도 한다. 대부분의 연방주에는 주정치교육원이 설치되어 있다. 이 지방 정치교육원은 연방정치교육원과 유사한 과제와 기능을 설정하고 있으나, 연방수준의 교육원과 비교할 때 규모가 상당히 작으며 가용자원도 훨씬 적다.

이제는 독일에서 정치교육의 전문분야를 특징짓는 두 가지 중요한 학술단체 혹은 협회를 소개한다. '독일정치교육협회(DVPB)'는 1965년에 설립되었으며, 주로 학교에서 정치교육 과목을 담당하는 교사로 구성되어 있다. 여기에 더하여 1999년에는 '정치교수학 및 청소년·성인 정치교육협회(GPJE)'가 창립되었으며, 이 협회는 보다 더 학문적으로 연구 및 교육 활동을 하는 전문적인 학술단체의 성격을 띠고 있다. 이 두 단체는 서로 경쟁관계에 놓여 있는 것이 아니라, 오히려 상호보완 관계를 맺고 있다.

교과와 관련된 전문적인 담론과 논의를 위해서는 다음과 같은 세 가지 학술잡지가 특별히 중요하다. "사체(斜體) - 정치교육저널(*kursiv - Journal für politische Bildung*)"은 정치교수학적인 기고(寄稿)와 더불어 학교교육 차원 및 사회교육 차원의 정치교육과 관련이 있다. "정치교육(*Politische Bildung*)"은 일차적으로 교과 담당교사를 독자의 대상으로 삼고 있으며, 배경학문 및 교과교수학과 관련된 기고를 게재한다. "폴리스(*POLIS*)"는 '독일정치교육협회(DVPB)'의 기관지이다.

정치교육에 관한 학술적인 문헌의 영역에서는 보헨샤우(Wochenschau) 출판사가 주도적인 역할을 수행하고 있다. 교과를 위한 교과서와 수업 자료의 발간은 다른 여러 출판사가 또한 담당하고 있다. 교과문화의 관점에서 볼 때 이와 같은 인프라는 충분히 만족하다고 볼 수는 없다. 이 글에서 필자는 몇 가지 빈틈과 해결되지 않은 문제점을 언급하였다. 그러나 다른 한편에서 보면, 특히 1918년 이후의 독일 제1공화국이나 1950년대 연방공화국 초기와 비교해 볼 때, 지난 몇 십 년 동안 정치교육 교과는 전체적으로 볼 때 성공적으로 전개되어 왔다고 말할 수 있다.

4. 오늘날의 정치교수학 - 학문적 자기이해와 최근의 도전

정치교수학에 있어서도 역시 지난 여러 해 동안에 지속적인 발전이 이루어졌다. 1960년대와 1970년대에 역사가 짧은 이 학문이 수립될 당시에는 정치교육의 이론적인 개념과 접근방안을 서로 다른 여러 학자가 개발하였는데, 이때 그 이론적인 개념과 접근방안은 교과의 자기이해와 과제를 위하여 대안적인 사고모형을 제시하거나 서로 경쟁관계에 놓여 있는 사고모형을 제시하는 것으로 간주되었다. 물론 오늘날에도 역시 정치교수학의 논의에서는 다른 모든 학문과 마찬가지로 차이와 논쟁이 존재한다. 그러나 이러한 차이는 완전히 다른 정치교육의 모형이나 아니면 심지어 서로 반대되는 모형이 존재하기 때문에 발생한다고 보기 어렵다. 사실상 오늘날 독일의 정치교수학 분야에서는 공통점이 더 우세하다(Pohl, 2004 참조). 정치교수학 분야에서 학문적인 연구와 작업은 크게 세 가지의 영역으로 구분하여 살펴볼 수 있는데 이것들은 서로 상호관계에 놓여 있다. 대부분의 학자들은 이 세 가지 영역 중 한 분야 이상에 중점을 두고 있다.

1) '교과의 철학'에 관한 연구와 작업

여기서는 좁은 의미에서 본 이론적인 연구가 중요하다. 예를 들면, 인식론적 질문, 규범적인 문제, 교과목표, 교과역사에 관한 연구가 여기에 속한다. 현재 이 분야에서 특별히 논쟁거리가 되고 있는 것은 다음과 같다. 현대의 인식론으로 각광을 받고 있는 구성주의와 정치교육을 위한 그것의 귀결에 대하여 논란이 있다(특히 Detjen/Sander, 2001; Sander, 2001, 83 이하 참조). 1960년대에 등장한 범주(範疇)교육(혹은 개념학습)의 접근방안이 여전히 미래에도 적합할 건인가 하는 의문에 대하여 서로 다른 견해와 입장이 있다. 학교에서의 민주주의 학습과 관련하여 국가차원의 진흥프로그램을 둘러싼 논쟁적 토론이 벌어지고 있다. 이 프로그램은 민주적인 학교문화의 개발과 정착을 위하여 학교차원에서 주도적으로 실행하는 운동과 실천사례를 장려하려고 하지만, 지나치게 사회생활 학습에 중점을 두고 있다. 그래서 적지 않은 정치교수 학자들이 비판하고 나섰는데, 비판의 요점은 이 프로그램에서는 정치에 대한 이해의 의미와 중요성이 과소평가되고 있다는 것이다(특히 POLIS 3/2003 참조).

2) 학습프로그램의 계획을 위한 정신적 '수단'이나 도우미라는 의미에서 '도구'의 개발을 위한 연구와 작업

이 영역은 교육적 실천 혹은 교수법적 실천을 위한 교수학적 지식을 망라하고 있다. 이를테면, 교수·학습과 관련된 수업계획을 위하여 교수학적 지식을 구체화하는 원칙, 이를테면 본보기학습(사례학습)이나 활동지향학습의 원리가 이와 같은 보조도구에 속한다. 또한 수업을 위하여 새로운 학습방법이나 매체를 개발하는 일도 여기에 속한다. 지난 몇 년 동안에 이 영역에서 이루어진 논의는 정치교육을 위하여 디지털매체의 가능성을 어떻게 활용할 것인가 하는 물음에 집중되고 있다(특히 Weißeno, 2001 참조).

3) 경험적인 학습연구에 관한 연구와 작업

약 15년 전부터 독일의 정치교수학 분야에서는 정치교육에 관한 경험적 수업연구의 전통이 수립되었는데, 최근에는 여기에 해당하는 연구결과의 수가 더욱 증가하는 추세에 있다. 이 영역에서 완성된 연구와 진행 중인 연구는 주로 질적인 사회연구방법을 활용하고 있다. 특히 면담, 수업시간을 비디오로 찍은 다음 작성한 필사(筆寫) 혹은 전사(轉寫)의 내용분석, 참여관찰과 같은 질적 연구방법을 적용하고 있다. 이러한 연구결과에 따르면, 학교현장의 수업실천에 있어서 전문화의 측면에서 볼 때 부족한 점이 있다. 특히 교사가 정치교육을 할 때 공동의 정치학

습을 위하여 학생발언과 표현 속에 들어있는 잠재적인 관심과 동기를 제대로 진단하고 수업에서 이것을 생산적으로 활용하는 데 어려움이 있다는 점을 지적하고 있다(특히 Grammes/Weißeno, 1993; Henkenborg/ Kuhn, 1998; Schelle, 2003 참조).

정치교수학과 정치교육에 대한 또 하나의 도전은 지난 3년 동안 학교개혁과 관련된 당면과제에 대하여 이루어진 논의에서 나왔다. 잘 알려진 바와 같이, 독일의 학교는 경제협력개발기구(OECD)의 피사(PISA)연구에서 어느 정도 불만족스러운 결과를 보여주었기 때문에, 상당히 큰 문제점으로 공론화되었으며 따라서 교육정책의 맥락에서 새삼스럽게 학교개혁에 관한 논의를 불러일으켰다. 여기서 필자는 이 개혁 관련 논의의 주제와 논쟁, 혁신의 내용과 취약점 등에 관하여 더 자세히 다루지 않겠다. 피사연구의 결과에서 교육부장관회의(KMK)가 도출한 구체적인 귀결에는 학교를 위한 국가교육표준안을 개발하는 일이 속한다. 이 표준안은 '능력과 자질'의 형식으로 정식화되어야 하고, 교육제도와 기관의 질적 발전을 위한 국가연구소가 평가하는 것으로 되어 있다. 각주의 교육부장관은 지난해에 우선 수학·국어·제1외국어 교과에 대하여 그러한 표준안을 마련하여 적용하기 시작하였다.

정치교육을 위한 학회로서 설립된 '정치교수학 및 청소년·성인 정치교육협회(GPJE)'(이하 '정치교육협회'로 약칭)는 이러한 과정 동안에 정치교육에서 국가표준(안)을 나름대로 마련하여 각주에 제안하기로 결의하였다. 이러한 조치를 취하게 된 까닭은 두 가지 점에서 우려되는 바가 있었기 때문이다. 첫째, 교육부가 일부 교과에 대해서만 표준안을 결정하는 경우에 학교에서는 1등급 교과와 2등급 교과가 존재할 수 있으며, 이런 맥락에서 정치교육은 의미와 중요성을 상실할 수 있는 위험이 있다. 둘째, 각 주에서 이 교과가 처한 지위가 상당히 다르다는 점을 고려할 때 교육부장관회의가 스스로 알아서 정치교육 표준안을 개발할 때까지 기다릴 수는 없다는 위기의식이 작용하고 있다. 만약 이럴 경우 그러한 표준안이 정치교육 과목시수가 비교적 적은 주에 지향을 둘 우려가 있다.

'정치교육협회'는 이 정치교육 국가표준(안)을 불과 몇 개월 만에 작성한 다음, 2003년 12월 교육부장관회의에 제출하였으며, 금년 초에 출판하였다(GPJE, 2004 참조). 교육부장관회의가 일단 정치교육 교과를 위한 표준안을 채택하기로 결의할 것인지, 그리고 채택할 경우 정치교육협회의 안과 관련이 있을 것인가에 대해서는 아직 확실하게 결과를 예측할 수 없다. 그러나 이러한 초안이 학문적 공론장과 교육정책 분야에서 상당한 관심을 불러일으키고 있다는 것은 인식할 수 있다. 사실상 이 문서는 교육부장관의 채택 여부와 관계없이 학교교과의 목표와 과제에 대하여 오늘날 정치교수학 분야에서 폭넓게 존재하는 합의사항을 반영하고 있다. 그래서 필자는 끝으로 정치교육 국가표준안의 핵심적인 특징을 소개하고자 한다.

정치교육협회가 제출한 안에 따르면, 우선 각주에서 교과를 지칭하는 용어가 다양하다는 점을 지양하고, 앞으로는 '정치교육'이라는 말로 통일시켜 부르자는 제안을 하고 있다. 교과의 일반적인 과제는 아동과 청소년이 공공생활에 참여할 수 있는 능력을 갖추도록 하는 데 있다. 정치교육은 아동과 청소년으로 하여금 경제와 사회에서 적합하게 자리매김을 하고 나아갈 방향을 잡으며, 민주적인 기초 위에서 정치적인 질문과 문제에 대하여 슬기롭게 판단 및 평가하고, 공공적인 사안에 관여하고 참여할 수 있는 능력을 갖추도록 해야 한다. 이러한 일반적인 목표 설정은 '정치적 성숙성(즉, 자율성과 책임)'의 개념으로도 풀이할 수 있다. 하지만 국가표준의 핵심에 놓여 있는 것은 다름 아니라 이 교과가 전달하거나 신장시켜야 할 능력과 자질의 개념에 대하여 구체적으로 정의를 내리는 일이다. 이 능력과 자질은 다음과 같이 세 가지 영역으로 구분한 능력모형으로 풀이할 수 있다.

개념적 해석지식	
정치적 판단능력 정치적 사건·문제·논쟁과 더불어 경제적·사회적 상태 및 전개과정과 관련된 질문을 사실(혹은 사물)측면과 가치측면을 고려하면서 분석하고 반성적으로 판단 및 평가할 수 있다.	정치적 행위능력 의견과 신념, 그리고 이해관계를 정식화하고, 다른 사람들 앞에서 적합하게 대변하거나 옹호하며, 협상과정을 진행하고 타협을 할 수 있다.
방법적 능력 시사적인 정치와 더불어 경제적·법적·사회적 질문에 대하여 자주적으로 방향을 설정하고, 교과의 전문적인 주제를 서로 다른 여러 가지 방법을 가지고 다루며, 자기 자신의 정치적 학습발달 과정을 진행하거나 조직할 수 있다.	

교육표준안은 이제 이 세 가지 능력영역에 대하여 구체적인 표준을 규정하고 학교제도의 여러 가지 다른 단계를 고려하여 설정한다. 예를 들면, 정치적 판단능력의 영역에 있어서 학생이 각각 기초학교·중학교(중등 1단계)를 마친 다음 갖추어야 할 능력이 무엇인가, 그리고 김나지움(인문계 중·고등학교; 여기서는 중등 2단계, 즉 11-13학년) 혹은 직업학교를 마친 다음, 즉 젊은 성인으로서 갖추어야 할 능력이 무엇인가를 규정하고 있다. 여기서 핵심적인 사항은 학습발달 과정을 복합성의 증가로 기술하고 있다는 점이다. 즉, 보다 더 높은 단계에 해당하는 표준(기준)은 이 이전 단계의 표준(기준)을 전제로 하고 이것을 보완한다는 것이다.

이렇게 능력에 지향을 둔 표준안은 정치에 대한 지식과의 연관성을 고려하고 있다. 정치교육협회의 제안에 따르면, 여기서 정치교육이 전달해야 할 지식은 매우 특정한 의미로, 즉 '개념적 해석지식'으로 이해되고 있다. 이것의 함축의미는 다음과 같다. 정치교육에서 우선적으로 중요한 것은 정치학습의 개개 측면에 관한 선언적 지식, 단지 재생해야 할 선언적 지식이 아니라는 점이다. 오히려 더 중요한 것은 학생의 해석지식이며, 미리 갖추고 있는 가정이다. 이러한 선(先)가정에서 출발하여 젊은이들은 정치교육에 관한 그들의 인지와 해석을 선정하고 구조화하는 것이다. 정치교육을 통해서 이 해석지식을 질적으로 개선해야 한다. 교육표준안에 따르면, 여기서 모든 해석지식이 같은 정도로 중요한 것이 아니라, 현대사회와 민주정치의 이해를 위한 기본적인 개념이 우선적으로 중요한 것이다. 예를 들면, 정치적 자유, 대의민주주의, 법치국가, 다원주의, 시장경제와 같은 개념이 여기에 속한다. 수업의 목적은 그러한 개념에 대한 선언적 지식, 즉 평가를 위하여 재생을 하고 그 다음에 다시 잊어먹는 선언적 지식을 전달하는 데 놓여 있지 않다. 이 교육표준안의 개념에 따르면, 정치교육이 성공을 거두려면 그러한 핵심개념에 대한 학생의 표상(심상)세계에 도달하고 교과에 적합한 해석지식을 통하여 이 표상세계를 확대하고 구조를 변화시키도록 해야 한다(정치교육에서의 해석학습에 관해서는 Henkenborg, 2002도 역시 참조).

정치교육협회의 국가표준안의 마지막을 장식하고 있는 것은 학생이 해결해야 할 학습과제의 사례 12개인데, 이것은 표준안의 요구사항을 본보기적으로 구체화하고 있다. 따라서 이것은 나중에 평가시험을 개발하기 위한 예시자료라고 이해하면 된다. 하지만 표준안의 평가와 그러한 평가를 위해 적합한 방법에 관한 논의는 이제 시작단계에 놓여 있다. 그리고 다른 교과에 해당하는 국가표준안이 장래에 어떻게 평가될 것인가와 아무런 관계없이 이 문제를 다룰 수도 없다. 그러나 이 문제에 관해서는 당분간 분명하게 뭐라고 말하기 힘들다.

어쨌든 여기서 소개한 정치교육 국가표준안은 해당 학문분야에서 오늘날 폭넓은 의견의 일치가 존재한다는 것을 보여주고 있다. 어떻게 보면 그것은 지난 40년간 진행된 교과관련 담론과 논의를 말하자면 결산한다고 할 수 있다. 그러나 동시에 이 국가표준안은 독일에서 이제 시작된 학교개혁의 과정에서 정치교육을 강화시키고, 교과수업의 질적 기준을 명료화하고, 그럼으로써 결국 정치교육의 전문성을 더욱 개선하려는 시도이기도 한 것이다. 이러한 일이 앞으로 성공적으로 수행될 것인지는 기다려봐야 한다.

참고문헌

<독일의 정치교육을 개관하고 있는 참고문헌에 관한 해설>
정치교육의 역사에 관하여 전체적으로 서술하는 입문서로는 Sander (2004)가 있다. Kuhn/Massing/Skuhr(1993)는 1871~1989년에 걸친 정치교육에 관한 역사적인 자료모음을 제공하고 있다. 1945~1989년에 관한 정치교육학의 이론적 역사를 재구성한 연구로는 Gagel(1995)이 있다. 정치교육학의 이론적 토의에 관한 현황을 보여주는 자료는 이 분야의 교과교육을 대표하는 17명의 학자를 대상으로 실시한 서면면담 결과를 담고 있는 Pohl(2004)에서 찾아볼 수 있다.

Detjen, J./Sander, W. 2001: Konstruktivismus und Politikdidaktik. Ein Chat-Interview (Moderation: Kersten Pohl). In: Politische Bildung 4/2001.

Gagel, W. 1995: Geschichte der politischen Bildung in Deutschland 1945-1989. 2. Aufl., Opladen.

GPJE 2004: Nationale Bildungsstandards für den Fachunterricht in der politischen Bildung. Ein Entwurf. Schwalbach.

Grammes, T./Weißeno, G. (Hrsg.) 1993: Sozialkundestunden. Politikdidaktische Auswertungen von Unterrichtsprotokollen. Opladen.

Henkenborg, P. 2002: Politische Bildung für die Demokratie: Demokratie-Lernen als Kultur der Anerkennung. In: Hefeneger, B./Henkenborg, P./Scherr, A. (Hrsg.): Pädagogik der Anerkennung. Grundlagen, Konzepte, Praxisfelder. Schwalbach.

Henkenborg, P./Kuhn, H.-W. (Hrsg.) 1998: Der alltägliche Politikunterricht.

Beispiele qualitativer Unterrichtsforschung zur politischen Bildung in der Schule. Opladen.

Kuhn, H.-W./Massing, P./Skuhr, P. (Hrsg.) 1993: Politische Bildung in Deutschland. Entwicklung - Stand - Perspektiven. 2. Aufl., Opladen.

Pohl, K. (Hrsg.) 2004: Positionen der politischen Bildung 1. Ein Interviewbuch zur Politikdidaktik. Schwalbach.

Sander, W. 2001: Politik entdecken - Freiheit leben. Neue Lernkulturen in der politischen Bildung. Schwalbach.

Schelle, C. 2003: Politischer-historischer Unterricht hermeneutisch rekonstruiert. Von den Ansprüchen Jugendlicher, sich selbst und die Welt zu verstehen. Bad Heilbrunn.

Wehling, H.-G. 1977: Konsens à la Beutelsbach? In: Schiele, S./Schneider, H. (Hrsg.): Das Konsensproblem in der politischen Bildung. Stuttgart.

Weißeno, G. (Hrsg.) 2001: Politikunterricht im Informationszeitalter - Medien und neue Lernumgebungen. Schwalbach.

제2장 정치교육의 준거학문과 정치교육학적 이론형성을 위한 그 위상

볼프강 잔더(기센대)

우리 학과의 신입생들을 위해 개설된 초기의무과정의 첫 강좌에서 나는 특히 다음의 두 가지 도표를 제시하곤 한다.

```
┌─────────────────────────┐
│ 기초학문:                │
│   - 교육학               │
│   - 교육심리학           │
│   - 정치학               │
│   - 사회학               │
└─────────────────────────┘

┌─────────────────────────┐
│ 교생실습과 기업실습      │
└─────────────────────────┘

┌─────────────────────────┐
│ 수업과목:                │  ┌──────────────────────┐
│   - 배경학문(교과내용학) │  │ 여러분은 이 단계에 있습니다. │
│   - 교과교육학           │  └──────────────────────┘
└─────────────────────────┘

┌─────────────────────────┐
│ 수업과목:                │
│   - 배경학문(교과내용학) │
│   - 교과교육학           │
└─────────────────────────┘
```

〈그림 2-1〉 교직과목의 구성요소

제1부 민주시민교육의 이론적 기초와 문제 29

이 그림은 독일 기센(Giessen)대학교의 교직과정에서 교과교수법이 차지하는 제도상의 위치를 분명히 보여준다. 즉 교과교육학은 전공수업의 부분이지만, 또한 교과교육학은 전공수업 내에서 독자적인 부분분야로서 배경학문(교과내용학)과 나란히 위치하고 있다는 것이다.

두 번째 그림은 교과교육학이 내용상으로 어떤 위치를 차지하는지에 관한 첫 인상을 이제 이 분야의 공부를 막 시작한 학생들에게 제공해 준다.

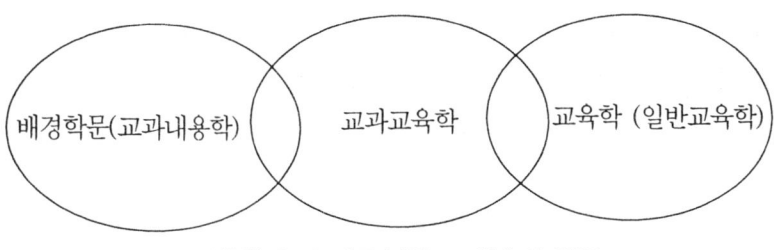

〈그림 2-2〉'교수법' - 최초의 접근

이 그림에 따르면 교과교육학은 어느 정도 각각의 배경학문(교과내용학)과 교육학이 서로 겹쳐지는 분야에 위치하고 있다.

이러한 식으로 파악하는 것이 매우 대략적인 분류에 지나지 않는다는 것은 물론 자명한 일이다. 이미 언급했듯이 이 두 개의 그림에서 중요한 것은 공부를 시작하는 학생들에게 최초의 방향을 제시해 준다는 점에 있다. 그런데 이 두 개의 도표에는 두 가지 공통점이 있는데, 아래에서 나는 이 공통점을 집중적으로 다루어보려고 한다. 즉 여러 교과교육학은 한편으로는 다른 학문분야들과 복잡하게 얽혀있는 관계(이 관계는 보다 자세히 논의될 필요가 있다)를 맺고 있지만, 다른 한편으로는 교과교육학이 다른 학문분야들의 일부분에 불과한 것은 아니라는 사실이다.

교과교육학은 보조학문도 아니고 학문적 지식을 변형하여 전달하는 중계역할을 담당하고 있는 것도 아니다. 오히려 교과교육학은 독자적인 문제제기와 과제를 지닌 독자적인 학문분야로서 현대과학의 고도로 세분화된 체계에서 자리를 잡아야 하는 것이다.

1. 정치교육의 준거학문으로서의 정치교육학

이 제목은 본 논문의 중심주제가 무엇인지 말해준다. 정치교육의 준거학문은 정치교육학이라는 것이다. 필자가 관여하고 있는 이 주제가 다른 의미를 지녔었다는 것을 물론 알고 있다. 정치교육학의 준거학문에 관하여 일반적으로 제기되고 있는 질문은 한편으로는 개개의 배경학문과 연관되며, 다른 한편으로는 교육학과 연관된다. 이 일반적인 질문은, 교과교육학이 차지하는 학문적 자리는 교육적 실행과 배경학문의 사이에 놓여 있는 영역에서 어디에 위치하는가에 관한 질문을 내포하고 있다. 교과교육학이 한편으로는 정치교육의 실행과 연관된다는 것은 아주 명백하다. 그러나 다른 측면에서 보면 정치교육의 실행에서는 각각의 배경학문에서 획득된 인식내용과 연관 있는 대상들이 토의된다. 준거학문에 관한, 그리고 준거학문이 교과교육학에 대해 지니는 의미에 관한 질문 뒤에는 기본적으로 교과교육학이 학문으로서 지니는 위상에 관한 질문이 숨겨져 있다. 달리 말하면, 이 질문은 생겨난 지 얼마 되지 않은 교과교육학이 역사적으로 더 오래된 배경학문에 대해서 지니는 정당성의 문제에 관한 표현이다. 이 질문을 이러한 식으로 던지는 것은 오늘날 이미 진부한 것이 되어버린 것으로 여겨진다. 이 질문은 교과교육학이 성립되던 단계에서 중요한 역할을 수행했다. 특히나 우리들의 분야에서는 자명한 이유에서 특별히 각인된 형태로 중요한 역할을 수행했다. 이에 대해서는 나중에 다시 언급하게 될 것이다. 한스-헤르만 하르트비히(Hans-Hermann Hartwich)가 현대 정치학에 관하여 객관적인 결산을 수행하며 다음과 같은 결론에 도달했던 1987년만 해도 여전히 독일의 정치교육학과 관련하여 어느 정도의 혼란이 있었다. 하르트비히의 결론에 따르면, 정치학은 "더 이상 정치교육과 '자연적인 혼인관계'를 맺도록 사전에 확정되어 있지 않으며", 앞으로는 더 이상 그렇게 될 수도 없을 것이라는 것이다(Hartwich, 1987, 13). 이 '이혼'의 은유가 정치교육학 내의 이곳저곳에서 버려지고 있다는 인상을 불러일으켰던 것 같다. 그러나 하르트비히 자신이 의도했던 것은 결코 이런 것이 아니었다. 그가 확실하게 확인했던 것은, 정치학이 지난 몇 십 년 동안 계속해서 학문적으로 전문화되고 분화·독립되었으며, 이렇게 변화되는 과정 속에서 학교와 정치교육으로부터 점점 더 멀어지는 것이 불가피했다는 사실 그 자체이다. 이러한 정황은 동시에 하르트비히에게 다음과 사실을 의미하는 것이기도 했는데(당시에는 이러한 사실이 거의 분명하게 인지되지 못했다.), 즉 이제부터 교과교육학이 정치교육 문제에 대한 학문적 논쟁을 펼치는 데 어느 정도는 스스로의 책임 하에 결정권한을 갖게 될 것이라는 점이다.

이는 사태를 올바로 본 것이며, 다른 학문분야에서는 이미 오래전에 이루어진 것을 정치학 분야에서 추후 체험하는 것에 불과했다. 이른바 각각의 배경학문은 그 나름의 문제를 제기하고 그 나름의 연구논리를 따르는데, 배경학문의 나름의 문제와 연구논리는 일반적으로 학교에서 받는 교과학습과는 관련이 없는 것이었다. 이러한 상황이 독일에서 정치학의 경우에는 다음과 같은 이유에서 달랐다. 즉, 1945년 이후 민주주의적 정치교육에 토대를 제공하기 위해서 이 학문분야를 대학에 개설하는 것이 우선 추진되었던 것이다. 그러나 몇 십 년이 지난 후 정치학이 학문적으로 면모를 갖추고 두각을 나타내게 되면서 이러한 규범적 사슬이 깨지는 결과에 불가피하게 도달할 수밖에 없었다. 왜냐하면 정치의 전체 영역을 연구하고자 하는 학문은, 화학, 역사학 또는 독문학이 하는 것처럼 학교에서 배우는 하나의 교과목을 위한 유용성의 유보 하에서 그 연구를 수행할 수는 없기 때문이다.

2. 역사적 문제: 학문체계에서의 위치 탐색

교과교육학은 독일에서 1960년대 이래로 학문분야로서 개발되었고 대학에 설치될 수 있었다. 1960년대 이후의 40년은 학문사적으로 볼 때 짧은 기간이다. 교과교육학은 새로 수립된 학문인 것이다. 오늘날 대학에서 정치교육학을 가르치는 학자들은 대부분 이 학문분과의 제2세대에, 그리고 소수의 몇몇 학자들은 제1세대에 속하며, 그리고 비로소 몇 년 전부터 제3세대의 젊은 학자들이 새로이 교수로 임용되고 있다. 나는 여기에서 세대라는 개념을 나이와 관련하여 사용하기보다는 각각의 집단이 이루어낸 학문적 사회화와 관련하여 사용한다. 1960년대와 70년대에 교과교육학 분야에서 교수로 임용된 제1세대는, 그들이 대변해야 하는 배경학문에 고유한 학문적 교육을 물론 받지 못했다. 이들은 그들의 직업적 발전과정이라는 측면에서 봤을 때, 이 전문지식이 학교를 위해 지니는 의미에 관심을 가졌던 학자들(이 경우에는 대부분 정치학자들이었다.)이거나, 아니면 정치 및 정치교육과 유사성을 지닌 교육자들 또는 학교현장의 실제에서 출발하여 교사라는 직업을 유지하면서 학문적으로 능력을 신장시킨 교사들이었다. 대부분 1990년대에 교수로 임용된 제2세대에 와서야 비로소 직접 교과교육학을 공부하고 정치교육학 분야에서 박사학위와 교수자격을 취득한 학자들을 발견하게 된다.

이러한 사실을 배경으로 할 때, 교과교육학이 준거학문에 대해서 지니는 관계, 즉 배경학문(교과내용학)과 교육학에 대해서 지니는 관계가 특별히 제1세대에게 급박한 문제로 여겨졌다는 점이 쉽게 이해될 수 있을 것이다. 교과교육학이 어떻게 하나의 학문으로 이해될 수 있으며, 교과교육학이 어떤 제도적 상황, 즉 어떤 성격의 연구소, 어떤 전공분야 그리고 어떤 학과에 속하는가 하는 문제는 단지 (교과교육학이라는) 고유한 전공분야의 정체성을 위해 이론상으로 의미 있는 문제일 뿐만 아니라, 학문정책 및 학문조직의 측면에서도 해명되어야할 중요한 문제였다. 이 문제는 다른 많은 교과교육학보다 특히 정치교육학에게 훨씬 급박한 것이었는데, 정치교육학은 동시에 여러 개의 배경학문에 대해서 자신이 지니는 관계를 해명해야만 했기 때문이다. 그도 그럴 것이 실제적으로 학교에서 가르쳐야 하는 과목으로 수립한다는 측면에서 보았을 때, 정치교육학은 정치학뿐만 아니라 사회학 및 경제학과도 연관되는 것이다. 적어도 이러한 사실은 일견 정치교육학의 특수상황인 것처럼 보인다. 그러나 보다 자세히 살펴보면 이러한 상황은 다른 교과에서도 나타난다. 하나의 교과에 대해 합의된 명칭(역사학 또는 독문학이라는 명칭이라든지 생물학 또는 물리학이라는 명칭이라든지)이 불러일으키는 동질성에 관한 인상은 사실상 일반적으로 잘못된 인상이다. 왜냐하면 이들 교과목은 동질성의 인상을 심어주는 이러한 개념적 지붕 아래에 상이한 개념성과 종종 이미 분화·독립된 학문적 규정구조를 지닌 특수 학문분과와 이론들(이 이론들은 상호 경쟁적인 것이기도 하다.)을 모두 함께 모아놓고 있기 때문이다. 이 문제에 대해서는 결론부에서 다시 한번 언급하게 될 것이다.

 대학에 정치교육학을 설치하기 위해 서로 상이한 해결책들이 제시된 것은 바로 이러한 출발상황에서 생겨난 결과이다. 이미 교수직에 관한 명칭이 변화하고 있으며, 이처럼 교수직에 관한 다양한 명칭은 설립초기부터 오늘날에 이르기까지의 논의의 스펙트럼을 반영하고 있다. 이와 관련하여 다음과 같은 교수직에 관한 명칭을 들 수 있다. 정치교육을 위한 교수법, 정치교육학, 사회과학 교육학, 사회과학분야의 교수법을 특별히 고려한 교육학이 있으며, 이밖에 정치학과 그 교수법이 있다. 이러한 명칭은 더 있다. 우리의 일상적인 학문적 커뮤니케이션에서 '정치교육학'이라 하면, 이 경우에 우리는 서로 다른 여러 가지 명칭의 다양성을 무시하는 것이며, 물론 이는 정당한 것이다. 교과교육학이 제도상 어떤 기관에 속할 것인지도 변화해 왔다. 이점에서는 우리의 분야나 다른 교과교육학의 경우나 크게 다르지 않다. 이를테면 학문적 궤적에서 필자는 다음과 같은 연구소에 소속되었었다. 사회과학 교수법을 위한 자립 연구소, 정치학 연구소, 그리고 지금은 학교교육과 사회과학 교육학을 위한 연구소에 소속되어 있다. 이러한 불명료성 때문에, 교과교육학의 위치가 불확실하다는 인상을 받게 된다. 베티나 후렐만이 크리스타 볼프의 책을 원용하여 독일어교육학에 관하여 말한 것처럼, 교과교육학을 위한 "자리는 없다, 아무 곳에도 없다"(Hurrelmann, 1999)는 인상을 받게 되는 것이다.

이미 언급했듯이, 정치교육학의 제1세대가 교과교육학의 학문체계적 위치와 제도적 위치에 관한 문제에 집중적으로 관심을 기울였다는 것은 그리 놀랄만한 일이 아니다. 1982년 기센에서 개최된 제1차 정치교육을 위한 연방회의는 제1분과에서 "정치교육이론과 그 준거학문"이라는 주제를 매우 자세히 다루었다(Deutsche Vereinigung für Politische Bildung, 1983). 여기에서는 이미 참가자들의 학문적 이력에 따라 교과교육학이 뿌리내리고 있는 서로 다른 학문분야별 소속이 분명히 노정(露呈)되었다. 이를테면 하인리히 오버로이터는 자신의 강연을 다음과 같은 말로 시작했다. "정치교육이론과 학문적 연관관계에 관하여 다른 논거를 제시함 없이 논의하는 경우 정치학을 논의의 중심에 놓는다면, 다른 학문분야에 지나치게 가까이" 다가가지 못할 것이 확실하다(Oberreuter, 1983, 51). 이와는 반대로 쿠어트 게르하르트 피셔는 다음과 같이 요구했다. "다른 각각의 교과교육학과 그 교과교육학의 종합이 그러하듯이 정치교육학(또 하나의 명칭의 변형!: 필자)은 교육학이 설정한 문제이다"(Fischer, 1983, 97). 이러한 대립은 당시에는 현실적으로 해결될 수 없었다. 그러나 이러한 대립이 정치교육학에 관한 계속된 연구와 이론형성을 방해한 것은 아니었다. 오늘날의 시각에서 보면, 각 배경학문과의 연계 및 교육학과의 연계가 더 이상 양자택일을 의미하지 않는다. 하르트비히가 사용한 결혼의 비유가 아닌 다른 비유로 설명한다면, 다음과 같이 설명할 수 있다. 정치교육학은 다른 각각의 교과교육학이 그러하듯이 부모 사이에서 태어난 아기이다. 즉 한편에서는 각 배경학문(내지는 몇몇의 배경학문들, 이 경우에는 이 비유가 한계에 부딪히게 된다.)과 다른 한편에서는 교육학 사이에서 태어난 아기인 것이다. 그러나 이제 그 아기는 단지 혼자 설 수 있을 뿐만 아니라, 성인으로 성장해 가는 과정에 있다. 부모 중 어느 편을 보다 강조하느냐는 이제 대립이 아니라 시각의 문제인 것이다.

3. 학문으로서의 교과교육학

이렇게 보면 교과교육학은 학문체계 내에서 이루어진 분화・독립 과정의 결과이다. 이러한 운명을 갖고 있다는 점에서 교과교육학은 오늘날의 거의 모든 학문분과와 다르지 않다. 교육학 역시도, 1799년 에른스트 크리스티안 트랍이 할레에 초빙되어 담당했던 교육학을 위한 최초의 정규교수직으로, 즉 단지 하나의 유일한 정규교수직으로 시작했다. 오늘날 교육학은 그 자체 내에서 매우 세분화된 거대학문분야가 되었는데, 그 세분화의 상태는 교육학을 하나의 학문분과로 유지시켜줄 수 있는 것이 무엇인지에 대한 물음이 여기저기서 제기될 정도이다. 정치학 역시도, 진정한 국가학(國家學)이고자 하는 법학의 요구에 대응하여 스스로를 관철시키기 위해 부단한 노력을 했다. 정치학이라는 명칭도 오랫동안 불분명했다. 1950년대에는 '정치적 학문', '학문적 정치', '정치에 관한 학문' 또는 '정치론'이라는 명칭이 사용되었다. 그리고 교육학은 정치학 및 오늘날 독자적인 여타 학문분야와 마찬가지로 그 뿌리를 철학에 갖고 있지 않은가? 독일 대학에서 이른바 정신과학의 이러한 공동의 근원을 철학부라는 하나의 공동의 제도적 틀을 통해 대표적으로 나타내 주고 있는 것은 그리 오래된 일이 아니다. 그리고 '독일 대학의 정신과학, 문화학 그리고 사회과학 분야 대학정책적 대표'로서 기능하는 '철학부회의'라는 것(www.philosophischerfakultaetentag.de)이 오늘날까지 존재한다.

분화과정의 결과로서 이루어진 학문분과의 확립은 따라서 새로운 사실이 아니다. 이러한 방식의 새로운 학문분과 확립은 현대 학문역사의 특징이다. 여러 학문이 생성되고 서로 구분되는 것은, 이 각각의 학문에 서로 다른 종류의 현상이 속하기 때문이 아니다. 학문의 질서는 현실의 발견된 질서를 반영하는 것이 아니다. 원칙상 모든 학문은 외부세계의 모든 대상에 관계될 수 있다. 역사교육학자인 한스-위르겐 판델은 넓은 들판에 홀로 서 있는 나무의 예에서 이러한 사실을 매우 잘 설명해 주고 있다. 생물학자에게는 식물학적 관찰 대상인 것이, 만일 그 나무의 보호가치를 둘러싼 정치적 갈등이 전개되면 정치학자의 관심을 끌 수 있다. 또한 역사학자는 그 나무에서 이를테면 예전에 비밀재판이 행해졌던 오래된 비밀재판의 보리수(역주: 예전에 비밀재판이 주로 보리수나무 아래에서 행해졌기 때문에 생겨난 이름)를 보기도 한다(Pandel, 2001, 2 참조). 이밖에 다른 시각들, 예를 들면 지리학자, 화학자, 예술사가의 시각이 존재하는 것은 쉽게 생각해 볼 수 있다. 여러 학문은 문제설정, 인식의도, 그리고 어느 정도는 연구방법에서 서로 구분된다. 판델이 말하고 있듯이, 여러 학문은 자신만의 특수한 "사유방식과 인식방식"(Pandel, 2001, 5)을 통해 특징지어지는데, 각 학문에 특수한 자체의 사유방식과 인식방식을 통해 특정 대상에 접근해 간다. 보다 정확히 말하면, 이들 사유방식과 인식방식의 도움으로 각 학문은 자체의 학문적 대상을 비로소 구성한다.

이러한 사유방식과 인식방식, 문제제기, 인식의도 그리고 연구방법이 학문분과를 정립한다. "역사적 사유방식 없이는 역사 역시도 존재하지 않는다."라고 판델은 정확히 말하고 있다(Pandel, 2001, 5). 그러한 새로운 질문이 지속적으로 제기된다면, 그리고 이러한 질문들로부터 어느 정도 지속성을 지니고 새로운 인식의도가 생겨나고, 경우에 따라서는 새로운 방법론적 수행방식도 생겨난다면, 하나의 학문분과 틀 내부에 새로운 하부학문분과가 형성될 것이고, 아니면 분화·독립의 과정을 통해서 새로운 학문이 형성될 수도 있을 것이다. 이러한 경우에 새로운 학문분과나 하부학문분과가 그 근원을 여러 학문에 동시에 두게 되고 비교적 오래된 학문분과들이 서로 겹쳐지는 분야에 자리 잡게 되는 것은 전혀 예외적 현상이 아니다. 이러한 사실은 역사인류학, 종교사, 사회심리학, 사회생물학, 생화학 또는 환경의학과 같은 학문분야들만 생각해 보아도 알 수 있다. 이 때 학문의 동일성을 규정함에 있어 방법론이 지니는 역할이 과대평가되어서는 안 된다. 왜냐하면 한편으로는 대부분의 학문적 방법이 많은 학문분과에서 사용되고 있기 때문이고, 다른 한편으로는 하나의 학문 내에서 여러 상이한 방법으로 연구가 진행되기 때문이다. 세계를 바라보는 상이한 학문적 시각과 (이러한 학문적 시각을 지속하고 제도적으로 집중할 때 형성되는) 새로운 학문분과의 발전이 시작되는 지점은 결국 문제제기, 즉 학문적 연구의 주의를 어느 방향으로 잡느냐에 달려 있다. 여러 학문은 문화적 구성물이며, 이 구성물 안에서 인간이 방법론적으로 조절하여 합리적으로 세계와 맞닥뜨리는 상이한 스타일들이 집적된다.

이러한 의미에서 교과교육학은 교과와 연관된 학습에 대한 학문적 지식을 획득해 낸다. 필자는 독일교과교육학회(GFD)의 전신인 KVFF가 제시한 교과교육학에 관한 개념정의에 반대하지 않는다. "교과교육학은 학교 안과 밖에서 이루어지는 개별 교과 특유의 교수와 학습에 관한 학문이다"(KVFF, 1998, 13). 이러한 개념규정은, 교수의 목적이 최종적으로는 학습자가 배우는 것을 가능하게 만들고 촉진함에 있는 한, 동일한 것에 도달한다. 다른 학문들과 마찬가지로 교과교육학은 그 대상을 역사적, 경험적, 그리고 이론적으로 다루며, 이처럼 역사적, 경험적, 이론적으로 그 대상을 다루는 것은 각각 국제적 비교의 관점도 포함할 수 있다. 필자가 파악하고 있는 한, 교과교육학은 새로운 학문적 방법을 발전시키지 않았다. 교과교육학은 사회학 및 교육학(이 관점에서 이 두 학문은 서로 구분되지 않는다.)과 동일한 스펙트럼을 가지고 연구방법에 관한 작업을 한다. KVFF는 학문으로서 교과교육학이 지닌 과제에 관한 개념정의를 다음과 같이 보다 정밀화한다.

"그것(교과교수법: 필자)은 연구작업의 범위 내에서 학습주제를 선정하고, 그 주제의 적합성 여부를 판단하며, 그 주제를 교수법에 따라 재구성하는 것, 수업의 목표를 확정하고 그 목표설정의 근거를 제시하는 것, 학습과정을 방법론에 따라 구조화하는 것, 그리고 교수주체와 학습자의 심리적이고 사회적인 출발조건을 적절하게 고려하는 것을 다룬다. 그밖에 교과교육학은 교수·학습 자료들을 개발하고 평가한다"(KVFF, 1998, 14).

이에 덧붙일 것이 있다면, 이러한 문제들은 서로 다른 것에 중점을 두고 역사적, 경험적, 이론적 관점에서 다루어질 수 있으며, 이렇게 다루어져야 할 것의 목록이 이미 완결된 것으로 간주되어서는 안 된다는 사실이다.

개별 배경학문과 교과교육학 사이의 관계와 관련하여 문제의 핵심은 아마도 '교수법에 따른 재구성'이라는 개념에 담겨 있을 것이다. '교수법에 따른 구성'이라고 말하는 것이 아마도 더 적합할 것이다. 왜냐하면 실제로 지식은 교수·학습 상황 속에서 새로운 방식으로 그리고 새로운 의도에 따라 산출되기 때문이다. 가공되지 않은 '원료'가 여러 가지 방식으로 배경학문에서 유래하는 것은 사실이다. 그러나 이 원료가 단지 배경학문에서만 생겨나는 것은 아니다. 왜냐하면, 자명한 일이지만, 실제로 교육을 수행함에 있어서는 단지 학문적 자료들만이 아니라, 예를 들면 신문기사, TV 자료, 문학 텍스트, 갑작스럽게 등장한 자료, 그리고 이밖에 다른 많은 자료를 가지고 작업을 하게 되기 때문이다. 예를 들면 학문적 텍스트나 통계 등과 같이 직접 개별 배경학문에서 획득한 자료를 가지고 작업을 하게 되는 한, 이 자료의 성격은 정치교육의 학습 상황이라는 맥락 속에서 변화된다. 이렇게 되면 이 자료는 더 이상 그 자료들이 유래했던 학문내적 담론의 일부분이 아니다. 이 자료는 원래 이 학문내적 담론에 전혀 포함되어 있지 않았던 학습과정을 사람들에게 활발히 각성시킨다. 이에 상응하여 이 자료는 배경학문의 평가기준과는 다른 평가기준에 따라, 말하자면 교수법상의 평가기준에 따라 선택되며, 경우에 따라서는 축소되고, 새로운 문맥에 연결되며, 다른 문제와 함께 읽혀지게 되는 것이다. 따라서 교수법은 학문적 지식을 단순히 축소된, 이른바 다루기 쉽게 만들어진 형식으로 전달해 주는 것이 아니다. 이러한 점에서 '교수법에 따른 재구성'이라는 개념에는 오해할 만한 것이 있는 것이다. 교수법적 시각은 개별 교과목에 제공한 자료를 변화시킨다. 발터 가겔은 이러한 의미에서 교수법을 통한 학문적 지식의 '변형'에 관하여 이야기하고 있고(Gagel, 2000, 45 이하), 틸만 그라메스는 서로 다른 지식형식들을 '중개'하는 것을 교수법의 과제로 보았다(Grammes, 1998, 63 이하). 이때 그라메스는 학문적 지식을 학교지식과 교양지식과는 다른 지식의 형식으로 이해하고 있다.

    이러한 점이 곧 다음과 같은 사실을 의미하는 것은 아니다. 즉 교과교육학이 이제 학문적 지식의 질에 관해 판단을 내리는 일종의 재판관 역할을 담당하고 있다거나, 또는 교과교육학이 심지어 하나의 메타학문, 자세히 설명하자면 다른 개별 배경학문 위에서 부유하면서 개별 배경학문의 연구를 위해 중요한 기준을 개별 학문분야에게 제시하는 메타학문으로 이해되어야 한다는 사실을 의미하는 것은 아니다. 이러한 오해가 지속적으로 반복해서 토론의 과정에서 나타남에도 불구하고, 이는 이치에 어긋난 과대한 요구일 것이다. 교수법은 개별 학문분야 위나 아래에 위치하는 것이 아니라, (개별 교과와) 밀접히 연결된 이웃 학문분과로서 이 개별 학문분야 옆에 위치한다. 교수법은 개별 학문분야와 동일한 대상에 대해서 관심을 갖고 있지만, 개별 학문분야의 연구와는 다른 관점에서 이러한 과제를 수행한다. 정당연구가에게는 예를 들면 독일에서 최근에 이루어진 좌파정당의 창당이 흥미로울 것인데, 이는 이 창당이 사민당의 발전과 정당체계 전반에 어떤 영향을 미칠 것인가라는 관점에서 그의 흥미를 끌게 될 것이다. 교수법적 관점에서는 이와는 달리 예를 들면 다음과 같은 질문이 제기될 수 있는데, 정치교육에서 이러한 창당을 다루는 것이 학생들의 정치적 판단능력의 발전을 촉진시킬 수 있을 것인가, 만일 그렇다면 어떤 상황에서 그렇게 될 수 있을 것인가에 대한 질문이 제기될 수 있는 것이다(이에 대해서는 Behrmann, 1983, 95도 참조할 것).

4. 배경학문은 정치교육을 위해 무엇을 할 수 있는가?

교수법이 개별 배경학문에서 획득한 지식에 의존하고 있다는 사실은 진부한 진술이다. 만일 학습의 주제가, 교수법적 사유가 이루어지기 이전에 사람들이 소박하게 주장했던 것처럼, 개별 배경학문 자체의 논리로부터 생겨나는 것이 아니라, 교수법이 해명해야만 하는 기준에 따라 구성되는 것이라면, 정치교육의 이론과 실천을 위해 개별 학문분야가 수행할 수 있는 성과는 어떤 것인가? 필자는 개별 학문분야가 수행할 수 있는 성과를 네 가지 차원에서 본다.

(1) 정치교육의 일반적 대상영역의 개념을 규정하고 경계를 구획 짓기 위한 기준은 개별 배경학문에서 얻어진다. 교과교육학은 정치분야에서 발생한 어떠한 구체적 사건, 갈등, 질문과 문제들이 어떠한 기준에 근거하여 봤을 때 정치교육의 테마로 변형되기에 적합하게 여겨지는지를 설명할 수 있고, 또 설명해야만 한다. 그러나 교과교육학이 자체의 학문적 역량에 근거하여, '정치'가 무엇을 의미하는지를 설명할 수 있는 것은 아니다. 이는 정치이론과 정치철학의 대상이다. 이러한 사실을 지적함으로써 필자는, 정치학이 정치교육을 위해 일차적으로 중요한 교과

로 간주됨을 시사한다. 물론 이렇게 함으로써 그 교과의 구체적 학습주제에 관하여 언급하고 있는 것은 아직 아니다. 앞에서 언급한 바에 따르면, 정치교육 대상영역의 개념규정은 단순히 내용적(실체적) 의미에서 이해될 수 있는 것이 아니라, 사유방식과 인식방식 내지는 인식의도라는 의미에서 이해되어야만 한다. 정치교육은 전적으로 특정한 관점, 즉 정치적인 것이라는 관점에서 바라본 인간의 삶에 대해서 관심을 가진다. 그렇기 때문에 나는 이미 여러 번 인용한 바 있는 제1차 정치교육연방회의에서 다음과 같은 테제를 대변한 권터 베어만에게 동의하지 않는다. 그가 제기한 명제에 따르면, 학교에서 실행되는 수업의 목표와 수업의 주제 사이에는 아무런 내적 연관관계가 없다. 왜냐하면 이 수업에는 사회적 분야와 경제적 분야도 속하기 때문이라는 것이다(Behrmann, 1983, 89). 실제로 만일 정치학만을 정치교육을 위해 중요한 교과로 본다면, 이는 문제이다. 사회학적 시각과 경제학적 시각뿐만 아니라 예를 들면 심리학적 또는 윤리학적 시각이 정치를 이해하기 위해 자주 필연적으로 요구된다는 것은 명백하다. 상황이 이렇다면, 다른 배경학문, 특히 사회학과 경제학은 정치교육을 위해 전문적인 측면에서 볼 때 중요하다. 학교에서 이 교과만이 지니는 특성은 정치적인 문제, 즉 우리가 사회에서 어떻게 함께 살아갈 것이며, 우리의 공동의 삶을 만들고 적합하게 조정할 것인가에 관한 문제로부터 생겨난다.

물론 학교에서 수업이 행해지는 실제적인 측면을 고려할 때 다음과 같은 사실이 여기에 추가되어야만 한다. 이 교과의 특성을 규정하는 이러한 문제와는 기껏해야 주변적으로만 관계될 뿐인 학습주제가 이 교과 안에 있을 수 있다는 사실이다. 그 예로 일상생활 속에서, 이를테면 은행의 서비스업무와 관련하여 이루어지는 경제행위의 문제를 들 수 있다. 또는 입사면접으로부터 여행자로서 취해야 할 태도에 이르기까지 여러 가지 사회적 상황 속에서 적절하게 처신하는 문제를 그 예로 들 수 있다. 학교의 교과체계는 일반적으로 알려져 있는 것보다 훨씬 덜 합리적이며 덜 체계적으로 구조화되어 있다. 그럴 듯한 이유에서 학교가 이루어낼 것이라고 기대할 수 있는 모든 교육과제가 개별 배경학문에 논리적으로 배분되어 있는 것도 아니다. 따라서 이러한 교육과제들이, 배경학문별 전문성의 정도와는 상관없이, 그때그때 상대적 인접성에 따라 각각의 배경학문에 배분되는 것을 거의 피할 수 없게 되었다. 많은 경우에 이러한 교육과제를 교수법에 따른 조정을 통해 교과수업이 아닌 곳에서 실현시키는 것이 더 나을 것이다.

(2) 개별 배경학문은 지식을 담아놓는 그리고 해석을 위한 다양한 시각을 담아놓는 저장소를 준비해 두고 있으며, 바로 이 저장소로부터 정치교육을 위한 학습주제가 개발될 수 있다. 이러한 사실은 이제 실제로 단지 정치학에만 해당되는 것이 아니라, 정치현상에 관여하는 모든 학문(그 핵심에 위치한 것은 바로 모든 사회과학인데)에 해당된다. 상황이 이러하다면 정치교육을 위한 주제를 사회과학 자체 내의 학문적 담론으로부터 얻어내는 것도(이렇게 하는 것이 교수법적 기준에 비추어 봤을 때 의미 있는 한) 물론 가능하다.

(3) 개별 배경학문은 정치교육 수업의 전문적 질을 유지하기 위한 비판적 교정수단을 만들어낸다. 이미 서술했듯이, 수업의 내용은 배경학문의 체계로부터 추론되는 것이 아니라 교수법적 기준에 따라 개발된다. 그러나 수업의 주제가 규정되고, 학습계획이 수립되고 실제로 수행되면, 이 수업의 주제는 이 대상에 대한 그 배경학문의 인식수준에 비추어봤을 때 반드시 받아들일 수 있는 것이어야만 한다. 필자는 의식적으로 '받아들일 수 있는'이라는 부드러운 개념을 선택했다. 왜냐하면 수업은 그 학문분야의 지식 전체를 어떤 하나의 주제로 취할 수는 없기 때문이다. 그러나 수업에서 다루어지는 것은 그 학문분야의 시각에서 봤을 때 오류가 있거나 시의성이 떨어지는 것이어서는 안 되며, 수업에서 다루어지는 것은 학문적 다원성을 거칠게 왜곡시켜서도 안 된다.

(4) 정치교육이 학문지향적이며 활동지향적인 학습이라는 의미에서

연구하면서 정치적 상황을 다루게 된다면, 정치교육의 실제는 개별 배경학문의 연구방법으로부터 유익한 것을 얻어낼 수 있다. 일반적으로 중요한 것은 단지 한 배경학문의 연구방법이 아니며, 오늘날 모든 사회과학과 정신과학이 연구에서 활용하는 연구방법의 스펙트럼이 존재한다는 사실을 필자는 이미 암시한 바 있다. 예를 들면 학생들이 판단을 내리게 하기 위해 여론조사의 결과를 적절하게 평가할 수 있도록 하기 위해서, 학생 수준에 부응할 수 있도록 적절하게 단순화하거나 기초적인 내용으로 구성하여, 학생들로 하여금 적합한 예를 통해 사회과학적 연구방법의 가능성과 한계를 알게 하는 것은 전적으로 정치교육의 중심과제에 속한다.

따라서 정치교육은 여러 개별 배경학문에 대해 다원적 관계를 지니고 있다. 그러나 동시에 정치학이 어느 정도의 일차적인 기능을 갖고 있다는 점을 확인할 수 있는데, 정치학이 이렇게 일차적인 지위를 차지하고 있다는 것은 정치교육의 전문적 대상영역의 특성으로부터 생겨나는 것이며, 또한 정치학은 일차적으로 정치를 다룬다는 단순한 사실로부터 생겨나는 것이다. 이러한 정치학과는 달리 여타 사회과학은 정치를 다루기는 하지만, 단지 정치만을 다루는 것은 아닌 것이다. 나는 이러한 점을 딱 부러지게 분명하게 표현하지 않으려고 하는데, 그 이유는 사회과학이 서로 간에 폐쇄적인 경계를 더 이상 갖고 있지 않으며, 폭넓은 영역에서 서로 중첩되기 때문이다. 우리가 금년 기센에서 우리 교과를 위한 교직과정의 모듈(module)화를 구상할 때, 정치학뿐만 아니라 사회학도 역시 적절한 소재와 자료를 제공할 수 있도록 다수의 배경학문 모듈을 규정하는 것이 전혀 문제가 되지 않았다. 배경학문의 다원성을 다루는 일은 단지 겉으로 볼 때에만 우리 교과의 특수문제로 나타난다. 필자는 역사교육학 연구자인 한스-위르겐 판델을 다시 한번 인용하고자 한다.

"19세기 초기에 존재했던 '그' 교과로서의 역사학은 오늘날 더 이상 존재하지 않는다. 오늘에 와서는 그 대신에 고대사, 중세사, 경제사, 현대사 등등이 자리를 차지하고 있다. 본인이 활동하고 있는 역사연구소에 있는 역사교과에 국한에서 말한다 해도 교과목으로서의 역사 안에서 서로 다른 지분과 경우에 따라 변경되는 비중을 지니게 되는 교과목을 열 개는 언급해야 할 것이다. (…) 역사교육학은 자신의 교과 내에서 교과의 경계를 넘어서는 관찰방식의 문제와 관련이 있다"(Pandel, 2001, 7-8).

그러나 이러한 사실은 지난 백 년 동안 이루어진 학문발전의 일면일 뿐이다. 그 다른 측면은 여러 학문 간의 다양한 교차와 상호연결인데, 이는 지속적으로 증가하는 학문의 분화로 인해 생겨난 것이다. 이에 대한 한 예가 바로 지난 20년 동안 진행된 구성주의에 관한 논쟁이다. 그리고 다른 예로는 개별 학문분과를 넘어서는 문화학이라는 패러다임을 들 수 있다. 판델은 모든 교과교육학을 문화학으로 이해할 것을 제안한다. 필자의 관점에서 이러한 고찰을 계속에서 뒤쫓아야 할 것이다. 그러나 이는 새로운 주제라 할 것이다.

참고문헌

Behrmann, G. C. 1983: Die Soziologie als 'Bezugswissenschaft' des sozialkundlich-politischen Unterrichts. In: Deutsche Vereinigung für Politische Bildung.
Deutsche Vereinigung für Politische Bildung (Hrsg.): Politische Bildung in den Achzigerjahren. Stuttgart.
Fischer, K. G. 1983: Politische Didaktik im Bezugssystem der Wissenschaften. In: Deutsche Vereinigung für Politische Bildung (Hrsg.): Politische Bildung in den Achzigerjahren. Stuttgart.
Gagel, W. 2000: Einführung in die Didaktik des politischen Unterrichts. 2.

Aufl., Opladen.
Grammes, T. 1998: Kommunikative Fachdidaktik. Opladen.
Hartwich, H.-H. 1987: Politische Bildung und Politikwissenschaft im Jahr 1987. In: Gegenwartskunde 1.
Hurrelmann, B. 1999: Deutschdidaktik - kein Ort, nirgends? In: Didaktik Deutsch, Sondernummer.
KVFF(Konferenz der Vorsitzenden Fachdidaktischer Fachgeselllschaften) (Hrsg.) 1998: Fachdidaktik in Forschung und Lehre. Kiel.
Obereuter, H. 1998: Wert- und Wissenschaftsbindung. Zur Sondersituation politischer Bildung. In: Deutsch Vereingung für Politische Bildung.
Pandel, H.-J. 2001: Fachübergreifendes Lernen - Artefakt oder Notwendigkeit? In: sowi-onlinejournal 1 (www.sowi-onlinejournal.de).

제3장 통일을 대비한 시민교육의 현황과 발전방향

전득주(숭실대)

1. 서론

민주시민교육(정치교육)은 무엇이며, 무엇을 하고자 하는가?

이러한 기본적 질문은 계몽이란 무엇인가라는 질문에 대한 유명한 독일의 철학자 임마누엘 칸트(Immanuel Kant)의 답을 연상케 한다. 그는 계몽이란 인간이 자업자득한 미성년 상태로부터의 해방 혹은 빠져나오는 것을 의미한다고 하였다. 이때에 미성년 상태란 인간이 다른 사람의 지도를 받지 않는 상태에서 자기 오성을 사용할 수 있는 능력을 갖추지 못한 상태를 의미한다.

칸트는 계몽은 인간이 사상의 자유뿐만 아니라 생활의 모든 영역에서 이성을 공적으로 사용할 수 있는 시민의 자유를 요구하고 있다고 설명하고 있다. 대한민국의 민주시민교육은 이러한 칸트의 '계몽'이라는 사상과 존 듀이(John Dewey)의 실용주의 교육철학에서부터 출발해야 한다고 생각한다.

대한민국의 헌법정신의 핵심인 자유민주법치국가란 성년상태에 있는 시민들의 참여와 그들의 능력에 의해서만이 긍정적으로 관리·운용될 수 있다. 만약 대한민국 국민들이 일상생활에서 헌법정신을 충분히 발휘할 수 있는 능력이 없거나 발휘할 준비태세가 갖추어져 있지 않다면 대한민국의 헌법은 사실 종이쪽지에 불과할 것이다. 때문에 한국의 민주시민교육은 모든 정치과정에 있어서 국민들이 직·간접적으로 참여할 수 있는 민주적 의식, 필요한 지식과 능력을 함양시키는 데에 그 중요한 임무가 있다고 하겠다.

2000년 6월 15일 남북정상회담의 공동선언은 남·북 관계의 변화를 초래하였고 이러한 변화는 합의를 통하여 대북정책과 민주시민교육(통일교육)으로 하여금 새로운 오리엔테이션을 요구케 하였다. 그리고 이러한 새로운 오리엔테이션은 또한 민주시민교육의 하위 체계인 통일 교육의 새로운 내용을 요구하였다.

그러나 대북정책 및 통일교육과 관련하여 한국에서는 과감한 상호접근을 통하여 북한을 변화시키려는 세력과 보다 신중한 접근을 통하여 한반도의 안전을 추구하려는 세력간의 이념적 논쟁이 2000년 이후 뜨겁게 전개되었다. 이러한 논쟁은 대북정책과, 한·미 동맹과 관련하여 한국 내 보수세력과 진보세력간의 이념적 갈등을 표출시켰다.

과거 대통령 선거와 총선 때마다 여·야 정당들이 정·경 유착으로 수천억대의 정치자금을 모금하여 이를 선거에 사용하고 남은 돈을 개인이 착복하는 정치행태는 한국의 민주정치의 기본질서를 문란케 하였다. 작년(2004) 여·야 간의 극한대립은 노무현 대통령의 탄핵사태를 유발시킴으로써 국내 정치적 위기는 그 절정에 달했다 해도 과언이 아니다. 그 결과는 과반수 의석을 갖고 있던 야당인 한나라당과 새천년 민주당은 소수당이 되고 열린우리당은 국회의석의 과반수(151석)를 획득함으로써 노대통령의 탄핵사태의 실질적 이익을 보게 되었다.

이러한 부정적 정치현상은 결과적으로 대한민국 국민이 올바른 시민교육을 받지 못한데서 비롯되었다 해도 과언이 아니다.

본 논문은 민주시민교육의 하위 체계로서 통일교육의 현황과 문제점을 분석·평가하고 앞으로 통일을 대비한 '새로운 민주시민교육'의 발전 방향을 제시하고자 한다.

2. 민주시민교육 하위체계로서의 통일교육의 현황과 문제점

2.1. 민주시민교육과 통일교육의 변천과정

한국의 민주시민교육은 미국의 교육철학자 존 듀이의 영향을 받은 미군정의 교육정책에 의해서 결정적으로 영향을 받았다. 그러나 제1공화국이 수립된 이후 한국의 민주시민교육은 미국식 민주주의와 민족주의를 그의 이념적 내용으로 삼았다. 북한이 남한을 무력으로 통일시키고자 일으켰던 한국전쟁(1950-1953)으로 인하여 이러한 민족적 민주주의 교육마저도 그 반대방향으로 가게 되어 민주시민교육 대신에 반공교육이 강조되고 과거의 전통적이고 권위주의적 요소를 청산시키지 못하였다.

한국의 권위적 시민교육은 그나마 가정이나 사회교육영역에서보다 주로 초·중·고등학교를 중심으로 한 학교영역에서 실시되어왔다. 그러나 한국전쟁 후 처음으로 제정된 초·중·고의 교육을 위한 제1차 교육과정(1954-1964)을 보면 당시 정부는 민주시민의 자질 향상을 위하거나 통일교육보다 오히려 북한 공산주의를 반대하는 반공교육에 더 중점을 두었다. 이러한 반공교육은 박정희 군사정권(1963-1979)에서 전두환 정권(1980-1987), 노태우 정권(1988-1992)에 이르기까지 지속되었다. 그리고 이러한 교육들은 그들의 정권유지의 수단으로 이용되었다(전득주, 1992, 229-238).

제5차 교육과정(1987-1992)에서는 학교교육에서 민주시민의 자질과 능력을 제고하는 민주시민교육이 실시되고 그의 하위체계로 통일교육이 통일과 안보를 강조하게 되었다(교육부, 1998). 김영삼 정권과 김대중 정권 하의 제6차와 제7차 교육과정(1992-현재까지)이 현재까지 지속되고 있는 바, 민주시민교육은 주로 학교에서 민주시민의 자질과 능력을 함양하는 교육을 실시하고(교육인적자원부, 1998), 통일교육은 2000년까지 이념적 논리와 민족개념을 중심으로 주로 남·북 관계의 개선노력과 국가안보, 한반도 평화정착, 북한의 이해, 분단과 통일 등을 핵심내용으로 삼아 왔다(통일교육기본계획, 2004, 9).

2.2. 통일교육의 현황

2.2.1. 통일교육의 개념, 목표와 원칙

1999년 대한민국 국회를 통과한 통일교육지원법 제2조에 의하면 "통일교육은 자유민주주의에 대한 신념과 민족적 공동체의식 및 건전한 안보관을 바탕으로 통일을 이룩하는 데 필요한 가치관과 태도를 함양하는 제반 교육활동을 말한다."라고 통일 교육의 개념을 정의하고 있다(2001 통일교육기본지침서, 137-138).

통일교육의 기본원칙은 자유민주적 기본질서를 수호하고 평화적 통일을 지향하는 방향으로 실시되어야 하고 개인적·파당적 목적으로 이용되어서는 안 된다(통일교육지원법 제3조).

또한 통일부가 작성한 "2004 통일교육기본지침서"에 의하면 통일교육의 목표는

첫째, 통일 환경과 남·북한 실상에 관한 객관적 이해와 판단 능력 배양

둘째, 자유민주주의와 민족공동체의식을 바탕으로 한 통일관과 안보관 정립

셋째, 남·북한 간의 평화와 협력의 자세와 통일 실현 의지의 함양이다.

2.2.2. 통일교육의 내용체계

2000년전 까지만 하더라도 통일교육의 주된 내용으로 각급 학교에서나 사회교육에서 자유민주주의의 우월성, 통일조건과 장애요소, 통일절

차와 방안, 통일이후의 문제, 통일 후 국가형태 등이 취급되었다. 이와 같이 통일교육의 주 내용이 이념문제와 민족문제에 집중되었던 것은 우리 사회에서 분단의 현실에 대한 해석과 이를 극복하는 방법으로서의 대안을 정치이념과 민족이라는 두 개념으로부터 찾고자 했기 때문이다.

보다 구체적으로 살펴보면, 이념을 중심으로 실시되는 통일교육은 북한의 사회주의체제가 갖는 문제점을 지적하여 한국주도의 통일이 필요하다는 사실을 국민에게 확인시켜주는 데 목적이 있다고 할 수 있다. 이처럼 종래의 통일교육이 남북한관계를 체제경쟁양상으로 구체화시켜 이해하려는 이념교육의 성격을 지니고 있었으며, 그 내용도 북한의 사회주의체제에 대한 비판과 한국사회의 자유민주주의 이념에 대한 우월성을 강조하는 데 비중이 주어졌다는 사실도 이러한 목적과 관련성이 있었다. 민족개념을 바탕으로 하는 교육내용에는 단일민족분단의 모순을 강조하고 통일방법을 제시하려는 목적이 내포되어 있었다. 이는 통일의 내용을 민족분단현실에 대한 역사회복의 형태로 이해하려는 것으로 볼 수 있다. 남한의 민족개념은 과거 전통적인 민족의식과 일제의 식민통치에 저항하는 반외세적 민족개념을 중심으로 하여 배타적으로 발전되어 왔다. 따라서 남북한 주민이 단일민족이라는 개념에 대한 비판 의식을 갖지 않고 이를 오로지 통일의 당위성에 대한 준거로 삼아 왔다(전득주, 1999, 272-273).

그러나 2001년부터, 즉 김대중 정부와 현 정부는 통일교육의 주요내용을 주로 민족개념에 입각하여 크게 7가지로 대별하여 제시하고 있다.

첫째, 통일문제의 이해에서는 분단의 배경과 폐해, 통일의 의미, 통일의 당위성, 통일문제의 성격과 평화정착의 중요성을 설명한다.

둘째, 북한의 이해에서는 북한에 대한 인식, 북한의 정치·군사·경제·문화·교육, 북한주민의 가치관과 대남인식, 북한주민의 생활을 설명한다.

셋째, 북한의 변화에서는 내부변화의 양상, 대남정책의 변화, 대외정책의 변화, 북한변화의 의미를 설명한다.

넷째, 통일 환경의 변화에서는 국제질서의 변화, 남북한 국력 차의 심화, 통일 환경 변화의 의미를 설명한다.

다섯째, 남북관계 개선노력 및 국가안보에서는 남북관계 개선 노력, 남북교류협력의 진전, 국가안보에 대해 설명한다.

여섯째, 통일국가의 목표와 방향에서는 분단국 통일사례의 교훈, 한반도 통일의 촉진 및 장애 요인, 우리의 통일방안, 통일국가의 미래상에 대해 설명한다.

일곱째, 통일을 위한 준비자세에서는 분단 상황 이해와 판단능력의 신장, 통일에 대한 주인의식과 열린 자세 함양, 적극적인 통일의지 확립, 남북한 공존문화 정립에 대해서 설명한다(통일교육편람, 4-5).

통일교육의 내용체계를 구성하는 주된 개념으로는 남북한 관계에서 남한체제의 정당성을 주장할 수 있는 이념적 논리와 통일의 당위성을 강조하기 위한 민족적 개념이 통일교육지원법 제 2조에 명시되어 있음에도 불구하고, 2003년도 통일부가 발행한 통일교육 편람과 2004년도 통일교육기본지침서에 의하면 이러한 이념적 논리가 삭제되었다는 것은 통일교육의 중요한 내용적 변화라 하지 않을 수 없다. 남북정상회담의 공동선언문 발표(2000.6.15.) 이후 대한민국정부는 2001년부터 한국의 자유민주주의 이념과 민족개념을 중시하는 통일교육에서 자유민주주의에 대한 교육을 아예 삭제하고 오로지 단순한 민족개념에 입각한 남북간의 화해와 협력, 통일의 당위성 그리고 민족공동체의 형성 및 북한의 정치·경제·사회·문화에 대한 객관적 이해 등을 교육의 주된 내용으로 삼아 왔다(2001년 통일교육기본지침서, 5-91 참조).

2.2.3. 통일교육기관과 대상

통일교육의 기관으로는 학교교육과 군대내부교육 등과 같은 특정한 교육대상에 대해 획일적으로 이루어지는 교육과 불특정 다수의 일반시민을 대상으로 하는 사회교육으로 구분하여 고찰해 볼 수 있다. 학교와 군 내부의 획일적인 조직에 의해 실시되는 학생들과 군인들에 대한 교육은 조직의 성격상 다양성과 창의성을 고양시키기 어렵고, 단순히 지식의 전달이나 사실 확인 등을 중시하는 수준에서 교육이 되고 있는 실정이다. 따라서 이러한 교육은 피교육자들에게 비판적 의식을 갖게 할 수 없다. 시민사회교육을 담당하는 기관으로는 통일부 내 통일 교육원, 민주평화통일자문회의, 자유총연맹 등을 비롯한 시민단체들로 구성된 통일교육협의회 등을 거론할 수 있다. 통일 교육원과 민주평화통일자문회의와 같은 정부가 주도하는 조직들에서는 통일교육이 주로 획일적이며 정부 홍보적 성격을 띠고 있는 데 반해서 시민단체들로 구성되어 있는 통일교육협의회가 실시하는 상이한 시민 단체들의 통일 교육은 그의 성격, 내용, 수준, 방법이라는 면에서 다원적 성격을 띠고 있으나 교육의 통합성은 이루기 어려운 실정이다. 시민들의 자율적 참여로서의 통일교육은 1999년 통일교육지원법이 통과되고 2000년부터 통일교육을 위한 재정(매년 약 50억)이 확보된 이후부터 체계적인 성격을 갖기 시작했다. 통일교육협의회는 통일부 소속 통일 교육원으로부터 매년 약 3억원을 받아 시민단체들의 통일교육을 위하여 재정적인 지원을 하고 있다(2003, 통일편람, 18-20). 이 협의회의 회원이 되려면 통일교육을 실시하는 데 있어 일정한 자격조건을 갖추고 매년 통일교육 프로그램을 협의회에 제출하면 소정의 심사를 거쳐 일정금액의 재정적 지원을 받을 수 있다.

통일교육의 대상으로는 주로 학교교육의 대상인 학생들과 군 내부교육의 대상인 군인들이다. 이들은 아직 스스로의 판단을 유보하고 있는 상태에서 지식전달 교육이라는 방식을 통해 통일교육을 받고 있다. 시민교육 차원에서는 특정한 계층을 대상으로 통일교육이 이루어지고 있는 바, 통일 교육원이 실시한 2003년도 통일교육 대상자들은 유치원,

초・중등교사, 장학사 등 교육전문인, 대학교수, 중견관리직 공무원(225명), 중견실무직 공무원(315명), 보완경찰(90명), 북한이탈주민 보호담당관(270명), 북한방문예정자(9038명), 금강산관광도우미(50명), 남북교류협력요원(34명) 등 전문화된 다양한 계층들로 구성되어 있음을 알 수 있다(2003, 통일편람, 96-111).

2.2.4. 통일교육의 재정

대한민국의 통일교육 예산은 2003년도 전체 9,231백만 원이며 그 중 통일부가 5,939백만 원을, 기타중앙행정기관이 700백만 원 그리고 시도교육청이 2,592백만 원을 통일교육을 위해 사용하였다.

통일부 통일교육 예산은 2003년도 59억 원로써 중앙정부전체예산 1,556,659억원의 0.0038%이며, 최근 5년간 중앙정부예산에서 차지하는 비중은 소폭 감소추세에 있다.(2003, 통일편람, 21-29).

참고로, 독일연방정치교육원의 1년간의 정치교육예산은 1989년 통일시 2800만 마르크(당시 US$:DM = 1:1.5) 그리고 통일의 해인 1990년에 연방정부는 정치교육의 활동을 위해 교육원에 독일혈통이주자들의 통합을 위한 270만 마르크를 포함해서 3920만 마르크를 책정해 주었다. 1991년에는 이주자 통합을 위한 500만 마르크를 포함하여 4310만 마르크(한국 돈으로 환산하면 1950억원)의 예산이 책정되었다(전득주, 독일연방공화국, 1995, 376-377).

2.3 민주시민교육과 통일교육의 문제점

(1) 학교교육에서 실시되고 있는 민주시민교육은 이론과 실천, 인지적 측면(지식, 기능)과 정의적 측면(가치, 태도) 사이의 불일치와 괴리를 들 수 있다. 민주시민교육은 너무나 이론에 치우쳐 학습

자의 내면화 내지 실천적 생활화에 중점을 두는 교육이 등한시되고 있다(허영식, 2003, 21-22).
(2) 민주시민교육이 초당파적 내지 중립적으로 운영되어야 함에도 불구하고 특정정파의 도구화로 이용되는 경향을 보이고 있다(전교조의 교육내용).
(3) 정치인들이 민주시민교육을 이론적으로만 받았기 때문에 그들은 민주시민교육의 중요성을 이해하지 못하거나 이에 대해 관심이 거의 없는 실정이다. 정치인들은 입으로 민주주의를 떠들어 대지만 실제 행동에 있어 민주주의적 원칙을 지키지 못할 뿐만 아니라 대화, 토론 및 타협의 문화나 합의한 것을 따르고 지키는 민주주의적 정치문화에 익숙하지 못하는 경향을 보여 왔다.
(4) 역대 대통령이 대한민국의 헌법 제 4조를 성실히 수행하기를 원했더라면 국민의 세금으로 전 국민에 대한 민주시민교육을 초당적으로 철두철미하게 시키고 이를 바탕으로 나라의 통일교육을 시켰어야 했음에도 불구하고, 그들은 민주주의교육을 등한시 했을 뿐만 아니라 학교에서의 민주시민교육도 제대로 교육을 시키지 못하였다.
(5) 학교에서의 민주시민교육이 부실한 가운데 통일교육에서도 오로지 민족 통일을 위해 북한문제와 통일에 대한 교육만을 시킨다는 것은 마치 집을 짓는 데 있어 기초를 닦아놓지 않고 그 위에 지붕을 얹는 것과 다를 바 없다. 이는 헌법 제4조와 교육기본법 제 2조의 정신에도 위배된다. 우리나라 헌법 제 4조에는 대한민국은 통일을 지향하며, 자유민주적 기본질서에 입각한 평화적 통일정책을 수립하고 이를 준수한다고 규정하고 있다. 그리고 교육기본법 제 2조에서는 "교육은 홍익인간의 이념아래 모든 국민으로 하여금 인격을 도야하고, 자주적 생활능력과 민주시민으로서 필요한 자질을 갖추게 하여 인간다운 삶을 영위하게 하고, 민주국가

의 발전과 인류공영의 이상을 실현하는 데 이바지하게 함을 목적으로 한다."라고 규정하고 있다.
(6) 통일교육은 어디까지나 자유, 인권, 평등, 정직 그리고 신뢰와 관용 등 세계 보편적인 가치들을 내면화시키는 민주시민교육을 전제로 실시되어야 하는데, 무조건 단일민족이라는 차원에서 민족통일의 당위성만을 강조하는 교육은 궁극적으로 북한식 통일도 가능하다는 위험한 결론에 도달할 수 있다. 오로지 민족통일만을 강조하는 통일교육은 김 대중 정부가 제정한 통일교육지원법의 제 2조에 명시된 "자유 민주주의에 대한 신념과 민족적 일체감을 바탕으로 하는 통일을 추진하고 준비하는데 필요한 가치관과 태도를 함양"한다는 현 정부 통일교육의 목표에도 위배되고 있을 뿐만 아니라 이는 국민의 이념적 혼란과 갈등을 야기 시키고 있다(통일교육기본계획 2004-2006, 121-127).
(7) 민주주의의 유지와 발전을 위하여 민주시민교육지원법이 제정되지도 않은 상태에서 통일교육지원법만을 국회에서 통과시켰다는 사실은 김 대중 정부가 얼마나 통일 지상주의 사고에 빠졌었는지를 보여주고 있다. 민주사회에 더욱 위험스러운 것은 정부의 대북정책을 지지하는 세력은 '통일세력' 그리고 '민주세력'으로 정부의 정책을 반대하는 세력은 '반통일세력' 혹은 '반민주세력'으로 구분하는 흑백논리적 통일교육이 일부에서 실시해 왔다는 사실이다. 이러한 방식으로 통일교육이 실시되어 왔기 때문에 시민들은 올바른 비판의식과 참여의식을 지니지 못하게 되었다. 이는 한국사회가 국민통합을 이룩하지 못하고 있는 이유들 중의 하나이다.
(8) 더욱 우리가 주목해야 할 사실은 통일교육지원법을 제정하고 통일교육의 예산을 만들어 민주시민교육보다 통일교육을 더 집중적으로 실시하고 있음에도 불구하고 중, 고등학생들이 통일을 희망

하는 정도는 하향추세에 있다(통일교육기본계획, 13). 또한 통일교육 예산의 미비로 국민의 대부분의 응답자(79.3%)는 통일 교육을 받은 경험이 없는 것으로 조사되었다(통일교육기본계획, 2004-2006, 14).

(9) 또한 2000년부터 새로 창립된 시민단체들로 구성된 통일교육협의회는 다양한 시민단체들이 나름대로 통일관련활동을 추진하고 있지만 객관적인 내용을 가지고 통일교육이 추진되지 못하는 단점이 드러나고 있다. 통일교육협의회는 그 임원을 일방적으로 정부가 배후에서 임명하는 형식을 취하고 있기 때문에, 정부예산과 정부가 임명한 임원으로 통일교육을 실시한다는 것은 결론적으로 자율이 결여되고 궁극적으로 정부의 통일정책을 시민에게 알려주는 어용단체로 전락할 가능성이 높다.

3. '새로운 민주시민교육'의 발전방향

3.1. '새로운 민주시민교육'의 필요성

해방 이후 오늘에 이르기까지 대한민국의 정치는 한마디로 불법, 탈법 그리고 비리와 부정과 밀접이 연루된 부패정치라 해도 과언이 아니다.

해방 후 한반도의 분단, 남·북간의 한국전쟁, 그로 인한 반대급부로써 나타난 군사정권의 지배, 그리고 이러한 군사정권을 타도하기 위한 반독재 투쟁, 이러한 가운데에서 지속적인 경제성장 등 한국의 지난 60여년은 한마디로 "소용돌이의 정치" 라 말하지 않을 수 없다. 이러한 '소용돌이의 정치'는 대화와 타협의 문화, 그리고 약속하고 합의한 것을 따르고 지키는 성숙된 민주정치문화를 정착시키지 못하였다.

한국의 경제는 세계 12번째의 경제대국으로써 성장하였다고는 하지만 경제의 비 윤리적 운영이 판을 치고 있으며 대부분의 국민들은 수단과 방법을 가리지 않고 돈만 벌면 된다는 사고방식에 젖어있다. 또한 우리의 생명과 직결되는 불량 음식의 판매, 각종 사기, 강도 및 살인 사건들은 우리 사회를 더욱 신용 없는 부정한 사회로 만들고 있다.

2005년 실시된 설문조사 중 "우리사회는 정직한자, 법을 지키는 자 보다 부정직한 자, 법을 무시하는 자가 더 잘 산다" 는 설문에서 무려 응답자의 72.1%가 이에 찬성하고 이에 반대하는 응답자는 겨우 15.2%에 불과하였다. 이는 우리사회에 얼마나 많은 부정과 비리가 지배하고 있는가를 간접적으로 나타내주는 좋은 사례라고 볼 수 있다(2005년 6월-7월 사이 서울 5개 구청의 구민 150여명에게 실시한 결과임).

오늘날 우리 사회가 당면하고 있는 더 큰 문제는 노동자, 농민집단, 정치집단, 경제집단, 의사·약사 집단 어느 하나 민주주의의 원칙을 지키면서 끝까지 대화와 타협을 통하여 그들의 갈등을 해결하려는 기본적인 민주적인 자세와 태도를 보여주지 않고 있다는 사실이다. 정치인이 국민으로부터 신임을 얻기 위해서도 그리고 국민이 올바른 정치인을 선택하기 위해서도 민주 정치 교육은 필요하다.

더욱이 지난 대선과 총선에서 정당들은 재벌들과 정경유착을 통하여 불법선거자금을 모으는 것을 다반사로 생각할 정도로 한국의 정치인들은 부정과 부패에 젖어있어 이로부터 벗어날 능력마저도 없었다. 정치의 부패는 사회의 전 영역으로 확산되어 전 지역에서 사회의 기강이 문란하고 도덕이 타락될 수밖에 없었다.

세계화와 정보화, 개방화 그리고 지방화 시대에 대한민국이 생존하고 번영할 수 있는 길은 지속적인 제도개혁과 더불어 의식개혁을 통하여 국민 개개인, 각 사회집단, 정당 그리고 정부의 공무원들에 이르기까지 무사안일주의나 비민주적 내지 반민주적인 성향에서 탈피하여 합리적 사고를 바탕으로 근면과 성실, 주인의식, 평등의식, 관용, 비판의식, 준법정신 그리고 능동적인 정치참여기술 등을 포함한 민주적 자질, 능력과 태도를 함양하는 것이 급선무일 것이다. 이러한 민주시민교육의 강화만이 자유 민주 법치국가를 우리의 손으로 건설하고 관리. 운영할 수 있다.

무엇보다도 민주시민교육은 장차 통일을 대비하고 준비하는 과정에서 더욱 요청된다고 하겠다. 만약 한국인의 민주적 성숙도가 지금처럼 낮다면 통일로 가는 길은 쉽지 않을 것이며, 만약 통일이 되었다 하더라도 그 통일을 유지·관리하는 것이 매우 어려울 것이다. 예멘과 독일 통일의 사례에서 보듯이 그들 나라들은 유사한 시기에 통일을 달성했지만 그들이 통일 후 전혀 다른 결과를 보여주었다. 그들 정치체제의 민주주의적 성숙도는 물론 다른 요인들도 영향을 주었겠지만 서로 정반대의 결과를 초래한 주요인들 중 하나였다. 남·북예멘은 민주주의가 성숙되지 못한 결과, 그들에게는 통일을 위하여 궁극적으로 폭력전쟁을 선택하였던 반면에, 서독은 민주주의가 성숙된 결과, 폭력전쟁이 아닌 평화적이고 민주적인 통일을 선택하였다. 이처럼 민주시민교육의 필요성은 재론의 여지가 없다.

3.2. 교육의 기본과제와 방향

3.2.1. '새로운 민주시민교육'을 위한 전제조건

통일을 대비하는 '새로운 민주시민교육'은 대략 다음과 같은 국내외적 전제조건들이 충족되면 더욱 효과가 클 것이다.

(1) 먼저 남한의 정책결정자들이 진정으로 남·북한 접근을 통하여 북한의 의식변화를 가능케 하기 위해서는 남한의 정책결정자들의 의식의 변화와 대한민국의 법적·제도적 장치의 조정이 요청된다. 우선 법적으로 북한 정부를 인정하기 위해서는 "대한민국의 영토는 한반도와 그 부속도서로 한다."라는 헌법 제 3조를 삭제

하거나 개정도 고려해야 할 것이다. 또한, 현재 시행되고 있는 국가보안법을 새로운 대북접근정책에 맞추어 개정해야 할 것이다.
(2) 통일부를 '남·북한협력부' 또는 '남·북한관계부'로 개칭하고 통일교육개념은 대외적으로 가급적 사용하지 않고 그 대신 민주시민교육이라는 개념을 사용하고 그 지붕 밑에서 통일 교육을 조용히 실시하는 것이 현 정부의 대북 정책의 목표와 내용에 부응 할 것이다(전득주, 2000, 남·북한 통일정책비교, 278-279).
(3) '새로운 민주시민교육'은 통일교육을 강조함으로써 강대국이나 북한을 필요이상 자극할 필요가 없다. 한반도 주변의 4대 강국이나 북한은 기실 한반도가 대한민국의 의도대로 통일되는 것을 원치 않기 때문이다.
(4) 이념적 논리와 민족개념을 연계하는 이론의 개발이 전제되어야 한다. 자유, 민주주의 그리고 법치국가성을 민족, 애국주의 그리고 조국과 연계시킬 수 있는 통일철학을 창조해야 할 것이다. 문익환 목사는 민족주의와 민주주의는 동전의 양면으로써 실질적으로 민족주의는 바로 민주주의이어야 한다고 설파하고 있다(문익환, 1984, 36-40). 그는 한국의 민족주의는 민족의 구성원들이 민주적 자질, 능력과 태도를 함양하여 자유, 민주주의 그리고 법치사회 내지 법치국가를 한반도에 건설하는 것을 한국민족주의의 목표로 삼고 있다. 다시 말해서 한국의 민족, 애국주의 그리고 조국은 바로 자유, 민주주의 그리고 법치국가성을 그 전제로 한다는 것이다. 민족감정은 분단으로 상처받고 있고 한국인은 전 한반도에 살고 있지 않다. 그러나 한국인은 자유민주주의적 법치국가를 표방하고 있는 대한민국 헌법 속에서 살고 있다. 다시 말해서 이러한 헌법이 통용되는 한반도에서 한국인은 살아야 한다. 이것이 바로 하나의 조국이라고 말할 수 있다.

3.2.2. 교육의 기본방향

(1) '새로운 민주시민교육'이란 해방 이후 미국으로부터 수입한 미국식 민주주의를 타율적으로 교육시키었던 민주주의교육이 아니라 어디까지나 대한민국이 자율적으로 세계적 보편적 타당성을 갖는 민주주의의 가치들을 한국에 창조적으로 적용하여 발전시킨 이념체계에 대한 교육을 의미한다고 하겠다. 바로 '새로운 민주시민교육'이란 간단히 말하면 자유롭게 더불어 사는 방식을 터득하는 교육을 의미한다.

(2) '새로운 민주시민교육'은 비민주적 내지 반민주적 정치문화를 청산하고 동시에 민주적 정치문화를 형성하고 자유민주주의 체제의 발전과 정착에 기여해야 한다.

(3) '새로운 민주시민교육'이란 국민이 국가의 주권자임을 인식하고, 국가나 지역사회에서 일어나고 있는 사회·정치적 상황을 올바로 판단하고, 비판의식을 갖고 정치과정에 참여하며 권리와 의무를 적극적으로 수행하고 국민의 사회·정치적 행위에 대해 책임을 지는 선진적·민주적 정치의식을 가정, 학교 그리고 사회에서 습득하는 전 과정을 의미한다.

(4) '새로운 민주시민교육'은 과거와는 달리 자유민주주의와 시장경제체제에 익숙한 민주시민을 육성하는 것이 그의 목표이기 때문에 다원주의적 이론 내지 방법론을 그 조직구조로 가져야 한다. 민주시민교육에서는 획일적인 지침서나 교수법을 지양하고 다양한 지침서와 교수법들이 공존해야 한다. 그러나 이러한 상이한 구상과 교수법들도 대한민국의 헌법에 위배되지 않는 한도 내에서 작성되고 운영되어야 한다. 그러므로 '새로운 민주시민교육'은 다양성 속에서 통합을 이룬다는 원칙에 충실해야 할 것이다.

(5) '새로운 민주시민교육'에서의 통일교육은 언제나 어디에서나 피교

육자들에게 자유민주주주의적인 기본질서를 바탕으로 통일교육도 수립되어야 하고, 이를 반드시 사전에 교육시키고 그 후에 북한 및 통일 이해교육을 실시하는 것이 그 전제가 되어야 한다.
(6) 통일을 대비하는 새로운 민주시민교육은 이념적 논리와 민족개념을 연계한다는 전제하에 자유, 민주, 법치주의 그리고 인권이 존중되는 사회를 건설하고 유지·발전시킬 수 있는 시민의 자질, 능력 그리고 태도를 함양하고 이를 바탕으로 북한의 객관적 이해, 남·북한 교류와 협력의 가능성과 한계, 남·북한의 인권문제, 통일의 제반문제와 가능성 그리고 한반도의 안보와 평화문제를 교육의 핵심내용으로 삼는다.
(7) '새로운 민주시민교육'을 전국적 범위에서 초당적이며 체계적으로 실시하기 위하여 여·야 합의에 의한 '민주시민교육진흥법'을 제정·시행하는 법적 뒷받침을 마련해야 한다.
(8) 이러한 법적 뒷받침 하에 새로운 민주시민교육을 전국적으로 보다 효율적으로 실시하기 위하여 민주시민교육원을 중앙에 그리고 16개 시·도에 민주시민교육 분원을 설치하는 제도적 장치를 마련해야 한다.
(9) 민주시민교육원의 운영은 민(民)·관(官)·정(政)이 공동의 주체가 될 수 있도록 조직되고 운영되어야 한다.

3.2.3. 교육의 대상

한국교육개발원의 조사 결과는 민주적 성숙도에 있어서 일반 시민보다 사회 지도층 인사들이 훨씬 떨어지는 것으로 보고하고 있다(한국교육개발원, 1993, 29).
교육은 흔히 일반 국민이 받고 사회지도층 인사들은 교육에서 제외되지만 이 조사 결과에 의하면 민주시민교육의 필요성은 일반 시민에게보다는 오히려 지도층에 있어 더 높다는 것이다.

이러한 이유 때문에 교육의 대상자는 그 우선순위에 따라 4개의 단위로 나누어 볼 수 있는 바, 제 1차 교육대상의 단위는 정치·사회지도자이며, 제 2차 교육대상의 단위는 국가 및 지방공무원과 각종 공기업 종사자이고, 제 3차 교육대상의 단위는 정당 및 각 사회단체이며, 그리고 제 4차 교육대상의 단위는 가정 및 각급학교들이다.

3.2.4. 교육의 기본내용

민주시민교육의 내용과 관련하여 교육의 핵심내용은 한국인의 전통적·권위주의적 정치 문화적 요소들(복종성향, 지연·학연·혈연을 포함한 의인주의, 형식주의 등과 적당주의, 한탕주의와 황금만능주의 등)을 극소화시키고, 선진적·민주주의적 정치 문화적 요소들(정직성; 비판의식을 포함한 참여의식과 개인의 권리의식; 신뢰성; 평등의식; 관용성; 준법정신 등)을 극대화시키는 데 있다. 이러한 핵심내용들은 가정교육, 초·중·고등학교교육을 포함한 학교교육 그리고 사회교육 등에서 연계성과 지속성을 갖고 교육되어져야 한다.

① 특히 참여, 토론, 협상, 타협 그리고 합의된 것을 따르고 지키는 문화와 관련된 개인의 합리적·민주적인 가치관의 함양
② 인간의 공동생활의 정치적·인류학적 전제 조건들, 즉 인간의 개인성과 사회성, 국가와 사회에서의 개인의 권리와 의무에 대한 시민의 이해
③ 반민주적 내지 비민주적 역사의 청산과 민주적 전통사상의 계승·발전
④ 대한민국의 헌법적 규범과 가치 구조들에서 강조된 자유민주주의 국가의 정치 질서의 근본 요소들에 대한 시민의 이해

⑤ 자유민주정치구조와 자유 시장경제질서의 상호관련성: 자유민주주의의 경제 질서로서의 자유 시장경제, 사회복지국가와 환경에 대한 책임성
⑥ 한국형 대통령 중심제의 통치 조직, 그 제도들의 조직 그리고 그 제도들의 기능, 특히 3권 분립과 법적 구속, 야당과 권력통제의 이해
⑦ 민주정치 과정에서의 정당, 이익단체, 시민단체(NGO), 그리고 대중매체와 여론 등의 역할과 기능의 이해
⑧ 정보화, 지방화 및 세계화의 시대에 있어 환경 여성 인권에 대한 이해
⑨ 대한민국의 대외정책, 통상정책, 안보 및 평화 정책의 이해
⑩ 남북한 관계와 분단 및 통일 문제의 이해
⑪ 기타 민주시민교육과 관련된 문제

3.2.5. 교육방법 및 교수법

교육현장에서는 교육자가 피교육자에 다양한 이론들을 제시하고, 장·단점을 가려서 우리의 현실에 적합한 이론들을 선택하는 소위 '다양성 속의 통합'의 원리를 적용한다. 그것은 어릴 때부터 사회의 실상을 올바로 이해하고 '아는 것을 실천하거나' '실천함으로써 알게 하는' 교육을 실시함으로써 피교육자의 민주의식 내지 민주적 태도의 내면화가 가능케 할 수 있기 때문이다. 이에 부응하여 민주시민교육은 가급적 주입식 강의를 피하고 20~30명 단위로 토론식 교육을 하는 것이 권장된다. 특히 사회가 다원화되는 추세 하에서 공통적 가치들에 대한 합의를 도출하기가 힘들기 때문에 절대적·교조적인 기존교육방법론 보다는 다양한 대안들을 중립적으로 제시하여 자발적 선택을 유도하도록 한다. 즉 일방적으로 위에서 정해진 가치관을 직접적으로 주입하는 것보다는 가

치관의 형성을 위한 방법상의 우회적인 지원에 중점을 둔다. 또한 실습을 위주로 하되 불가능 시 VTR 등 시청각 자료를 최대한 이용하는 것이 효과적이며 상이한 지침서와 교수법 및 정치적 입장들을 민주적 경쟁의 틀 속에서 개발하고 제시하는 것이 보다 바람직할 것이다.

3.2.6. '민주시민교육원'의 설립과 운영

1) 설립취지

역대 정권들은 각기 독자적인 의식개혁 추진 기구를 설립하였다. 이를테면 박정희 정권은 새마을운동본부와 정신문화연구원을, 전두환 정권은 사회정화운동본부와 일해재단을 그리고 노태우 정권은 바르게살기운동본부를 설립하였다. 그러나 이들 기구들은 권위주의 정권의 유지를 위한 국민의식 개조에 목적을 가지고 있었기 때문에 민주적 정치문화의 형성에 역기능으로 작용하였다. 그러나 김영삼 정부와 김대중 정부는 민주적 정당성을 확보하고 아울러 개혁의지를 천명하였지만 불행하게도 의식개혁보다 제도개혁에만 치중함으로써 성숙된 민주사회를 건설치 못하고 궁극적으로 정치가 선거 때마다 정·경 유착에 의한 부정·부패만을 자행함으로써 모든 사회 발전에 걸림돌이 되어왔다. 이제 노무현 정부는 과거 썩은 정부와의 차별화를 시켜 정치·경제·사회제도개혁과 함께 '새로운 민주시민교육'을 초당적으로 실시할 것을 야당과 합의할 때 한국은 20~30년 후 성숙된 선진 민주 사회를 건설하고 통일도 민주적으로 그리고 평화적으로 달성 할 수 있을 것이다. 즉 앞서 언급한 바와 같이 여·야 합의하에 '민주시민 교육진흥법'을 제정하고, 이 법에 근거, 민주시민교육을 전국적 범위에서 체계적이고 효율적으로 시행하기 위해서는 하나의 전담기구, 즉 '민주시민교육원'을 설치·운영하는 것이 절대적으로 필요하다고 본다.

2) 조직 및 운영

민주시민교육원은 크게 원장, 부원장, 이사회, 감사위원회 그리고 사무처 및 산하기구와 16개 분원 등으로 구성된다(심익섭, 1999, 37). 원장과 부원장 등은 정치적 중립이 보장되도록 임면절차를 마련해야 할 것이다. 민주시민교육원의 초당적 운영을 위해서 이사회(원내 교섭단체의 의석비율로 구성된 여·야 당에 의해서 추천된 사회지도급 전문인사 9명으로 구성)의 기능을 충분히 발휘하도록 한다. 이를 테면 이사회는 민주시민교육원의 기본정책 결정을 승인하고, 감사위원회(원내 교섭단체의 의석비율로 구성된 여·야 의원으로 구성)는 민주시민교육원의 활동을 감시한다. 실무적인 운영을 위해서 민주시민교육원은 사무처 산하에 총무국·대중매체교육국·성인교육국·학교 교육국·학술 진흥국·간행물국을 둔다. 그리고 원장과 부원장 산하에 기획 개발국과 북한연구 및 민주시민교육 연구소를 둔다. 그 외에 민주시민교육의 내용구성과 질적 향상을 위하여 학술자문위원회를 둘 수 있다. 민주시민교육원은 전국적인 조직을 갖추고 있으며 교육의 효율적인 지원이 가능한 정부 부처 내 독립기구로 설립 할 수 있지만, 초당적인 운영과 감독을 위해서는 국회에 두거나 혹은 미국의 '시민교육연구소'처럼 사단법인이 되어 국가로부터 재정지원을 받는 '민간민주시민교육연구소'안도 생각해 볼 수 있다(서준원, 1999, 52-64).

3) 주요 사업계획

민주시민교육원은 전국적 범위의 민주시민교육원과 관련된 사회·정치단체 및 공공기관(각종 성인교육기관, 대중매체 즉, 언론·출판기관, 유치원 이상의 학교기관, 기타 정부기관 등)과의 협력·조정을 꾀하는 것을 핵심 업무로 한다. 아울러 민주시민교육에 관한 연구, 연찬회 개최, 교재개발(VTR 제작 포함) 등을 하고 통합적 민주시민교육을 위하여 타기관의 유사 교육을 지원하거나 위탁교육을 실시한다. 또한 민주시민교육과 관련된 교육원지, 국회의원이나 정치인들을 평가하기 위한 의회지(월간지), 단행본, 학술지 등 정기간행물을 발간하고 북한 및 통일문제에 대한 교육과 통일 후 북한의 민주화를 위한 교육 등을 준비한다. 이를 정리하면 다음과 같다.

① 교수법과 방법론의 개발
② 민주시민교육 종사자의 양성과 재교육·훈련
③ 민주시민교육에 대한 각종 출판물의 보급
④ 민주시민교육에 관련된 세미나와 각종 워크숍 개최
⑤ 방송매체를 비롯한 매스미디어와의 협조를 통한 민주시민교육
⑥ 학교 내 민주시민교육의 계획과 시행(각종 교재, 시청각자료, 교사용지도서 개발 보급)
⑦ 학교 밖 민주시민교육, 특히 정당·사회단체·시민단체의 민주시민교육에 대한 계획·실행 및 재정지원
⑧ 남북관계 및 통일대비 민주시민교육의 연구와 교육
⑨ 국제이해 및 교류에 대한 교육
⑩ 인권, 여성 및 환경 문제에 대한 교육
⑪ 기타 관련 사업

4. 결론

통일을 대비하는 '새로운 민주시민교육'의 목표는 무엇보다도 먼저 대한민국 국민을 칸트가 말한 계몽된 인간, 즉 자주적으로 사고하고 주관적 가치판단이 아닌 객관적으로 상황을 판단하며 책임성 있게 행동하는 민주시민으로 육성하는 데 있다. '새로운 민주시민교육'의 방법론은 주로 존 듀이의 실용주의적 교육철학에 그 기초를 두고자 한다.

'새로운 민주시민교육'은 한국인의 민주시민의식을 바탕으로 통일교육

을 대외적으로 소란을 피우는 것보다, 오히려 대내적으로 조용히 그리고 알차게 실시하는 것이 교육의 대내외적 환경 여건들을 감안할 때 더 큰 효과를 얻을 수 있다.

'새로운 민주시민교육'은 먼저 우리 사회와 국가의 기본을 세우고 도덕성을 회복하 사회·정치 지도자들을 포함한 전 국민의 반민주적·비민주적 정치문화 요소들을 극소화 시키며 합리적·민주적 정치문화 요소들을 극대화시킴으로써 성숙된 민주사회 즉 자유민주 법치국가를 건설하는 데 기여해야 할 것이다.

통일을 대비하는 '새로운 민주시민교육'은 대한민국 헌법 제4조와 교육기본법 제 2조에 의거 자유민주주의의 기본질서에 입각하여 통일 교육을 실시하는 것이 강대국의 대한반도정책, 북한의 대남정책 그리고 대한민국의 대북정책의 목표들을 감안할 때 대한민국의 국익에 더 보탬이 될 것이다.

통일을 대비하는 '새로운 민주시민교육'은 이념적으로 소위 남남갈등을 부추기는 것을 방지해야하고 이를 효과적으로 실시하기 위해서 자유민주주의 개념과 민족주의 개념을 연계하는 이론들에 대한 연구가 시급히 요청된다.

이 두 개념의 연계와 동일시 전략만이 통일한국이 세계적인 보편적 가치들을 향유하고 선진민주국가들과 경쟁과 협력을 할 수 있을 것이다. 오늘날처럼 대한민국의 학교교육에서 민주시민교육이 제대로 이루어지지 못하고 있는 상태에서 통일교육마저도 자유민주주의에 대한 교육을 배제하고 주로 북한 문제, 남북간의 교류와 협력 그리고 민족통일 등만을 취급한다면 앞으로 통일한국이 자유민주 법치국가가 아니고 전쟁을 하지 않으면 안 되었던 예멘식 통일한국이 되거나 혹은 북한 사회주의 체제하의 통일한국이 될 수도 있을 것이다.

이제 한국인은 감상적 민족주의 또는 통일 감상주의에서 벗어나 민족, 고향, 조국 그리고 애국심 등의 개념을 객관적으로 정의해 볼 필요가 있다.

과거 유럽의 민족주의는 그 이념의 지나친 강조로 인하여 대부분 제국주의 내지 전체주의 또는 파시즘으로 변질되어 착취와 전쟁을 일삼았다는 역사적 인식이 지금 한국인에게도 필요하다. 그 반대로 저항적 내지 폐쇄적 민족주의가 바야흐로 세계화, 지방화, 정보화 시대에 그의 생존이 가능한지를 곰곰이 생각할 필요가 있다. 북한의 민족 제일주의가 진정으로 자유와 민주주의 그리고 법치주의를 그 핵심 내용으로 삼고 있다면 우리는 지금이라도 그들과 통일을 해야 한다는 논리가 성립된다. 그러나 한국인이 이해하는 민족주의가 비민주적 내지 반민주적인 요소들로 구성되어 있다면 한국인은 단호히 이들을 청산하고 합리적 민주적인 요소들로 대체함으로써 이를 극복하지 않으면 안 될 것이다.

남·북한 간의 교류와 협력은 그의 일차적 목표가 한반도의 평화정착과 남북간의 민족경제를 가능한 한 균형 있게 발전시키는데 있지 민족통일이 아님을 분명히 인식해야 한다. 한국의 민족통일은 한반도 정치(남북간의 정치)의 문제일 뿐만 아니라 국제 정치적 문제이기도 하기 때문에 매우 복합적인 성격을 띄우고 있다. 그러므로 대한민국의 대북정책의 단기적 목표는 현재로서는 정치적 통일보다 한반도의 평화정착을 위한 남북간의 교류와 협력이어야 할 것이다(전득주, 2003, 노무현 정부의 평화번영 정책과 남북관계의 전망).

남북간의 교류와 협력을 실시함에 있어 대한민국이 북한 사람을 동포로 인정하지만 그들이 김일성주의를 고수하고 있는 한 그들의 의도를 항상 경계하면서 접근해야 할 것이다.

대한민국은 북한에 대해 인내심 있게 그리고 신중한 접근을 통해서 장기적으로 그들의 의식을 평화, 자유민주주의 그리고 법치주의를 존중할 수 있도록 변화시키는 것도 대한민국의 대북정책의 장기적 목표 그리고 통일교육의 중요한 주제로 삼아야 할 것이다.

마지막으로 새로운 교육은 정치권력을 가진 자, 경제적 부를 가진 자

그리고 사회적 권위를 가진 자들이 솔선수범하여 스스로 민주시민교육을 받을 때 이 교육은 드디어 성공할 수 있을 것이다.

참고문헌

교육부(1997), 사회과 교육과정, 서울: 대한교과서.
교육부(1997), 도덕과 교육과정, 서울: 대한교과서.
교육부(1998), 초등학교 교육과정 해설(Ⅲ), 서울: 인쇄공업협동조합.
교육인적 자원부(2001), 초·중·고등학교 도덕과 교육과정 기준(1963-1997), 신일문화사.
권터 뤼터(1995), "독일 통일 문제에 관한 정치 교육 사례와 성과", 민주평화통일 자문회의, 민주평통지 200호 기념 정책 포럼 논문, 서울 타워호텔, pp. 7-63.
문익환(1984), 통일은 어떻게 가능한가? 서울: 학민사.
서준원(1999), "민주시민교육의 체계와 운영, 민주시민교육관련법(안) 비교검토", 한국민주시민교육 협의회 편, 한국민주시민교육의 체제구축방안, pp. 54-64.
심익섭(1999a), "민주시민교육의 확산운동방안", 한국민주시민교육협의회 편, 한국민주시민교육의 체제구축방안, pp. 37-51.
전득주 외(1992), 현대민주시민교육론, 서울: 평민사.
전득주 외(1995), 독일연방공화국, 서울: 대왕사.
전득주 외(1999), 정치문화와 민주시민교육: 한국, 대만, 독일, 일본, 미국의 비교분석, 서울: 유풍출판사.
전득주 외(2000), 남북한통일정책비교, 서울: 숭실대학교 출판부.
전득주(2003), "노무현 정부의 대북평화번영정책과 남·북관계의 전망", 숭실대학교 사회과학논총 제 6집.
통일부(2000), 2001 통일교육기본지침서, 서울: 양동문화사.
통일부(2003), 통일교육편람, 서울: 양동문화사.
통일부(2003), 통일교육기본계획 2004-2006, 서울: 현 프린트.

통일부(2003a), 2004년도 통일교육기본지침서, 서울: 통일부.
통일부(2003b), 참여정부의 평화번영정책, 서울: 통일부.
통일부(2003c), 2003 통일백서, 서울: 통일부.
한국자유총연맹 민주시민교육센터 편(2003), 생활 속의 민주주의, 서울 : 민주시민교육센터.
한만길(2001), 통일교육의 이론과 실천 -평화와 통일을 위한 교육- , 교육과학사.
허영식(2001), 현대사회의 변동과 시민교육, 서울: 원미사.
허영식(2003), 세계화·정보화 시대의 민주시민교육 어떻게 할 것인가?, 서울: 원미사.
황병덕(1995), 독일의 정치교육 연구, 서울: 민족통일연구원.
Hendersonm Gregory(1968), Koewa, The Politics of the Vortex, Cambirdge Mass.
Ruether, Guenther(1995), Politische Kultur und innere Einheit in Deutschland, Aktuelle Fragen der Politik, Konrad-Adenauer Stiftung.

제4장 구동독의 체제지향 정치교육:
교화와 정치교육 사이에서

페터 마싱(베를린자유대)

1. 서언

구동독의 붕괴와 더불어 구동독의 체제지향 정치교육과 이 정치교육을 담당했던 교과목인 '공민과'도 역시 종말을 고하였다. 장벽이 무너지기 이미 닷새 전에 베를린에서 벌어진 대규모 저항시위에서 구동독의 여배우인 슈테피 슈피라(Steffi Spira)는 큰 갈채를 받으면서 이렇게 요구하였다. "우리의 증손은 토요일에 학교수업이 없기를 바라고, 기(旗)소집, 횃불행진, 공민과가 없는 상태에서 자라나기를 바란다." 몇 개월 지나지 않아, 즉 1990년 3월 첫 자유선거가 실시되기 이전에 이미 구동독에서 정치교육의 상징이었던 공민과는 별 소란 없이 사라졌다.

이미 14년이 지난 지금 이 과목을 다룰 만한 가치가 있는가? 애초부터 잘못 된 것이 아니라면 적어도 지금 이 시점에서 볼 때 정치적으로 그리고 교육적으로 실패한 사업이라고 간주할 수 있는 이 교과를 비판적으로 다룰 만한 가치가 있는 것인가? 이 '공민과'는 구동독(즉, 독일민주공화국)을 하나의 폐쇄되고 완결된 교육 및 세계관 국가로 만들려고 한 노력과 시도의 첨병 노릇을 했다는 비난을 받고 있는데, 이러한 교과를 오늘날 여전히 다룰 만한 것인가?

필자는 일반적인 수준에서 구동독의 체제제향 정치교육, 그리고 특별히 공민과라는 교과를 비평적으로 취급하는 일이 오늘날에도 역시 의미가 있다고 보는데, 그 이유로는 특히 다음과 같이 두 가지를 들 수 있다.

첫째, 나치시대의 민족사회주의는 학교 및 학교수업에 대하여 회의적인 입장에서 별 기대를 하지 않았지만, 구동독에서는 이와는 대조적으로 학교교육에 커다란 기대를 걸었으며, 학교에서 전달한 올바른 지식이 학생의 태도와 행동에 결정적으로 중요한 영향을 미칠 것이라는 신념을 갖고 있었다. '일정한' 의식과 '일정한' 행동을 장려하고 신장시킬 수 있다는 노력과 시도는 정도의 차이는 있지만 부분적으로 구서독의 체제지향 정치교육에서도 관찰할 수 있다. 그런데 이러한 맥락을 보다 더 명료하게 설명하게 위해서는 구동독의 공민과를 체제지향 정치교육과 수업의 역사 속에서 고찰할 필요가 있다. 그러한 공민과의 '역사화'를 통하여, 그리고 이와 더불어 그 이론 및 실제와 그 실패를 재구성함으로써 정치교육과 민주적 체제 사이의 연관성에 대한 현실적인 관점을 획득할 수 있을 것이다.

둘째, 구동독의 체제지향 정치교육을 다루기 위한 두 번째 근거는 좀 더 다른 수준에 놓여 있다. 국가로서의 구동독은 비록 몰락하였지만, 그러나 그 사회·문화적 유산은 현재의 연방공화국에게 수십 년 동안 어떤 영향을 미칠 것이다. 다시 말하면, 구동독에서 이데올로기 측면에서 청소년들에게 체계적으로 영향력을 행사하려고 한 시도가 어느 정도로 '지속적인' 효과를 갖고 있는지 아니면 그렇지 않은지의 여부를 확인하는 일이 요청된다. 이것은 우리 연방공화국에 나타날 민주주의의 미래를 위해서라도 필요한 일이다. 그러한 지속적인 효과가 혹시 나아갈 방향의 상실이나 모든 정치적인 것에 대한 뿌리 깊은 회의에서도 반영되는 것은 아닌지 검토할 필요가 있는 것이다.

이러한 배경에서 출발하여 필자는 이 글에서 다음과 같은 측면을 다루고자 한다. 개념설명을 간단히 한 다음에 비교적 일반적인 수준에서 구동독의 학교와 세계관 교육이 지닌 기능과 의미를 기술한다. 그 다음에 공민과의 프로그램과 실제를 중심으로 하여 그 교과의 역할을 재구성하고자 한다. 끝으로 구동독에서 실시된 체제지향 정치교육의 효과에 대해서 언급하고, 결어 부분에서 민주주의에서 행해지는 정치교육을 위한 결론을 도출하기로 한다.

2. 개념설명

이 논문의 표제에서 필자는 '체제지향 정치교육', '교화', '정치교육'의 개념을 사용하고 있는데, 여기서는 이 기본개념에 대한 설명을 간단히 하면서 '정치사회화'의 개념에 대한 설명도 덧붙이기로 한다.

'정치사회화'는 보다 더 일반적인 개념이다. 이 개념은 어떤 사회적·정치적 질서의 구성원인 모든 사람들에게 여러 가지 서로 다른 집단·조직·제도·매체를 통하여 정치적으로 영향을 미치는 모든 과정을 포괄한다. '체제지향 정치교육'이란 이러한 과정을 의도적으로 변형시키는 데 일차적인 목적이 있다. 국가가 주도적으로 책임을 지고 이러한 교육을 하게 된 계기는 사회적인 전개과정 및 근대화과정과 밀접한 관련이 있다(Behrmann, 1972 참조). 이 정치교육은 그 지향(志向)과 목적에서 볼 때 특히 '체제에 지향을 둔' 교육적 과정, 즉 정치체제에 대하여 통합 및 정당화 기능을 수행하는 교육적 과정을 의미한다.

그런데 대개 제도를 통해서 이루어지는 체제지향 정치교육은 언제나 어떤 규범적·이데올로기적 의미부여의 틀 속에 놓여 있다. 이러한 의미부여가 사회의 역사적인 민주화과정에서 나오게 되면, 교육의 과정은 단순한 체제안정을 넘어서게 된다. 교육의 과정이 그 자체의 고유한 역학을 점점 더 많이 획득하고, 말하자면 '규범적 잉여(剩餘)'를 산출하여, 결국 정치체제의 민주적 발전에 기여하고 행위주체의 자율성을 증가시키게 된다. 교육의 규범적 차원이 자율성과 성숙성을 특징으로 하고 자기형성과정에 기반을 둔 시민의 개념에서 나오게 되면, 비로소 '정치교육'이라는 말을 사용할 수 있다. 그래서 이 정치교육은 그 목적에 비추어 볼 때 일차적으로 '개인에 지향을 둔' 것이다. 즉, 정치교육은 행위주체에 대하여 특히 사회화 및 개인화의 기능을 갖고 있는 것이다. 이와 같은 정치교육의 개념은 구동독에서 사용되었던 교육의 개념과는 완전히 다른 것이다. 구동독에서는 (체제지향) 교육과 (개인지향) 교육의 통일성을 전제로 삼았는데, 여기서 (개인지향) 교육은 지식의 전달과 더불어 교육과정을 통한 계획 및 통제의 가능성을 함축하고 있었다.

'교화(敎化)'는 교육적인 일의 '왜곡'으로서, 즉 교육의 부패형식으로서 나타나게 된다. 말하자면 '정당하기 못한 교육'인 것이다(Stross, 1993; Spieker/Straghan, 1991; Reboul, 1980 참조). 교화와 '정당한 교육'의 차이는 교육적 관계의 외부측면을 보면 분명하게 드러난다. '개방적이고 민주적인' 사회에서 교육과 수업은 정당한 것으로 간주되고 교화로 간주되지 않는 반면에, '폐쇄적이고 비민주적인' 사회에서 교육과 수업은 그 자체가 '교화'인 것이다. 교육적 관계의 내부측면에서 보면, 교화란 학생의 주체적인 의지 및 판단의 자유를 체계적으로 무시하는 것을 가리킨다. 그러나 학교에서 정치적 체제지향 교육의 목적을 직접적으로 추구하다 보면 교화로 빠질 수 있는 위험성이 언제나 존재한다. 다시 말해서, 민주체제에 있어서도 역시 정치적 체제지향 교육은 때로는 교화의 옷을 입고 등장할 수 있는 가능성을 처음부터 배제할 수 없는 것이다. 거꾸로 독재사회에서에 같이 학교를 통한 정치적 체제지향 교육이 교화로 등장하는 곳에서도 역시 그러한 정치교육이 한계에 부닥칠 뿐만 아니라, 교화에 대한 장애와 더불어 심지어는 (개인지향) 정치교육을 위한 공간이 어느 정도 허용될 수도 있다. 개별적인 경우에 있어서 어느 것이 맞는지, 어느 것이 해당하는지의 여부는 결국 경험적인 분석의 결과 헤아릴 수 있을 것이다.

3. 구동독의 체제지향 정치교육

3.1. 학교의 의미와 중요성

구동독에서 학교제도는 처음부터 체제지향 정치교육의 기능에 특별한 가치를 부여하였다. 바람직한 것으로 요망되는 사회적·정치적 신질서를 눈앞에 두고 학교는 중요한 체제지향 교육의 과제를 수행해야 할 것으로 간주되었다. 사회주의 학교는 아동과 청소년의 인성 전체를 대상으로 삼았으며, 이런 방식으로 '새로운 인간'을 만들어내야 하는 것으로 간주되었다. '모든 면에서 조화롭게 발달한 사회주의 인성'을 교육시킴으로써 학교는 새로운 사회적 질서의 근거를 수립하거나 혹은 학생들에게 정치적으로 창출한 질서에 대한 의무와 책임의식을 고취시켜야 할 과제를 안고 있었다. 사회주의적 인성의 본질적인 특성은 토대가 튼튼한 '사회주의 세계관', '이데올로기 의식', 그리고 '사회주의 도덕'을 통하여 규정되는 것으로 보았다.

구동독에서 교육정책의 전개과정은 학교라는 제도의 도움을 빌어 국가와 정당을 통하여 조종된 교육적 '통일전선'을 창출하려는 시도라고 특징지을 수 있다(Kluchert, 1999 참조). 여기서 '통일'의 개념은 총체적인 체제지향 교육을 목표로 삼았으며, 교육적인 동기와 계기를 통일적으로 강화시키기 위한 목적으로 여러 가지 서로 다른 교육기관을 결합한다는 뜻을 함축하고 있었다. 좀더 구체적으로 풀이하면, 그것은 체제지향교육과 사회화의 통일, 체제지향교육과 수업의 통일, 학교와 생활의 통일, 학교와 청소년단체의 통일, 학교와 가정의 통일을 포함하고 있다.

(1) 체제지향교육과 사회화의 통일

아동과 청소년의 모든 생활공간을 교육적·정치적 측면에서 계획적으로 통제하려는 목표의 결과 학교는 전체적인 교육 및 사회화의 장(場)을 향한 열쇠로 간주되었다. 교육의 중심으로서 학교는 다양한 국가적·사회적 노력을 조정해야 할 과제를 안고 있었다. 그에 따라 보육원·유치원·탁아소 같은 보완적인 시설이 학교의 주위를 감싸고 있었으며, 다양한 방식으로 다른 교육기관과 연결되어 있었다. "학교에서 출발하여 청소년 생활세계의 '식민화'를 추진하는 것으로 되어 있었다"(Kluchert, 1999, 97).

(2) 체제지향교육과 수업의 통일

학교는 핵심적인 제도이며, 수업은 체제지향교육을 위하여 가장 중요한 수단으로 간주되었다. 그러나 수업이 체제지향적인 효과를 낳을 수 있기 위한 전제조건은 거기서 전달된 지식이 서로 연결되어 있지 않은 상태로 남아 있지 않고, 포괄적인 세계관으로 깃들어야 한다는 것이다. 이러한 기능을 수행하는 데 있어서 1950년대 초부터 마르크스·레닌주의가 독점적인 위치를 차지하였다. "그것은 '과학적인 세계관'으로서 자연과 사회, 그리고 사고(思考)의 운동법칙을 파악할 수 있는 능력을 가진 것으로 간주되었다. 이러한 기초 위에서 사회적 체제지향교육의 방향과 목표에 대한 정보도 역시 줄 수 있기 때문에, 그것은 동시에 과학과 도덕을 연결하고, 인식과 신조, 그리고 행위를 연결하기 위하여 기본적으로 중요한 다리 역할을 수행하였다"(Kluchert, 1999, 97). 마르크스·레닌주의의 '이데올로기'에서는 과학과 세계관 사이의 긴장관계가 지양되는 것으로 보였기 때문에, 체제지향교육과 수업의 긴장관계는 이렇게 하여 지양되었다.

(3) 학교와 생활의 통일

'생활'의 개념은 구동독에서 사회주의 사회의 구축을 위하여 핵심적인 것으로 관찰된 경제적·정치적 과정을 지칭하였다. 학교를 이러한 과정과 연결시키는 일이 수업의 가장 중요한 과제였다. 여기에는 형식적인 방법원리로서의 '현재와의 인접성'(보기: 수학에서 학습과제를 시사적인 경제계획에서 끌어오는 일)과 학교의 대외적인 개방이 속하였다. 거기에는 특히 효력이 있는 정치적 표어를 갖고 운영한 학교에서의 '시각적 광고', 학교에 해당하는 정치적 '축제달력', 혹은 여러 가지 다른 대중조직의 행사를 통한 문화적 틀 제공이 속하였다. 하지만 학교와 생활의 결합에서 중심적인 역할을 수행한 것은 1950년대 말 공업·공예 교육의 도입을 통하여 제도화된 생산과정에의 학생참여였다.

(4) 학교와 청소년단체의 통일

청소년단체와 학교의 밀접한 연결은 교육공간의 통일적인 구성을 위하여 핵심적인 요소를 이루었다. 학교에서 청소년단체의 역할은 정치적 성격과 교육적 성격을 동시에 갖고 있었다. 자유독일청년단(FDJ)의 가장 중요한 과제는 학교에서 학습규율, 열의를 갖고 노동하려는 태도, 그리고 성취욕을 강화시키는 데 놓여 있었다. 이 맥락에서 1950년대 중엽 이래 마련한 청소년 축성식도 역시 바라보아야 한다. 이것은 청소년기를 위하여 국가수준에서 실시한 통과의례를 나타낼 뿐만 아니라, 동시에 정치적·세계관적 교육의 새로운 교육형태를 형성하였다. 즉, 청소년 축성식을 준비하는 시간을 통해서뿐만 아니라, 의식 그 자체를 통해서도 역시 그러한 교육을 실시한 것이다. 의식을 실시하는 동안에 14세에 달한 청소년은 사회주의와 국가, 그리고 당에 대한 충성을 서약하였다.

(5) 학교와 가정의 통일

1965년 구동독의 교육법을 보면 다음과 같은 구절이 있다. "사회주의 국가에서는 사회적 교육목표와 학부모의 이해관계 사이에는 일치가 존재한다"(Baske, 1979, 97 이하 참조) 학교와 학부모는 그들의 교육활동을 조정하고 일치된 방향으로 나아가야 한다. 여기서 중요한 역할을 수행한 것은 교사이며, 이 교사의 의무에 속한 일은 면담시간, 학부모회의, 가정방문을 통하여 아동에 대한 올바른 교육적 태도를 가질 수 있도록 도와주는 것이었다.

3.2. 사회주의 보통교육의 개념과 총체적 교육과정 사업

이 두 가지 개념은 1960년대에 개발되어 구동독의 종말까지 지속적으로 작용하였다. 특히 구동독의 학교를 위한 '총체적 교육과정'은 수업교과에 대하여 교육의 핵심적인 계획과 의도를 실행에 옮기기 위한 수단이었다.

독일사회주의통일당(SED) 중앙위원회 국민교육부장이던 오퍼만(Oppermann)에 따르면, "사회주의 학교에서 수업을 실시하기 위해서는 계획적인 조직과 체계적인 안내의 과정 속에서 세계관을 습득하고 학문을 숙달하기 위한 과제를 추구해야 한다. 이 과제를 완수하는 과정에서 엄격하게 과학적으로 진행해야 하며, 가능한 한 적은 비용으로 당성(黨性)을 갖고 엄격하게 수행해야 한다. 이때 모든 교과는 각각 특정한 기능, 즉 다른 것으로 대체할 수 없는 기능을 갖고 있다. 각 교과는 모두 사회주의 인성발달을 위한 기초를 마련하는 데 기여한다. 그러한 총체성의 맥락에서 수업은 학생에 대한 교육을 요구하는 만큼 확보하게 된다. 물론 이때 교과 사이의 차이를 무시하면 안 될 것이다. 예를 들면, 이데올로기 교육의 측면을 고려할 때 한편으로 공민과와 다른 한편으로 수학·물리 등 사이에 상당한 차이가 존재한다는 것은 자명하다. 그러니까 결국 과제는 개별 교과의 특성에서 출발하여 교육을 위하여 가능하면 효과적으로 기여하고, 이를 위해 각 교과에서 현존하는 가능성을 포괄적으로 이용하는 데 놓여 있다"(Oppermann, 1972).

이것은 실제로 핵심적인 교육과정에서 사회주의 인성을 교육시킨다는 근본적인 목적을 확정하고 공고히 하는 데 국한되어 있었다. 개별적인 모든 교육과정과 마찬가지로 총체적 교육과정 사업은 필수적인 요건으로서 학생에 대한 이데올로기 및 세계관 교육을 대상으로 삼았다. 교육의 소재를 이데올로기적 잠재력에 비추어 선정하고, 그 결과 아동과 청소년에게 전체적으로 유물론적 사회주의 세계관을 심어주기 위하여 모든 교과에서 이데올로기 교육을 실현하는 데 주된 목적을 둔 것이다 (Vogler, 1997, 120 참조).

구동독에서 학교교육 전체가 이렇게 일차적으로 세계관 교육, 즉 체제지향 정치교육이었다면, 여기서 제기되는 물음은 왜 체제지향 정치교육을 위한 독립교과가 필요한 것으로 나타났으며, 이 교과가 어떤 특정한 과제를 안고 있었나 하는 것이다.

4. 구동독의 공민과

공민과는 비록 전체 교과 중에서 시수 측면에서 차지하는 비중이 상당히 작았지만, 그럼에도 불구하고 체제지향 정치교육을 위해 매우 중요한 의미와 중요성을 띠고 있는 것으로 간주되었다. 세계관과 정치적 관점에서 볼 때 공민과는 모든 교과의 첨병 노릇을 한 것으로 간주되었던 것이다. 구동독 국민교육부 장관이었던 마곳 호네커(Margot Honecker)은 1989년 중엽 제9차 교육자회의에서 다음과 같이 공민과의 과제와 목표를 정식화하였다. "공민과라는 교과는 사회주의 교육과 우리 이데올로기의 전달을 위하여 그 의미와 중요성에 비추어 볼 때 어떤 다른 것으로 대체할 수 없는 교과이며 포기할 수 없는 교과이다"(Margot Honecker; Kuhn/Massing/Skuhr, 1993, 497에서 재인용).

공민과는 '이데올로기' 교육의 핵심교과로서 특별한 위치를 차지하였다. 공민과에서는 세계관으로서 학교교육 전체의 기반을 제공하고 학교교육 전체를 관통하는 것으로 간주되었던 마르크스·레닌주의 그 자체가 수업의 대상이 되었다. 여기에 더하여 공민과는 일반적인 정치적·

이데올로기적 측면에서 수업교과들을 조정해야 할 과제를 갖고 있었으며, 세계관 교육을 위하여 다른 교과들이 기여할 수 있는 부분을 포착하고 통합시키는 기능을 갖고 있었다.

공민과 교과 그 자체는 내면화의 증가를 통하여 결국 신념과 확신(즉, 가치·태도)의 목표로 발전하고 그런 방향으로 진행할 수 있는 하는 지식 및 기능·능력 목표를 전달해야 할 과제를 안고 있었다. 이러한 정치적 기본신념과 확신은 그 총체성 측면에서 볼 때 사회주의 학생인성의 계급적 관점을 형성하는 것으로 간주되었다(Kossakowski/Kahlheiz, 1971, 44 참조). '젊은 사회주의 공민'이 갖추어야 할 정치적·이데올로기적 기본신념에는 특히 다음과 같은 것이 포함되었다(Kühn, 1971, 11-14).

o 마르크스·레닌 정당의 지도와 그 지도적인 역할 밑에서 노동자계급의 역사적인 임무와 사명에 대한 신념
o 자연과 사회에서 일어나는 발전과 전개과정의 객관적인 성격에 대한 신념
o 인류 전체의 미래는 사회주의에 놓여 있다는 신념
o 사회주의 발전된 사회체제를 구성하고, 과학·기술 혁명을 완수하며, 동독과 사회주의 국제사회를 방어하는 데 있어서 동독의 역사적 과제와 청소년의 책임에 대한 신념
o 사회주의와 자본주의 사이의 세계적인 대결 국면에서 영광스러운 소련과 사회주의 국제사회가 지닌 결정적으로 중요한 역할에 대한 신념
o 근로에 종사하는 국민이 노동계급과 그 정당의 지도하에 정치권력을 행사하는 곳에서만 비로소 민주주의·자유·인간성을 보장하거나 확보한다는 신념

일반적 수준에서 정치적 세계관 교육이 제시한 교육계획과 더불어 특히 공민과라는 교과의 프로그램을 오늘날의 관점에서 되돌아볼 때, 구동독의 체제지향 정치교육은 노골적인 교화 혹은 심지어 '정치교육의 왜곡과 부패'라는 점을 어렵지 않게 확인할 수 있다. 국가와 당이 정치적 이데올로기 교육과 영향력 행사를 추진했다는 점은 부인할 수 없다. 하지만 여기서 제기되는 질문은 그러한 시도가 실제로 성공했는가 하는 것이다. 그래서 수업실제와 체제제향 정치교육의 효과에 대한 고찰이 필요한 것이다.

5. 공민과수업의 실제

구동독에서 행해진 체제지향 정치교육의 일상에 관해서는 정확한 지식을 많이 얻기 힘들다. 기껏해야 추측과 해석 혹은 당시대의 증인보고가 대부분이다. 이론과 법규, 각종 법령과 공포와 같은 프로그램이 학교의 실제를 별 다른 굴절 없이 사실상 결정했는지 가정하기도 힘들다. 또한 교육적 행위의 틀이 교육과정·교과서·수업자료를 통하여 완전히 한정될 수 있다는 점도 역시 전제로 삼기 힘들다. 물론 거꾸로 지침이나 명령에서 벗어날 수 있는 잠재력이 상당히 존재했는가 하는 점에 관해서도 그렇게 과대평가해서는 안 될 것이다.

어쨌든 체제지향 교육의 실제는 엄밀한 검토를 필요로 하며, 되돌아보건대 많은 것이 아직 여전히 열려 있는 상태에 놓여 있다. 그래서 필자는 일부 사항에 대해서만 국한시켜 간략하게 언급하고자 한다.

공민과는 물론 이데올로기적인 핵심교과로 통하였지만, 그러나 다른 교과와 마찬가지로 수업이 이루어졌다는 점도 고려해야 할 것이다. 수업은 대개 교사 위주의 '정면수업'으로 이루어졌다. 수업의 주제는 비교적 조금씩 앞으로 나아가는 방식으로 다루어졌으며, 사람들은 평가를 통한 학습결과 확인과 반복할 수 있는 지식의 습득에 커다란 가치를 부여하였다. 공민과는 흥미·관심이나 중요도 측면에서 많은 학생들에게 그리고 교사들에게 있어서도 역시 별로 환영을 받지 못한 교과였다 (Neuner, 1996, 208 참조).

공민과의 수업장면을 기록한 결과를 해석하려는 시도를 하다보면, 대개 수업에서 학생들이 어떤 신념이나 확신을 진정한 상태로, 즉 있는 그대로 드러내지 않으려 했다는 것을 어렵지 않게 확인할 수 있다. 학생들은 교사의 질문에 적합한 말이나 개념을 찾으려고 애쓰는 모습을 보여주고 있다. 그들은 임의로 반복할 수 있는 언어규칙과 공식을 학습하였다. 나중에 학생들의 이러한 이중적인 언어사용에 대해서 학자와 정치적 책임자들도 역시 깨닫게 되었다.

어쨌든 공민과는 순전히 이데올로기 교과이었으며, 체제지향 정치교육은 다름 아니라 교화 그 자체였다는 결론을 내릴 수 있다. 그렇지만 다른 한편에서 보면, 공민과가 성찰과 문제지향의 기회를 제공했다는 실제적인 경험도 언급되고 있다. 다시 말하면 부분적이긴 하지만 우리가 정치교육이라고 부르는 것이 부분적으로나마 때로는 가능했다는 것이다.

6. 공민과수업의 효과

구동독의 책임자들이 옹호한 정치적 체제지향 교육의 주장과 요구는 포괄적이었다. 하지만 그렇다고 하여 정치적 체제지향 교육이 기대한 효과도 역시 거두었는가 하는 질문에 대해서는 아직 뭐라고 이렇다할 답을 하지 못한 상태에 있다.

오늘날의 시점에서 되돌아볼 때, 교화로 등장한 체제지향 정치교육은 여러 가지 면에서 한계에 부닥쳤고 또한 그럴 수밖에 없었다는 점을 확인할 수 있다. 구동독에서 행해진 정치적 체제지향 교육의 결과를 평가하는 데 있어서, 일반적으로 체제지향 정치교육에 적용될 수 있는 경향을 가진 다음과 같은 세 가지 가설을 그럴듯한 판단기준으로 고려할 만하다(Tenorth, 1995 참조).

① 학교의 교과수업은 교화(敎化)에 대한 체계적인 장애물로 작용한다. 교과수업은 그 자체가 세계에 대한 거리를 두도록 하고, 모든 명백한 것에 대한 회의를 갖도록 유도한다. 그 반면에 교화는 바로 이 명료성과 통일성을 수립하려고 한다.
② 교화에 대한 방해물은 '근대의 사회화 구조'를 통해 발생한다. 사회화는 서로 다른 여러 가지 환경 및 서로 경쟁관계에 놓여 있는 생활세계에서 이루어진다. 그런데 이러한 여러 가지 환경과 생활세계에 대하여 별 다른 굴절 없이 직접적으로 영향력을 행사하고 그것들을 의도대로 혹은 계획적으로 완전하게 짜 맞추는 일은 사실상 매우 어렵다.
③ 학습은 본래 체제지향 교육에 대하여 저항하는 성질 혹은 잠재력을 지니고 있기 때문에 교화는 한계에 봉착하게 마련이다. 아니면 언젠가는 한계에 도달하고 만다. 학습과정은 일차적으로 학습자의 자기주도성과 흥미·관심 혹은 이해관계에 의해 결정되며, 교화의 학습모형이 가정하고 있는 바와 같이 그렇게 완전한 상태로 조종할 수 없는 것이다.

구동독의 청소년 연구기관에서 수행한 연구결과와 그 해석에 비추어 보면, 형식적인 사회화기관의 사회적 네트워크가 특히 1980년대에 제대로 작동하지 못하여, 원래 선전하고 있던 정치교육의 목표를 점점 더 관철시키지 못하고, 또한 가정과 다른 정치적 사회화기관을 보완하거나 보상하거나 교정할 수 있는 기능을 점점 더 많이 상실하고 있다는 진단이 있었다는 점에 유의할 필요가 있다.

7. 결어

구동독의 붕괴로 동독에서의 정치교육도 종료되었다. 그러나 구동독에서 성장한 세대 및 구동독 주민들의 정치적 견해와 관련한 정치사회화에 대한 많은 연구에 의하면, 구동독 40년 동안의 이데올로기적 영향이 도대체 효과를 거두었는지에 대한 여부는 아직도 여전히 확실하게 답할 수 없는 상태로 남아 있다(Behrmann, 1999, 155; Schlegel/Förster, 1997 참조). 하지만 어쨌든 최근의 연구는 정치적인 태도 및 입장에 있어서 구동독 청소년과 구서독 청소년 사이에 상당한 차이가 있다는 점을 보여주고 있다. 비록 양측이 여전히 민주주의 이념을 고수하고 있는 것처럼 보일지라도, 양측 집단은 정치체제 및 정치행위자들에 대하여 공통적으로 상당한 정도의 회의감, 거리감 그리고 불만을 지니고 있다는 것이다(Achatz 외, 2001 참조). 따라서 정치교육의 강화가 필요하다는 것은 의문의 여지가 없다. 여기에서 구동독의 정치교육이 처한 운명에서 우리는 다음과 같은 점을 배워야 한다.

① 지배 혹은 통치의 정당성을 확보하기 위하여 정치교육을 이용하려는 모든 시도(여기에는 민주주의의 그러한 시도도 포함된다.)에 대한 민감성과 더불어 학교에 대한 체제지향 교육의 성격을 띤 주장과 요구의 증가에 대한 민감성.
② 수업시간의 정치교육이 민주적인 가치의 확립 및 정치적 급진주의에 대한 예방을 위하여 근본적으로 기여할 수 있을 것이라는 과도한 기대에 대한 회의.
③ 소위 '사명(혹은 임무)'에 대한 이념 및 의도가 일정한 형태의 '가치교육' 및 '민주주의 학습'에 도사리고 있는데, 그러한 성향을 띤 모든 교육적 구상에 대한 비판적 행동.

정치교육이 학교수업에서 민주주의를 다룰 때 그 강점뿐만 아니라 약점과 무리한 요구도 역시 믿을 만하게 다룰수록 그만큼 더 효과적일 수 있다. 또한 청소년에게 정치적 판단능력, 정치적 행위능력, 그리고 방법론 능력과 같은 능력을 더 잘 전달할수록 그만큼 더 정치교육이 효과를 거둘 수 있을 것이다.

참고문헌

Achatz, J. u.a. 2001: Das Verhältnis Jugendlicher und junger Erwachsener zu Politik. Getrennte Wege im vereinigten Deutschland? Ausgewählte Ergebnisse des DJI-Jugendsurveys, in: Merkens, H./Zinneker, J. (Hrsg.): Jahrbuch Jugendforschung, Bd. 1, 211-242.
Baske, S. 1979: Bildungspolitik in der DDR 1963-1976. Wiesbaden.
Behrmann, G.C. 1972: Soziales System und politische Sozialisation. Eine Kritik der politischen Pädagogik, Stuttgart/Berlin/Köln/Mainz.
Behrmann, G.C. 1999: Die Einübung ideologischer und moralischer Sprechakte durch 'Stabü'. Zur Pragmatik politischer Erziehung im Schulunterricht der DDR, in: Leschinsky, A. u.a. (Hrsg.): Die Schule als moralische Anstalt, Weinheim, S. 149-182.
Friedrich. W./Griese, H. (Hrsg.) 1991: Jugend und Jugendforschung in der DDR, Opladen.
Grammes, T. 1996: Alltags- und Sozialgeschichte des Staatsbürgerkunde in der DDR, in: Freundschaft! Die Volksbildung der DDR in ausgewählten Kapeteln, Verlin, S. 21-170.
Keiser, S. 1991: Die Familie als Faktor der politischen Sozialisation Jugendlicher in der DDR Ende der 80er Jahre, in: Hennig, W./Friedrich, W. (Hrsg.) Jugend in der DDR, Weinheim/München., S. 39-63.

Kluchert, G. 1999: Erziehung durch Einheit. Das schulische Erziehungsfeld in der SBZ/DDR, in: Leschinsky, A. u.a. (Hrsg.): Die Schule als moralische Anstalt, Weinheim, S. 93-124.

Kossakowski, A./Karlheinz, O. 1971: Psychologische Untersuchungen zur Entwicklung sozialistischer Persönlichkeiten, Berlin.

Kuhn, H.-W./Massing, P./Skuhr, W. (Hrsg.) 1993: Geschichte der politischen Bildung in Deutschland, Opladen, 2. überab. und erw. Auflage.

Kühn, H. (Autorenkollektiv) 1971: Überzeugungsbildung im Staatsbürgerkundeunterricht, Berlin.

Leschinsky, A. u.a. (Hrsg.) 1999: Die Schule als moralische Anstalt. Erziehung in der Schule: Allgemeines und der 'Fall DDR', Weinheim.

Leschinsky, A./ Kluchert, G. 1999: Die erzieherische Funktion der Schule. Schultheoretische und schulhistorische Überlegungen, in: Leschinsky, A. u.a. (Hrsg.): Die Schule als moralische Anstalt, Weinheim, S. 15-42.

Neuner, G. 1996: Zwischen Wissenschaft und Politik. Ein Rückblick aus lebensgeschichtlicher Perspektive, Köln/Weimar/Wien.

Oppermann, L. 1972: Referat vor den Sekretären für Agitation und Propaganda, zit. in: Vogler, 1977: Zur Problematik des unterrichtlichen Vermittlung der ideologisch-politischen Zielsetzung im Staatsbürgerkundeunterricht in der DDR von 1971 bis Herbst 1989. Diss. Berlin.

Reboul, O. 1980: Indoktrination. Wenn Denken unterdrückt wird, Freiburg.

Schlegel, U./Förster, P. (Hrsg.) 1997: Ostdeutsche Jugendliche: Vom DDR- zum Bundesbürger. Prozesse und Probleme, Opladen.

Spiecker, B./Straughan, R. (Eds.) 1991: Freedom and Indoctrination in Education. International Perspectives, London/New York.

Stross, A.M. 1993: Erziehung und Indoktrination. Leistung, Begründbarkeit und Stellenwert einer Unterscheidung, in: Horn, K.P./Wigger, L.

(Hrsg.): Systematiken und Klassifikationen in der Erziehungswissenschaft, Weinheim, S. 47-68.
Tenorth, H.-W. 1995: Grenzen der Indoktrination, in: Drewek, P. u.a. (Hrsg.): Ambivalenzen der Pädagogik. Zur Bildungsgeschichte der Aufklärung und des 20. Jahrhunderts, Weinheim, S. 335-350.

제5장 미래 정치교육을 위한 비전: 시민교육

페터 헹켄보르크(드레스덴대)

1. 들어가는 말

"열려진 문들로 들어가려면 문들이 하나의 고정된 틀을 가지고 있다는 것에 유념하여야 한다." 로베르트 무질(Robert Musil)은 이러한 인식경험을 자신의 소설 "특성 없는 남자"에서 '현실의미에 대한 요구'도 그려내고 있다. 그는 '현실의미'를 찾는 사고유형과 더불어 '가능성의미'를 찾는 사고유형도 언급하고 있다. 전자의 사고틀에 의해서는 어느 특정장소에 존재하는 것과 일어난 것이 설명될 뿐이다. 후자에서는 모든 것이 좋을 수도 있다거나, 실제의 것이 실제가 아닌 것보다 덜 중요하다고 사고할 수 있는 사유능력이 동반되므로 사건 그 자체가 설명되기보다 무엇인가 다를 수도 있다고 사유된다. 무실은 후자의 사고틀에서 비전과 유토피아의 핵심을 이해하고 있다.

가능성의 의미, 유토피아, 비전은 두 가지 측면을 가지고 있다. 하나는 현세의 뒤집어 놓은 세상, 이상적 공동체, 새로운 삶을 그려내고 있으며, 다른 하나는 현재 사회적 공동체의 위기나 침체에 대한 반응을 담고 있다. 현재와 실존하는 이해관계를 음각으로 찍어내는 상 혹은 배경이라고 이해할 수 있다. 그러므로 '가능성의미', 유토피아, 비전은 비현실적이고 회의적인 측면을 가지고 있기 마련이다.

정치교육의 비전을 제시함에 있어, 필자는 요즘 독일에서 볼 수 있는 담론의 향배와는 다른 방향을 제시하고자 한다. "비전을 가지고 있는 자는 병원으로 가야 한다."라고 헬무트 슈미트(Helmut Schmidt) 전 독일총리가 비전이 부재한 독일을 꼬집어 말한 것처럼 요즘 독일에서는 실용주의와 이에 근거한 사고가 주요 흐름을 형성하고 있다. 지구화, 실업, 사회복지국가의 구조조정, 구동독과 구서독 사이에 현존하는 경제적·사회적·문화적 분절의 문제를 해결하는 데 있어 비전과 '가능성의 미'를 구하기보다는 구체적이고 효과적인 해결책을 찾고 있다. 교육제도 개혁에 대한 논의는 실용적 접근의 단적인 예가 될 수 있다. 학교교육을 표준화하고, 지속적·체계적 수업평가제도를 도입하고, 13년제 아비투어 교육연한을 12년제로 단축하고, 전일제학교를 도입하는 등의 학교개혁은 비전이 담겨있지 않은 문제해결식의 실용적 접근에 머물고 있다. 하지만 실현가능한 것에 제한되어 있는 실용주의적 접근은 자유민주주의의 구조적 문제를 해결하는 데 한계를 지니고 있다.

사회와 정치는 유토피아와 비전을 필요로 한다. 정치교육에서 중요한 것은 비전을 구체적 문제와 연관시켜 만들어내고, 구체적 실천전략과 연결시키는 '미래워크숍' 방법이라고 볼 수 있다. 필자의 발표는 이러한 '미래워크숍'에 대한 세 가지 부분으로 구성되어 있다. 우선 현재 독일의 정치교육 현황을 집어보고, 그 다음 민주시민사회 건설이라는 목표 측면과 범주(기본개념)교육이라는 내용적 측면, 상호인정문화 창출의 절차적 측면 등의 세 가지 정치교육의 비전에 대해 소개하고자 한다. 마지막으로 나의 비전을 현실화시킬 수 있는 두 가지 방안을 언급할 것이다. 나의 논제는 민주주의 학습과정은 이러한 부분들의 연계 안에서 정치적인 것에 관련된 내용을 대화로 다루는 정치교육이나 시민교육의 이념에 그 존립근거를 제공할 수 있다는 것이다.

2. 독일 정치교육의 현황에 대한 비판

독일에서 정치교육의 역사는 성공적이었다. 독일연방정치교육원의 원장인 토마스 크뤼거(Thomas Krüger)의 말처럼 정치교육은 크게 두 번 그 효과를 보여주었다. 한번은 2차대전 후 서독 국민의 정치교육을 효과적으로 수행했으며, 다른 한번은 통독 이후 연방에 가입한 시민의 민주주의 이해와 실천에 매우 중요한 역할을 수행하였다. 그럼에도 불구하고 독일의 정치교육은 비판적으로 검토할 충분한 이유가 있는데, 여기서는 롤란트 라이헨바하(Roland Reichenbach)의 세 가지 비판을 소개한다.

2.1 정치교육의 결과에 대한 불만족

국제시민교육연구와 연계되어 조사된 독일 정치교육의 성취도는 중간 정도의 수준으로 나타났다. 자신의 삶의 방식을 민주주의의 가치와 동일시하는 점은 견고하나, 정치지식을 잘못 알고 있는 사람들이 많았다. 참여준비도와 외국인을 심적으로 받아들이는 자세는 평균 이하이다. 정치과목을 가르치는 교사의 지식은 전문화되어 있지만, 교수법에 문제가 있었다.

2.2 필요한 때에만 정치교육이 제기되는 현실

성인을 대상으로 정치를 교육시키는 페터 파울스티히(Peter Faulstich)는 현재 정치교육의 현황을 에리반신드롬(Eriwan-Syndrom: 라디오 방송 에리반에서 처음에는 '원칙적으로'라는 표현으로 긍정이나 부정을 하지만, 그러나 '그러나'가 따라붙는 어법을 사용하였는데, 이를 두고 '라디오 에리반 유머'라 한다.)으로 다음과 같이 묘사하고 있다. "원칙적으로 정치교육의 중요성이 점점 더 부각되지만 실제로는 지엽화되는 추세이다." 학교와 비정규 교육과정에서 정치교육은 지엽화되었다. 페터 마싱(Peter Massing)은 학교에서 나타나는 정치교육의 지엽화를 정치교육의 미미한 위상, 충분하지 않은 시간배정, 비전문가를 통한 교육실태

등으로 요약하고 있다. 일반인의 인식에서 정치교육은 다급한 경우에만 중요하게 여겨지게 되었다. 폭력, 극우주의, 외국인혐오증 등의 다급한 문제가 대두될 때 소방수처럼 출동하여 꺼주어야 한다는 것이다.

2.3 정치교육 실제(학습)의 비효율성

독일의 정치교육을 담당하는 교사와 관련해서 다음과 같은 네 가지 문제점이 발견된다. 정치교육의 의미와 목표를 설정하는 데 있어서의 문제점, 정보를 선택하고 취합하는 문제점, 정보전달과 교수법의 문제점, 실제 수업에서 나타나는 정보활용과 적용능력의 부족.

3. 시민교육과 정치교육의 비전

3.1. 목표의 측면

민주주의에서 시민의 개념과 관련된 측면은 민주주의 이념, 시민의 이념, 자유에 대한 관점, 그리고 민주주의 실행능력에 대한 개념의 네 가지 규범적 내용으로 구성되어 있다.

(1) 민주주의 이념
민주주의에 대한 이해가 천차만별이지만 정치학습에 있어서 민주주의 이념은 제일 중요한 규범적 내용을 구성하고 있다. 바이세노(Weisseno)에 따르면, "정치학습의 핵심은 민주주의와 그 가치인 자유·평등·정의·연대의 내용을 구성적으로 습득하는 데 있다." 마싱(Massing)은 민주주의 개념을 '이성에 입각한 성숙성(자율과 책임)', 시민의 이념, 정치적 공론장 개념과 더불어 정치교육의 개념을 위한 기초로 설명하고 있다. 민주주의 교육을 위한 나의 비전은 다음과 같다. 정치교육은 세 가지 층의 의미에서 이루어지는 민주주의 학습이다.

- o 민주주의 학습으로서 정치교육은 민주주의에 대한 해석학이다. 학생은 민주주의 기능·내용·가치를 스스로의 통찰과 내면화를 통해 받아들이고 지지할 수 있어야 한다.
- o 민주주의 학습으로서 정치교육은 민주주의에 대한 비판을 담고 있다. 민주주의의 이상과 현실을 오가며 그 사이의 괴리와 모순을 비판적으로 고려할 수 있어야 한다.
- o 민주주의 학습으로서 정치교육은 민주주의 실행의 여건이 된다. 시민들이 민주주의를 위한 자체적이고 책임성 있는 주체로서 이해하도록 교육해야 한다.

(2) 시민의 이념

아탈리아의 법철학자 노베르토 보비오(Noberto Bobbio)는 그의 유명한 수필집 "민주주의의 미래"에서 피지배자로부터 시민이 되게 하는 '시민으로의 교육'을 민주주의가 내건 커다란 약속중의 하나로 파악하고 있다. 이 약속은 아직까지 지켜지지 못하고 있다. 보비오가 몽테스키외에 의거해서 말하고 있는 것처럼, 안정적이고 생동감 있는 민주주의는 '공공의 사안에 대한 사랑으로 이해되는 인간의 덕성'을 요구하고 있다. 보비오는 현대 민주주의가 바로 이에 반대되는 특정한 정치적 이해관계로 얼룩 지워져 있음을 비판하고 있다. 실패한 '시민으로의 교육'을 비판한 보비오는 '시민의 재등장' 문제와 관련해서 오늘날 정치학과 정치학습법에서 지적되고 있는 두 가지 중요한 동기를 묘사하고 있다.

첫 번째 동기는 민주주의를 위한 시민의 의미와 관련되어 있다. 규범적·참여적 민주주의 이론을 보면 민주주의의 통합·질·생동감은 정의, 제도의 효율성, 절차적 작동원리에 의해 설명되고 있다. 또한 민주주의의 자본으로서 시민의 자질과 사고방식은 이론의 중심에 놓여 있다. 시민은 자치적이고 공동의 선을 지향하는 주체로서 이해된다.

두 번째 동기는 현대 민주주의에서 시민이라는 자본이 점점 더 부족해지는 것처럼 보이는 사실과 연관되어 있다. 민주주의 이론은 '시민의 재등장'이라는 논제로 현대사회에서 민주주의 요건이 되는 시민덕성의 위기와 문제를 묘사하고 있다. 서구 민주주의는 민주주의 실행에 부정적인 영향을 주는 합리성 위기에 직면하고 있다. 전통적 정치, 제도, 제도와 연관된 정치·정당·국가·공동행동주체에 대한 거리두기와 이에 대한 소외감의 증가, 공동성·연대·참여·정치지식의 부족 등을 예로 들수 있다. 법철학자이고 헌법재판소 판사였던 뵈켄푀르데(Böckenförde)가 말한 것처럼, 자유민주주의와 세속적 국가는 그 자체가 스스로 감당할수 없는 요건에 의해 유지되고 있다. 이 요건이란 바로 민주주의에서 시민의 이념을 구성하는 덕목·가치·지향·기본사고력·지식·능력 등을 의미한다. 이를 전달하는 일이 바로 민주주의 조건으로서 정치교육의 역할이라고 볼 수 있다.

(3) 자유에 대한 관점

오스트리아 교육학자 마리안 하이트거(Marian Heitger)는 1987년 오스트리아에서 개최되었던 민주주의 학습에 대한 토론에서 민주주의에로의 교육과 자유의 이념을 연관시킨 적이 있다. 학생이 자유를 잘 사용하도록 도와주어야 한다는 것이다. 하이트거에 있어 자유는 인간의 인간학적 기본틀이다. '스스로 위험을 감수하며 삶의 방식과 형태를 계획할 수 있는 필요성과 능력'으로 자유를 보았던 것이다. 근래 들어 볼프강 잔더(Wolfgang Sander)는 자유를 그의 학습방법 개념에서 아주 중요한 요소로 등장시키고 있다. 잔더는 정치교육을 자유의 실현과 정착으로 보고 있다.

정치교육과 관련하여 필자 자신의 개인의 자유에 대한 관점을 말한다면, 인도의 경제학자인 아마르탸 센(Amartya Sen)의 자유개념을 받아들이고 있다. 정치교육은 자유를 길러주는 것이다. 센은 자유를 '개인 혹은 인격체의 능력'이라는 의미에서 삶의 기회를 알아내고 인식하며 실현시키는 인간의 능력으로 해석하고 있다. 자유란 무엇인가 하는 것의 이념과 연관되어 있다. 그러므로 더 많은 자유는 스스로 돕고, 세계에 영향을 미치고, 변화에 기여하며, 스스로의 가치 및 목표와 연관해서 평가되는 성취를 이루려는 인간의 행위적 능력을 강화시킨다. 이러한 자유에 대한 관점은 질서부여 기능과 수단적 기능을 수반한다. 자유가 정치교육에서 최고의 목표를 차지한다는 의미에서 자유는 질서부여의 기능을 갖고 있으며, 부자유에서 자유를 교육시킬 수 없다는 말처럼 자유는 정치교육에서 가장 중요한 수단이 되기도 한다.

(4) 민주주의 실행능력에 대한 개념

민주주의를 실행할 수 있는 능력 또는 시민덕성은 자유에 대한 조건이 된다. 필자의 비전인 자유를 기르는 일로서의 정치교육은 청소년이 이러한 민주주의 실행능력·덕성을 기를 수 있도록 한다는 것을 의미한다. 바로 여기에 정치교육의 목표와 자유의 질서유지 기능이 있는 것이다. 문제는 정치교육에서 길러야 할 민주주의 실행능력·덕성이 무엇이냐에 있다. '독일정치교육협회(GPJE)'의 "정치교육 관련수업을 위한 교육표준"에 따르면, 합의를 도출할 수 있는 민주주의 실행능력은 다음과 같다.

o 정치적 성숙성: 교육이론의 입장에서 성숙성이란 스스로 삶의 운영을 고찰하고 인간적인 삶의 형태에 대해 비판적으로 사유해 보는 능력이다. 정치적 성숙성이란 자치와 책임감을 갖춘 능력을 말한다. 자치적 인간이란 그의 행동을 설명하고 충분한 이유로 합리화할 수 있으며 스스로 책임을 지는 인간을 말한다.

o 정치적 판단력: 정치적 현상, 문제, 대립, 경제·사회적 전개과정의 문제를 사실적 관점과 가치개입의 관점으로 분석하고 사고·판단하는 능력을 말한다.
o 정치적 행위능력: 학생이 자신의 의견을 만들고 상대를 설득하고 협상에서 의견을 적절히 표현하며 합의점을 찾는 능력을 말한다.
o 방법적 능력: 주제를 여러 가지 방법으로 스스로 연구하며 정치적 학습을 지속적으로 조직화하는 능력을 말한다.

3.2. 내용적 측면: 범주(기본개념)교육에 대한 비전

무엇을 교육의 내용으로 할 것인가는 모든 정치교육의 비전에서 중요한 부분을 차지한다. 교육내용은 학습에서 다루어지는 기본질문과 교사의 주제선정 및 전달능력의 문제를 수반하게 된다. 이 문제를 해결하기 위해 범주교육의 전통에 입각해서 필자의 비전을 제시하고자 한다. 틸만 그라메스(Tilman Grammes)에 따르면, 수업은 시사적이고 예시적인 일상경험·핵심문제·갈등에서 출발해야 하고(사례의 원칙), 학생이 범주 내지는 범주적 핵심질문을 통해 문제를 스스로 분석할 수 있도록 도와주어야 한다. 교사는 학생이 자립적이고 근거 있는 판단과 행위지향에 도달할 수 있도록 유도한다. 이러한 패러다임은 다음의 세 가지 초석에 기반을 두고 있다.

(1) 광의의 정치개념과 학습의 기본질문: 정치란 인간공동의 삶에서 나타나는 문제와 갈등을 일반적으로 효력이 있는 규칙과 결정을 통해 극복하려는 시도라고 볼 수 있다. 범주교육으로서의 정치교육이란 이러한 정치의 핵심문제를 정치교육의 학습적 기본질문으로 전환시키는 것이다. 기본질문은 다음과 같다. 인간과 집단은

공동의 삶에서 발생하는 문제와 갈등에 직면하여 일반적인 규범을 창출하고 적용하게 되는데, 어떻게 민주적으로 합의하고 규칙을 정하는가, 어떤 문제와 갈등을 극복해야 하는가?

(2) 정치적 핵심문제: 잔더(Sander)에 따르면, 정치교육에서 내용적 핵심을 이루는 주제는 다음과 같다. 민주의의 문제, 사회정의 문제, 평화유지 문제, 환경유지 문제, 새로운 기술 문제, 지구화 문제, 나와 너의 관계문제.

(3) 범주적 핵심질문: 범주적 핵심질문은 '인식적 구조'로서 이해되는데, 이를 통해 수업에서 정치를 일반화할 수 있는 것이 인식되고, 가르치고 배울 수 있게 된다. 베른하르트 수토르(Bernhard Sutor)가 말한 것처럼, '정치적인 것'은 '범주적으로 연습한 판단능력을 요구하는 하나의 연관성'이다. 수토르는 정치교육에서 사안을 세 가지의 기본질문으로 구조화할 것을 제안한다. 세 가지 질문은 각각 범주적 핵심질문에 해당한다.

o 무엇이냐?(상황분석): 이해관계, 참여자, 중요한 이데올로기, 역사적 배경, 구조 등에 관한 질문
o 정치적으로 해결가능성이 무엇이냐?(가능성 설명): 권력관계, 제도·기구의 역할, 목표에 관련된 갈등, 연합과 절충의 종류에 관한 질문
o 당위성을 가지는 것은 무엇인가?(판단): 자유·정의·평화의 관점에서 보았을 때 책임성이 있고 기대되는 해결은 무엇인가에 대한 질문

범주교육의 의의는 학생이 '정치에 대해 질문하는 것에 대한 학습',

즉 정치적 문제를 체계적으로 묻고, 질문의 보따리를 지속적으로 확대하며, 정치적 판단력을 배우도록 하는 데 있다.

3.3. 학습과정 측면: 상호인정문화에 대한 비전

'어린이는 교육시키기 위해서 마을이 필요하다.' 이와 같은 아프리카의 속담은 정치교육에 대해 아주 근본적인 문제를 환기시키고 있다. 학교·수업·교육·교양은 '사안을 설명하는' 데 그치지 않고 '인간을 강하고 성숙하게' 만들어야 한다. 문제는 정치교육이 어떻게 인간을 강하게 만들 수 있느냐에 있다. 이러한 문제와 관련된 토론에서 '상호인정문화'와 '상호인정교육학'이 대우되었다. 상호인정문화란 상호적 존중, 존경, 가치인정·부여의 경험으로 특징지어지는 관계성을 학교에 다니는 학생들 사이에서 길러주는 것을 의미한다. 이 문화에서 중요한 것은 감정적 적용과 사회적 가치부여와 더불어 인식적 존중의 경험이다. 학교에서 정치교육에서 아동과 청소년은 그들이 상호작용 동반자의 관점에서 평등한 권한의 행사자로 이해해야 한다. 인식적 존중이란 누구나 평등한 권리를 가지고 있다는 것을 인식하는 것이다. 이러한 상호존중의 문화를 기르는 교육은 다음의 세 가지 특성을 지니고 있다.

o 의미부여학습: 지식의 단순한 전달이 아닌 학생 스스로 주제에 의미를 부여하고 분석할 수 있도록 한다.
o 자립성: 교사가 수업의 중심에 서는 것이 아니라 학생이 적극적으로 학습하도록 한다.
o 참여: 국가적 규율, 권위만이 학교·수업을 결정하는 것이 아니라, 학생이 학교문화를 함께 결정하고 책임을 받아들이는 기회를 열어놓는다.

4. 수업과 학교문화 - 비전을 실현시키기 위한 해법

필자의 마지막 질문은 위에서 언급한 시민교육이 어떻게 정치교육에서 실현될 수 있는가 하는 것이다. 이 질문에 대한 나의 답변은 독일에서 잠시 벗어나 노르웨이를 한번 보고자 한다. 롤프 미크켈젠(Rolf Mikkelsen)은 자신의 노르웨이 시민교육 보고서에서 '관점에 대해 (about perspective)'와 '관점을 통해(through perspective)'를 구분하고 있다. 독일에서는 '관점에 대해'라는 용어는 수업과목에 의한 정치교육으로 묘사되고, '관점을 통해'라는 용어는 정치교육의 이념에 의한 학교원칙으로 이해되고 있다. 나의 논제는 이 두 가지 관점을 통합시킬 때 정치교육을 위한 비전이 현실화될 수 있다는 것이다.

4.1. '관점에 대해(about perspective)': 수업과목으로서의 정치교육

독립된 수업과목은 정치교육의 회피할 수 없는 핵심을 이룬다. 이는 경험적으로도 입증되고 있다. 학생이 정치적 현상이 왜 일어나는가에 대한 배경을 이해하게 되면 비판능력이 생기게 된다. 선입견에 쉽게 빠지지 않고 긍정적 자아상을 소유하게 된다는 것은 그의 인식능력과 정치지식 그리고 판단력에 의해 좌우된다. 정치적 의무부여능력과 판단력이 부재한 정치교육은 인식론적 측면에서 보았을 때 장님을 길러내는 것과 같다. 그러므로 정치교육은 학생에게 위에서 언급한 능력을 키워주고, 교사는 정치·사회·경제·법 등의 연관관계를 잘 알고 이를 설명할 수 있어야 한다.

4.2. '관점을 통해(through perspective)': 학교원칙으로서의 정치교육

이 개념은 '폴리스로서의 학교'(von Hentig), '작은 폴리스(Mikropolis)'

(Sliwka), '삶과 경험의 공간(Fauser/Edelstein)' 등에 의해서 표현되듯 독일에서도 긴 전통을 갖고 있다. 이러한 독일의 전통은 미국의 실용주의와 연계되는데, 미국의 실용주의 학자인 존 듀이는 학교를 '배아사회(embryonic society)', 즉 작은 민주사회라고 묘사했다. 그는 학교를 수업을 받는 장소라기보다는 민주주의의 가치가 실현되고 연습되는, 그래서 상호작용의 장소와 의사소통의 장소로 파악했다. 이러한 듀이의 관점을 현재 우리의 현실 교육제도와 연관시킬 때, 중요한 것을 바로 학교에서 '모델학습'이 가능하다는 것이다. 모델학습은 학생으로 하여금 모델이 되는 인간상·대상·사안·관계성·경험을 지향하게 하고, 학생에게 이런 모델을 체득할 수 있는 기회를 주는 것을 말한다.

5. 나오는 말

"민주주의 가치는 경험해야 하고, 인식해야 하며, 상호 인정해야 하며, 그 규범적·정신적 원칙은 인식적으로 통찰해야 하며, 개인적인 세계관으로 활동지향적 관점에서 통합해야 한다." 정치학자인 미하엘 그레벨(Michael Greven)의 이 말은 정치교육의 역할을 잘 표현하고 있다.

참고문헌

Arenhövel, M. 2003: Globales Regieren. Neubeschreibungen der Demokratie in der Weltgesellschaft. Frankfurt/New York.
Beck, U. 1993: Die Erfindung des Politischen. Frankfurt/M.
Bobbio, N. 1988: Die Zukunft der Demokratie. Berlin.
Breit, G./Massing, P. (Hrsg.) 2002: Die Rückkehr der Bürgers in die Politik. Schwalbach/Ts.
Breit, G./Schiele, S. (Hrsg.) 2002: Demokratie-Lernen als Aufgabe der

politischen Bildung. Schwalbach/Ts.

Dewey, John 1996: Die Öffentlichkeit und ihre Probleme. Berlin/Wien.

Faulstich, P. 2004: Die Desintegration von politischer und beruflicher Bildung ist systematische Ausweitung der Interdisziplinarität um den Bereich der Naturwissenschaft und der Technologie. In: Hufer, K.-P./Pohl, K./Scheurich, I. (Hrsg.): Positionen der politischen Bildung 2. ein Interviewbuch zur außerschulischen Jugend- und Erwachsenenbildung. Schwalbach/Ts.

Grammes, T. 2000: Kommunikative Fachdidaktik. In: kursiv, H. 2, S. 28-31.

Greven, M. Th. 1999: Die politische Gesellschaft. Opladen.

Heitger, M. 1987: Demokratie und Bildung - Harmonie und Widerspruch. In: Heitger (Hrsg.): Erziehung zur Demokratie. Wien, S. 73-96.

Henkenborg, P. 2002: Interpretative Unterrichtsforschung in der politischen Bildung. In: Breidenstein, G./Combe, A./Helsper, W./Stemastyk, B. (Hrsg.): Forum Qualitative Schulforschung 2. Interpretative Unterrichts- und Schulbegleitforschung, S. 81-110.

Hentig, H. v. 1999: Ach, die werte! Über eine Erziehung für das 21. Jahrhundert. München/Wien.

Krüger, Th. 2003: Es müsste zwischen Politik und politischer Bildung mal wieder 가초샹 krachen. In: Praxis Politische Bildung, H. 1, S. 5-15.

Massing, P. 1999: Theoretische und normative Grundlagen politischer Bildung. In: BpB (Hrsg.): Politische Erwachsenenbildung. Bonn, S. 21-60.

Massing, P. 2000: Kategoriale Bildung und Handlungsorientierung im Politikunterricht. In: kursiv, H. 2, S. 36-39.

Massing, P. 2002: Demokratie-Lernen oder Politik-Lernen? In: Breit, G./Schiele, S. (Hrsg.): Demokratie-Lernen als Aufgabe der p[ol;itischen Bidlung. Schwalbach/Ts., S. 160-187.

Mikkelsen, R. 2003: Conditions for high civic knowledge and participation

in Norwegian schools. In: sowi-onlinejournal 1/2003.
Musil, R. 1978: Der Mann ohne Eigenschaften. Frankfurt/Wien.
Reichenbach, R. 2004: Demokratisches Verhalten - politisches Handeln. In: kursiv, H. 1, S. 14-19.
Sander, W. 2001: Politik entdecken - Freiheit leben. Schwalbach/Ts.
Sander, W. 2003: Politische Bildung als "Demokratie-Lernen"? Anmerkungen zu einer Kontroverse. In: Polis, H. 3, S. 8-9.
Sen, A. 2000: Ökonomie für den Menschen. München/Wien.
Sutor, B. 2002: Demokratie-Lernen? - Demokratisch Politik lernen! In: Breit, G./Schiele, S. (Hrsg.): Demokratie-Lernen als Aufgabe der politischen Bildung. Schwalbach/Ts., S. 40-52.
Sutor, B. 2004: Meine Didaktik des politischen Unterrichts basiert auf der Tradition der Praktischen Philosophie. In: Pohl, K: Positionen der politischen Bildung. Ein Interviewbuch zur Politikdidaktik. Schwalbach/Ts.
Weisseno, G. 2002: Demokratie besser verstehen - Politisches Lernen im Politikunterricht. In: Breit, G./Schiele, S. (Hrsg.): Demokratie-Lernen als Aufgabe der politischen Bildung. Schwalbach/Ts., S. 95-116.

제6장 정치학과 정치교육의 관계

신두철(선거연수원)

1. 들어가는 말

정치학은 정치체제의 본질과 다변화되고 복잡해진 정치 현상을 체계적으로 이해하고 분석하는 사회과학이며 현실 정치의 진단, 분석과 해명을 통하여 이상 정치의 실현을 추구한다.

한편 정치교육은 시민 각자가 민주적인 사회생활 또는 정치생활을 하는 데 있어서 방향감각을 획득하고 자신의 정체성을 유지하는 데 도움을 주어야 한다. 따라서 정치교육은'시민성 전달의 사회과'로서 민주사회에 필요한 민주적 자질과 소양을 갖춘 시민을 기르는 데 주된 목적이 있다. 민주시민성은 자기와 관련된 상황이나 사회·정치적으로 중요한 사안이나 문제에 대하여 필요한 정보를 갖춤으로써 올바른 인식을 하고, 합리적인 판단을 내리며, 그에 따라 행위를 할 수 있는 능력을 요구한다.

건넬(Gunnel, 1998, 121)의 주장처럼 정치학에서 추구하는'사회과학적 학문의 요구'와 정치교육의'사회적 행위'의 목표가 양립하는 것이 불가능해 보일지도 모른다.

하지만 정치학은 자유와 평등을 기본으로 건전한 이상사회(the sane society)를 실현하기 위한'사회경영의 학문'으로 민주사회의 유지와 발전에 기여한다는 차원에서(정치가 바라는 올바른 사회질서와 지도성) 정치교육의 목표를 공유한다 하겠다.

따라서 정치학은 정치교육의 틀 안에서 정치학의 기본원리를 바탕으로 민주사회에서 시민의 정치참여에 필요한 정치적 소양과 참여기능 및 민주적 가치의 내면화에 기여할 수 있다. 이와 동시에 정치학은 사회과학으로서 '권력비판의 학'으로서 그리고 '사회경영의 학'으로서 민주정치발전에 기여하고 지속적으로 연구되어야 한다.

물론 정치학의 지식과 성과는 정치교육이 추구하는 목표에 맞게 '교수방법적인 전환(환원)'이 이루어질 때 비로소 정치교육적 가치와 의미가 부여되게 되며, 동시에 '대상별에 따른 교육과정'이 개발되어야 한다.

정치학 교육과 정치교육의 관계는 다음과 같이 설명할 수 있다.
(1) 정치학은 정치·사회현상을 체계적으로 연구하는 사회과학이다.
(2) 정치 교육적 관점에서 정치학은 정치교육의 구성요소이며, 정치교육은 사회교과의 부분 영역이다.
(3) 그럼으로 정치학은 사회과 교육의 하부 영역이라 할 수 있는 정치교육의 핵심영역이다.
(4) 사회과학으로서 정치학은 객관적 사실을 바탕으로 정치현상을 분석해야 하지만, 정치학이 정치교육의 핵심적 구성요소라는 차원에서 정치교육 또는 넓은 의미에서 사회과교육과의 인과관계 속에서 발전되어야 한다.
(5) 정치교육으로서 정치학은 교수방법적인 전환(환원)과 대상별에 따른 교육과정 개발을 통하여 정치교육으로서 가치가 부여된다.

결론적으로 정치교육과 정치학은 학문적 접근방식, 관점은 다르지만 공통적으로 '적극적 시민의 양성에 기여'하는데 목적이 있다. 그리고 정치교육을 통해서 민주주의의 절차와 규범을 내면화하고 이를 바탕으로 사회와 민주주의의 발전에 기여한다는 차원에서 학교에서 뿐만 아니라 학교 밖에서의 적극적인 사회참여와 학습을 통해서 시민성을 더욱 강화시킬 수 있다.

그러나 이러한 자질과 능력은 저절로 갖추어지는 것이 아니라 학습과정을 통해 획득되어야 한다. 따라서 가정·학교·사회는 아동과 청소년, 성인 등 사회의 모든 구성원에게 이러한 학습과정을 가능하도록 해야 한다. 그리고 교육을 담당하는 기관이나 단체는 정치교육을 핵심적인 관심사의 하나로 간주해야 한다. 또한 학습과정에서 문제해결능력과 협동학습 능력 등을 효과적으로 함양할 수 있도록 인터넷 등을 활용한 문제학습중심 수업방법을 강화한다면(강운선, 2000, 94) 정치교육의 효과를 극대화 시킬 수 있을 것이다.

다만 우리가 주의해야 할 것은 정치교육이 정치를 대체할 수 있다는 오류에 빠져서는 안 된다는 것이다. 정치교육은 단지 정치를 반성적으로 따라가면서, 헌정질서의 기초에 입각하여 정치를 떠받치며, 핵심적인 쟁점들을 끄집어내어 그 의미를 명료화하는 데 주된 과제가 있기 때문이다.

2. 정치학과 정치교육

2.1. 정치교육의 개념과 의미

정치교육은 민주적인 정치문화를 위해 필수불가결한 요소이긴 하지만, 그것을 어떻게 이해할 것인가는 학문과 정치에 있어서 여전히 논쟁점으로 남아 있다. 따라서 모든 사람들이 납득할 수 있는 내용적인 개념규정 자체가 힘든 일이다. 그럼에도 불구하고 형식적인 수준에서 정치교육의 개념을 넓은 의미와 좁은 의미로 구별할 수가 있다.

넓은 의미에 있어서 정치교육은 사회·정치적 질서의 구성원인 모든 사람들에게 집단·조직·제도 및 매체를 통해 정치적으로 영향을 주는 모든 과정을 포괄하는 집합개념이다.

좁은 의미에 있어서 정치교육은 청소년과 성인이 사회·정치생활의 참여에 필요한 자질을 갖출 수 있도록 하기 위하여 의식적으로 계획되고 조직된, 그리고 지속적이고 목표 지향적인 모든 교육시설의 조치를 가리키는 집합명칭이다. 이 좁은 의미의 정치교육은 학교에서 특정한 교과, 이를테면 사회과, 도덕·윤리 수업을 통해서 또는 여러 교과에 두루 걸치는 수업원리로서 행해지거나 아니면 학교 밖의 제도를 통해 행해진다.

모든 교육형식이 그렇듯이 정치교육도 장기적인 안목에서 이루어진다. 정치교육을 통해 태도와 행동상의 단기적인 변화를 기대한다면 무리한 일이 될 것이다. 따라서 정치교육은 평생교육 또는 평생학습의 요소로 간주되어야 하며, 학교교육, 직업교육, 성인교육, 학교 바깥의 청소년교육 등에서 이루어져야 한다. 그리고 국가기관과 민간 시민·사회단체들이 정치교육을 제공하는 데 관여해야 한다.

정치교육은 관점과 입장에 따라서 "정치질서 내지 정치체제의 안정을 유지하기 위하여 국민의 지지를 형성하는 것"으로 이해하는가 하면, "정치에 관한 연구와 정치참여에 필수적인 지식과 기술, 태도를 획득하는 것"으로 개념화하기도 하고, "정치체제의 가치관과 규범을 구성원이 내면화하는 과정 혹은 정치체제의 규범과 가치관을 다음 세대로 전승해 가는 과정"으로 이해하기도 한다(전득주, 1999, 127-128).

이 때문에 독일을 위시한 유럽 국가들에서는 '정치교육'(Politische Bildung)으로, 영국·미국에서는 '시민교육'(Citizenship Education or Civic Education), 그리고 일본에서는 '공민교육'(公民敎育)이라고 호칭하고 있다. 어느 나라에서나 그 나라의 정치체제를 정당화시키고 그 구성원들을 통합시키며, 국가사회적인 위기가 닥칠 때 서로 연대할 수 있는 의식을 길러주기 위해서 정치사회화와 정치교육의 중요성이 강조됨은 의문의 여지가 없다.

이밖에도 정치교육과 유사한 용어로서 '민주시민교육'이 있는데, 우리나라에서는 사회과교육에 관한 기존연구에서 대개 영어의 'political education'을 민주시민교육으로 직역하여 사용하고 있다. 그 이유는 지금까지 사용된 정치교육이란 용어가 정치권력체제의 획득과 유지라는 측면, 즉 정치체제와 관련된 교육으로 잘못 이해되었거나 부정적인 시각에서 인식되는 경향이 있기 때문이다.

한마디로 광의로는 시민자질의 육성에 중점을 두고, 협의로는 정치체제 안정의 측면을 강조하는 것이 정치교육이라고 할 수 있다.

정치교육에 대한 개념정의를 소개하면 다음과 같다. ① 정치질서 내지 정치체제의 안정을 유지하기 위하여 국민의 지지를 형성하는 것이다. ② 정치에 관한 연구와 정치과정의 참여에 필수적인 지식과 기능(技能), 태도를 획득하는 것이다. ③ 국민이 국가의 주권자로서 국가와 지역사회에서 일어나고 있는 정치현상에 관한 객관적 지식을 갖추고, 정치적 상황을 올바로 판단하고, 비판의식을 함양하고 ④ 정치과정에 참여하여 권리와 의무를 적극적으로 수행하고 책임지는 정치행위가 될 수 있도록 가정·학교·사회에서 습득하는 모든 과정으로 이해한다.

2.2. 정치학의 성격과 영역

정치학은 정치체제의 본질과 다변화되고 복잡해진 정치 현상을 체계적으로 이해하고 분석하는 사회과학이다. 정치학의 목적은 현실 정치의 진단, 분석, 해명을 통하여 이상 정치를 실현 즉, 이상사회의 건설이다. 이상사회란 평화로운 가운데 사회 구성원이 자유와 평등이 완전히 보장되어 각 개인의'최선아(the best selves)의 실현'이 완전하게 보장된 사회를 일컫는다. 이러한 최선아의 실현을 위해서는 개인의 자유와 평등이 먼저 기본적으로 보장되어져야 한다. 이러한 조건, 수단과 밀접한 상관관계에 있는 것이 '정치권력'이다.

정치학은'권력비판의 학문으로서의 정치학'과'사회경영의 학문으로서 정치학'으로 구분된다. 권력비판으로서 정치학은 정치 권력적 측면에서,

국내외의 질서를 유지하고 국민의 기본권을 보장하며 사회복지를 구현하기 위한 수단이다. 사회경영의 정치학은 '건전한 사회(the sane society)'를 실현하려는 '공공성의 사회경영이다(Fromm, 1955). 여기서 말하는 사회경영은 가정이라든가 사적 집단의 자기 경영과는 구별된 공적정치를 대상으로 한다. 즉, 정치학의 학문적 성격은 정치 현상을 연구하여, 자유와 평등을 기본으로 최선아와 건전한 이상사회를 실현하기 위한 권력 비판적, 사회 경영적 학문이다.

정치학자 립슨(Lipson, 1981, 48-55)은 네 개의 동심원을 그려 사회를 가장밖에 위치하고 정부를 가장 안에 위치하게 했다. 그에 의하면 사람은 집단을 이루어서 살아가며 많은 집단들이 하나의 사회를 형성하고 그 사회 속에서 정치가 이루어지며 그 결과의 하나로서 국가가 성립된다는 것이다. 또한 정치는 "사회속의 개인이나 집단이 사회적 가치를 둘러싸고 갈등을 일으켰을 때, 공익에 입각하여 권력과정을 통해 그 갈등을 해결하여 질서를 회복하고, 인간의 협력관계를 보다 높은 차원에로 조직화하는 공공 생활이다."라고 말하고 있다.

이를 구체적으로 설명해 보면 첫째, 정치 현상이 사회 속에서 발생한다. "인간이 사회적 결합의 기본단위"(개인과 개인, 개인과 집단 및 집단과 집단)라는 것이다. 둘째, 사회 속에서 가치를 둘러싼 갈등과 분쟁 현상을 해결하려는 우월한 정치권력의 필요를 의미하며, 정치 개념 속에는 갈등과 권력 과정(권력의 매개)이라는 두 가지 요소를 이해할 수 있다(모순의 권력적 지향). 셋째, "정서의 조직화"를 의미한다. 여기에서 정서란 '사회 속의 모순을 조정하여 질서를 부여함'을 의미한다. 조직화란 모순의 해결을 둘러싸고, 한편에 있어서는 자기 내지 자파에게 유리한 방향으로 해결하기 위한 조직 활동과, 다른 편에 있어서는, 정치집단(압력단체, 정당, 국가 등의) 정치권력의 획득, 유지 및 증대를 둘러싼 조직적인 활동을 의미한다. 정서와 조직화 과정에는 상호과정과 대립과정이 내포되어 있다. 정치생활은 정치생활 가치 즉, 권력 가치를 추구하는 생활이자 정치의 능동적인 주체의 공민의 생활이다. 정치는 권력 가치를 추구하는 공공 생활이며, 공공생활은 공민생활 또는 시민생활이며 현대에 있어서는 국내정치생활 및 국제 정치생활의 양면에 걸친 생활 분야로 구성된다(인간의 공공생활 현상).

이와 같이 정치학의 개념은 시대와 장소 그리고 가치관 또는 세계관에 따라 매우 다양하게 나타나는 논쟁적 개념이며 이와 더불어 '정치의 타당 영역'에 대해 의견이 갈라진다.

첫째는 국가이다. 국가현상설에 의하면 정치란 '물리적 강제력'을 독점하고 있는 국가 내에서의 이루어지는 일련의 질서이다.

둘째는 권력이다. 베버 등의 권력 엘리트론자에 따르면, 정치를 추진시키는 원동력은 '힘'(power)이며, "정치란 국가 상호간, 인간집단 상호간에 있어서 권력의 세계에 참여하고 권력의 영향을 미치려는 엘리트들의 노력이다."

셋째는 계급투쟁이다. 막스 등의 계급 투쟁설에 따르면, 정치란 가진 자(the have)와 못 가진 자(the have not) 사이의 '갈등'의 과정이다. 갈등이론은 갈등의 원인을 '인간의 공격성'에서 찾는 미시적 분석과 사회적 갈등관계를 탐구하는 거시적 분석으로 대별할 수 있다.

넷째는 집단이다. 벤들리 등의 집단 현상설에 따르면 정치란 비단 국가뿐 아니라 사회집단 사이에 일어나는 상호 작용이다. 즉 "정치현상은 철두철미한 힘의 현상이며 '압력'의 현상이다. 압력은 언제나 집단 현상으로 나타나며 집단간 압력 균형이 형성된다."

다섯째 가치의 권위적 배분 과정이다. 이스턴 등의 체계이론가들(system theorists)에 따르면 정치란 정치체계를 둘러싼 사회 구성원들의 이익의 투입과 산출 구조를 중심으로 이루어지는 정치 과정이다.

데이비드 이스턴(Easton, 1975)은 정치현상을 정책결정과정에 연관지어 투입(input)과 산출(output)의 전환과정으로 설명하였다. 정치의 연구는 한 사회를 위하여 권위 있는 정책결정이 어떻게 이루어지고 또 그

정책이 어떻게 집행되고 있는가를 이해하는데 있다.
 정치적 특징을 형식적 측면의 사회의 정책 결정 과정과 내용적 측면의 '사회를 위한 제가치의 권위적 배분(authoritative allocation of values for a society)'으로 보고 이를 위해 '사회행동'으로부터 '정치행동(political behavior)'을 구분하였다.
 래니(Ranney, 1983)는 정치학의 교육과정을 정치이론, 정치체제, 정치과정, 정치제도, 공공정책과 그 영향, 국제정치로 나누었다.
 (1) 정치이론: 정부·정치·국민, 정치심리, 정치문화, 정치사회화, 정치이데올로기
 (2) 정치체제: 민주주의 체제, 권위주의 체제
 (3) 정치과정: 여론, 정치적 커뮤니케이션, 선거과정, 투표행태, 정당정치
 (4) 정치제도: 입법부, 집행부와 행정부, 사법부
 (5) 공공정책과 그 영향: 인권의 원칙과 문제, 인권에 대한 도전과 그 대응
 (6) 국제정치: 국가간의 정치, 핵무기시대의 평화추구

 우리 대학에서 정치학의 교육범위는 정치사상, 정치이론, 정치과정, 비교정치, 한국정치, 국제정치, 정치사, 정치제도, 인접과목의 분류 등으로 나누어진다.

2.3. 정치와 정치교육

 우리는 여기서 정치와 정치교육의 관계에 대해 언급할 필요가 있다. 민주사회가 잘되고 못되는 것이 일차적으로 정치교육에 달려 있다는 생각은 오산이다. 정치교육 스스로 이렇게 과대평가에 빠지면 오히려 정치교육 그 자체에 해를 줄 수 있다. 반대로 정치교육이 충족시킬 수도

없는 기대를 외부에서 강요한다면, 그것도 바람직하지 못한 일이다. 달리 말하면 정치교육은 정치 그 자체를 대체할 수도 없으며 또한 그렇게 해서도 안 된다. 정치교육은 단지 정치를 반성적으로 따라가면서, 헌정질서의 기초에 입각하여 정치를 떠받치며, 핵심적인 쟁점들을 끄집어내어 그 의미를 명료화하는 데 주된 과제가 있다.

다시 말하면, 정치교육은 사회·정치적으로 중요한 문제를 해결하는 데 언제나 직접적으로 도움을 줄 수는 없더라도, 적어도 정치가와 시민의 문제의식을 강화시키고 문제에 대한 정치적 해결의 발판을 마련하는 데 도움을 줄 수 있다. 하지만 중·장기적으로 볼 때 문제에 대한 해결방안이 전혀 강구되지 못할 때, 정치교육은 오히려 역효과를 낳을 수도 있다. 왜냐하면 이론과 실천의 격차가 너무 커지기 때문이다. 그렇게 되면 정치교육은 '구름 잡는 이야기'로 끝이 날 것이고, 따라서 사람들이 진지하게 받아들이지 않을 것이다. 따라서 정치교육은 언제나 이론과 실천의 연결, 또는 실천준거의 원칙에 충실해야 할 것이다.

2.4. 한국 정치와 정치교육

현재 한국 민주정치는 민주화 이후의 새로운 문제들을 경험하고 있다. 다층적, 다면적, 복합성을 띠고 있는 민주화 이후의 문제들은 한국 민주정치의 공동선과 안정성 유지에 대한 우려를 자아낸다. 이를 해결하기 위한 방향으로, 우리 실정에 맞는 보다 정교한 제도를 만들어 내려는 제도적 접근이나, 지도자와 공직자의 자질과 덕목의 중요성이 거론된다. 이와 병행하여, 민주사회의 시민에게 요구되는 능력과 자질 향상에 초점을 맞추는 능동적 시민 육성과 정치교육의 중요성이 점점 더 증대하고 있다.

능동적 시민육성과 정치교육의 중요성은 다음과 같은 논거에 기초한다. 정치사회의 제도가 아무리 정당하고 합당성을 지녔다 하더라도, 그리고 아무리 훌륭한 공직자를 선출하였다 하더라도, 이 제도를 유지하고 관리하고, 나아가서 보다 낫게 재구성할 수 있는 시민의 능력, 자질 및 덕성이 뒷받침 되지 않는다면, 해당 사회는 성공적으로 운영될 수 없다. 따라서 정치사회는 자신의 정당하고 합당한 원칙과 제도를 유지할 수 있는 능동적 시민 육성을 위해 정치교육의 필요성에 대한 책임이 있다는 것이다.

민주화 이후 한국사회의 갈등은 사회·경제적인 것에서부터 이념 및 신념의 성격을 지닌 것들에 이르기까지 다양하게 나타나고 있다. 민주화 과정과 함께 지속되어온 빈부격차, 노사갈등, 지역주의 등으로 표현되는 사회·경제적인 갈등은 보다 복잡한 양상으로 진전되어 공동선의 중요성을 제기한다. 한편 신념 및 이념의 갈등은 민주화 이후의 새로운 갈등으로 사회적 안정성의 문제를 대두시킨다.

특히 신념 및 이념의 차이에서 비롯되는 다원주의 갈등은 자유화의 경향과 관계된다. 여기에는 우선 민주정치 자체에 대한 이해의 차이에서 오는 것으로, 한국의 민주주의를 개인의 기본적인 권리와 자유의 보호에 강조점을 두어야 한다는 자유주의적 관점으로 이해하느냐, 아니면 인민주권에 기반을 둔 민주적 절차에 우선성을 부여해야 하느냐 하는 상반된 입장이 나타나고 있다. 이것은 법과 규정이 특정의 근본적 권리 및 자유와 양립할 수 있어야 할 것을 요구하는 입헌민주주의(constitutional democracy)와 입법에 대한 헌법적 제약을 인정하지 않는 절차적 민주주의(procedural democracy)의 논쟁과 관련된다. 나아가서 낙태, 안락사, 사형제도, 양심적 병역 거부, 환경 문제에 대한 입장의 차이들이 대두되고 있다. 그리고 남녀의 지위와 권리에 관한 페미니즘의 입장이 사회 담론의 한 형태로 부상되고 있다.

한편 한국의 정체성에 대한 담론의 형태로, 전통적인 것과 현대적인 것, 서구적인 것과 우리적인 것에 대한 논의가 시작되고 있다. 이러한 담론의 외부적인 형태로 서구중심주의나 미국의 패권주의에 대한 비판적 입장이 있으며, 보다 내부적인 형태로 우리의 것에 대한 확인과 재해석을 통한 정체성의 확인의 노력이 있다. 그리고 아직까지는 잠재적이긴 하지만, 다문화적 갈등을 들 수 있다. 세계화의 진전과 심화로 우리 사회 역시 다문화화의 과정을 겪고 있다. 구체적으로 한국 내에 거주 하는 많은 외국인 및 노동자, 그리고 한국민족이지만 중국국적의 조선족, 북한이탈주민 등은 한국사회 내에 다문화주의 문제를 제기한다. 다문화주의의 핵심은 상이한 문화 또는 상이한 하부문화에 대한 공적 인정과 관용으로 '차이의 정치'(politics of difference), '정체성의 정치'(identity politics),'인정의 정치'(politics of recognition)를 요구한다. 이러한 신념의 차이들이 한국에서의 진보/보수의 담론과 얽혀 있다. 진보와 보수의 갈등은 보다 외형적인 정치적 갈등의 형태로 표출되고 있지만, 보다 내면적으로는 한국문제 자체에 대한 인식의 차이에서 비롯된다. 여기에는 민주정치, 민족, 자유주의, 남북한 관계와 통일문제, 경제관계, 한미관계 등에 대한 인식과 이해의 차이가 포괄적으로 얽혀 있다.

이러한 복잡한 갈등의 발생은 우리에게 공동선과 안정성의 문제를 해결하기 위해 시민들에게 요구되는 능력과 덕성이 무엇인가를 제기한다. 이것은 한국민주정치에서 우리가 사용하여 온 관점과 방식에 대한 반성과 관련된 것으로 공적 문제 해결에 있어 우리가 간과 하였던 시민 본래의 역할의 중요성을 강조하게 한다.

민주정치에서 시민의 역할은 시민의 두 가지 자유와 깊은 관련성을 지닌다. 즉 공적 문제에 참가할 수 있는 자유와 사적인 영역에서 자신의 가치관을 추구할 수 있는 자유이다. 특히 공적 자유는 우리가 어떠한 정치체제를 가질 것이냐 그리고 앞으로의 사회구조를 어떠한 형태로 가질 것인가에 대한 공동의 결정권을 시민에게 부여한다. 공적 자유는 동시에 이러한 정치체제를 유지하고 발전시킬 수 있는 시민의 능력과 덕성을 요구하며, 이것은 시민교육에 대한 공적 개입의 필요성을 제기한다. 그러나 시민육성을 위한 공적 교육은 '누가 어떠한 방식으로, 어떠한 범위에서' 행해져야 하느냐 하는 실천적 문제를 제기한다.

굿만(Gutmann, 1999)은 민주국가의 핵심가치는 '의식적인 사회적 재생산'(conscious social reproduction)에 있다고 보고, 이러한 의식적인 사회적 재생산의 필요조건으로 시민들이 개인적 생활 및 정치적 생활의 여러 가지 대안들을 심의 검토할 수 있는 능력이 있어야 한다고 주장한다. 그리고 민주국가의 교육은 비억압과 비차별의 한계 내에서 좋은 사회의 선택에 필요한 덕목들을 시민에게 가르칠 수 있다고 주장한다. 현대 자유민주국가의 안정성과 발전을 유지하기 위해 요구되는 시민적 덕성으로는 여러 가지가 제안될 수 있지만, 공적 이성(public reason), 시민적 교양(civility), 그리고 인권(human rights)에 대한 존중을 들 수 있다. 이 세 가지 덕성은 한국 민주정치가 당면한 여러 가지 문제를 해결하는 데 기본적으로 요구된다.

공적 이성에 대한 관심은 현대 민주주의 이론에서 나타나는 중요한 이론적 전환인 '투표중심'에서 '대화중심'으로의 전환과 관계된다. 기존의 투표중심 이론은 집단적 결정의 공적 정당성을 설명해 주지 못한다. 이러한 문제들을 극복하기 위해 투표 이전에 심의와 의견 형성의 과정에 초점을 맞추는 '심의적 전환'(deliberative turn)이 대략 90년대 전후로 하여 나타난다. 이러한 전환을 계기로 하여, 현대 심의민주주의 이론은 민주적 의사결정과정에 이성적 토론을 결합시키고자 한다. 현대 민주주의는 공적 토론의 역할은 약화되고 유권자들은 공공선 보다는 사적 이익을 우선적으로 고려함으로써 민주정치과정은 점차 사적주의가 팽배하는 경향을 보인다.

이러한 현실은 민주정치과정에 공적 이익을 고려하기 위한 이성적 토론의 복원을 요구한다. 다른 한편, 합당한 철학적, 도덕적 및 종교적 교리가 공존하는 자유민주사회의 합당한 다원주의 현실은 도덕적 불일치를 불가피하게 발생시키고 사회적 안정성의 문제를 제기한다. 이러한 도덕적 불일치를 극복하기 위한 일환으로 심의민주주의의 필요성이 제안된다. 이것은 시민전체의 관점 또는 시민 상호간에 수긍할 수 있는 이유를 제시할 것을 요구한다.

이러한 심의 민주주의 발상은 공적 이성의 역할 또는 이성의 공적 사용의 문제와 불가피하게 결부되어, 공적 합당성을 강조한다. 현대 심의민주주의 이론가들이 강조하는 공적 이성은 자율적인 능동적 시민의 역할의 중심을 이룬다. 자율적인 능동적 시민성의 본질은 공적 토론을 통한 공공선의 도출에 있다. 현대 사회의 다양한 이익의 갈등과 다원주의 현실에서 약화된 능동적 시민성은 국가의 정교한 교육에 의해 어느 정도 극복될 수 있을 것이다. 이러한 국가교육의 방향은 시민의 공적 이성의 능력을 증진하기 위한 덕목과 기술, 그리고 공적 문제에 대한 자발적 헌신을 유도할 수 있는 덕목의 강조를 통해 이루어 질 수 있을 것이다.

민주사회의 유지와 발전을 위한 덕목과 기술은, 굿만이 제시하듯이, 단순히 3R(reading, writing, arithmetic) 뿐만 아니라, 종교적 관용, 인종 및 성적 비차별, 개인적 권리와 정당한 법에 대한 존중, 공적으로 방어할 수 있는 신념을 표현할 수 있는 능력과 이를 주장할 수 있는 용기, 타인들과 함께 숙고할 수 있는 능력 그리고 이와 관련하여 정치적으로 관계된 문제에 대하여 개방적인 마음을 지닐 수 있는 능력, 공직자들의 업적을 평가할 수 있는 능력 등이 포함될 것이다. 정치적 문제와 관련한 토론과 참여에 요구되는 덕목과 능력의 함양과 더불어, 민주사회의 안정성은 시민사회 내에 상호 존중과 인정을 가능하게 하는 시민성이 요구된다. 시민성은 우리가 잘 알지 못하는 사람들을 대하는 방식으로 시민들 상호간에 일상적으로 발생할 수 있는 시민적 교양과 관계된다. 이러한 시민성의 함양은 인간에 대한 존중, 보다 구체적으로 인권의식의 함양을 통해 증진될 수 있을 것이다.

결과적으로 심의민주주의 핵심에는 자율적이고 능동적인 시민이 요구된다. 그리고 심의민주주의 이론이 지향하는 적극적 시민은 공적 이성의 능력과 시민성의 덕목을 갖춘 시민으로 이해된다.

이러한 자율적인 시민 육성을 위해 국가 또는 정부가 일정한 한계 내에서 시민적 교육을 통해 기여할 수 있다. 그 핵심은 시민들의 정치적 토론과 참여의 능력을 향상시킬 수 있는 덕목, 능력 및 기술에 대한 적극적 교육을 실시할 수 있을 것이다. 이것은 물론 특정 가치관을 주입하는 형태의 억압적 형태가 아닌, 시민의 공적 이성의 능력을 증진시킬 수 있는 덕목과 기술 향상과 관련하여 시민교육이 이루어 질 수 있다.

공적 이성과 관련한 시민교육은 개인의 인생 및 가치관은 물론 정치사회에 대한 비판적인 반성적 능력의 향상이 중심이 된다. 또 다른 한편, 이러한 공적 이성의 향상을 위한 교육과 병행하여 시민사회 내의 시민들 상호간의 인정과 존중을 유지할 수 있는 시민성 즉 시민적 교양의 덕목들을 고양하는 교육이 포함되어야 할 것이다. 이러한 시민성의 증진은 시민 상호간의 유대를 강화하여 한국 민주사회의 안정성에 기여할 수 있을 것이다. 시민적 교육의 목표는 자유민주사회의 안정성에 기여할 수 있고 동시에 이러한 사회를 끊임없이 재구성 할 수 있는 능력을 지닌 적극적 시민성을 육성하는 데 있다. 현재 민주화 이후에 나타나는 한국사회의 문제들을 극복하기 위해, 한국 시민에게는 공적 이성을 적절히 행사할 수 있는 능력과 시민상호간의 자발적 존중을 실현할 수 있는 시민성의 함양이 동시에 요구된다.

2.5. 정치참여와 정치교육

정치교육의 중요한 방안이며 보완적 방안으로서 정치참여를 통한 법의식과 정치효능감 등의 시민성 함양에 주목할 필요가 있다. 그 이유는 참여민주주의, 경험중심 교육론에 의하면 정치참여는 그 자체가 정치교육기제로서 정치교육효과를 갖기 때문이다.

이에 대하여 추정훈(2002, 19-20)은 사회과 목표로서의 민주시민성에 관한 연구에서 "사회과학의 지식을 교수하여 이러한 지식이 사실적 지식에서 개념적 지식으로 추상화되면서 상호 관련되어 구조화됨으로서 전이가 일어나고 이러한 전이는 지적 기능의 습득을 가능하게 한다."고 밝히고 있다. 사회과의 기능영역은 구조화된 지식을 바탕으로 지적대처 능력 외에 공동체의 참여능력의 반복을 통해서 인식의 틀(mind)이 형성되고 이러한 인식의 틀은 민주시민성으로 연결되는 행동력을 가져온다. 즉 인식의 틀은 사회현상의 지적 능력이 바탕이 되는 비판력과 협동력을 길러줌으로써 사회현상에 대한 지적 대처능력을 갖추고 공동체에 기여하여 국가와 사회발전에 이바지 할 수 있는 민주시민성을 함양하게 된다.

<그림 6-1> 사회과교육 목표의 단계적 도달과정

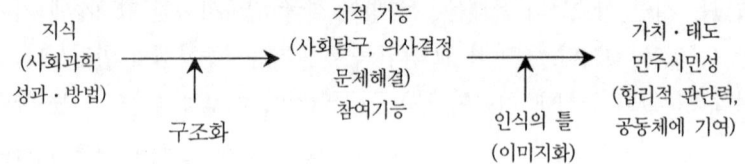

출처: 추정훈, 2003, 18

특히 정치참여는 참여민주주의자들에 의해서 정치교육 효과를 높이는 가장 본질적인 요소로 주장되어 왔다(Rousseau, 1999; Mill, 1948; Tocqueville, 1957; Barber, 1984). 예컨대 루소(1964, 21-22)는 "정치공동체에 참여함으로써 개인은 비로소 시민이 된다."고 하였고, 밀(1948, 150)은 "정치참여는 공공정신의 학교", 토크빌(Tocqueville, 1957, 274)은 "정치참여는 무료의 공립학교"라는 말은 이를 단적으로 나타내는 것이다.

오늘날의 대표적인 참여민주주의자인 비아버도 "시민은 태어나는 것이 아니라 정치참여를 통해서 만들어지는 것이다"라고 참여의 정치교육 효과를 강조하고 있다.

정치참여의 절차적 과정으로서 정치교육은 정치적 말하기와 공적사고, 공적판단과 결정, 공동행위로 이루어진다고 한다. 이러한 사고, 토론, 대화 등의 절차적 과정을 숙의형 정치참여라고 하며 정치참여가 법의식 및 정치효능감 형성 등의 정치교육효과를 낳는데 중요한 기제가 된다.

이미 형성된 시민성함양이 정치참여에 미치는 영향에 따르면(김영인, 2003, 154-155), 공익추구 정치참여 동기에 의해서 긍정적인 법의식 형성효과, 정치효능감 형성효과 등의 정치교육적 효과가 나타났다.

이들의 공통적인 견해는 정치참여 자체가 시민교육기제이며 시민성은 정치참여의 결실이라는 점이다.

정치참여는 정치교육효과와 관련하여 일반적으로 다음과 같이 세 가지 범주로 정의되어 왔다.
(1) 정치참여를 사회구성원이 공직자의 선택이나 공공정책의 형성·집행과정에 관여하는 것으로 정의한다.
(2) 정치참여를 공직자 선택이나 공공정책의 형성·집행 뿐 아니라 자신의 삶에 영향을 미치는 의사결정에 관여하는 것으로 정의한다.
(3) 정치참여를 정부·사회·직장뿐 아니라 단순한 사회경험을 포괄하여 사회체험으로 정의한다.

최근 우리나라 14세 학생들의 정치교육수준 및 개념에 대한 국제비교는 정치교육에 있어 참여의 필요성을 보여주는 좋은 사례이다(서울 BK21, 2003).

이 조사에 따르면 우리나라 14세 학생들은 개략적이지만 민주주의의 기본제도와 원리를 알고 좋은 시민의 개념을 파악하고 있으며, 선거나 환경, 공동체 돕기와 같은 활동에의 참여가 중요함을 인식하고 있다. 하지만 민주주의의 공고화라는 시대적 과제를 감안한다면 학생들의 지식과 개념의 이해는 만족스럽지 못하다.

학교에서의 정치교육으로서 첫째, 14세 학생들의 민주주의와 시민성에 대한 지식과 정보해석능력은 국제평균에 비해 상당히 낮기에, 민주주의와 시민성에 관한 지식과 능력을 개선할 수 있는 보완책이 마련되어야 한다. 둘째, 민주주의에 대한 이해가 피상적이고 권리 중심적이어서 민주주의에 대한 심층적 이해와 권리에 수반되는 책임의 인식이 요구된다. 셋째, 준법에 대한 인식의 개선이 요구되며, 시민참여의 중요성을 알고 긍정적 태도를 지니고 있으나 계속적으로 강조할 필요가 있다.

<표 6-1> 시민윤리 내용에 관한 지식

범주	범주의 내용	문항	문항 내용	평균 국제	평균 한국	차이
IA 민주주의와 특징의 정의	제한 정부 그리고 제한되지 않은 정부 및 비민주적 체제 구별	8	정부를 비민주적으로 만드는 일은 무엇인가	53	30.1	▼
IB 민주주의의 제도와 실천들	선거와 정당에 대한 특성 및 기능 확인	5	복수 정당이 갖는 기능	75	38	▼
	국회, 사법 체계, 법, 경찰의 기본적 특성에 대한 인식	1	법에 대한 정확한 진술	78	59.8	▼
IC 시민의 권리와 의무	민주 시민의 일반적인 권리, 자질, 의무에 대한 인식	2	정치적 권리란 무엇인가	78	83.3	
	민주주의에서 대중 매체의 역할 이해	9	대기업이 여러 신문사를 사들인다면 생길 결과	57	48.6	▼
	연대를 위한 연결망과 정치적 견해의 차이를 인식	4	왜 민주주의에서 조직이나 단체가 중요한가	69	34.4	▼
IIB 국제관계	국제조직의 인식	7	UN의 목적은 무엇인가	85	87.5	
IIIA 사회 응집성과 다양성	차별받고 있는 집단에 대한 인식	3	고용에서의 차별	65	66.8	

▼ 국제 평균보다 낮음
출처: 서울대 두뇌한국21 아시아태평양교육발전연구단, 2003, 31

정치교육은 정치학의 사회과학적 지식전수에만 그치는 것이 아님으로 지식이 상호 관련되어 나타나는 구조화를 통해 지식의 활용을 가능하도록 해야 할 것이다.

민주시민성은 지적기능의 구조화된 지식을 바탕으로 형성되며 이러한 정치교육의 기능영역은 지적대처능력 외에 공동체의 참여능력의 함양함으로서 인식의 틀(mind)이 형성되고 이러한 인식의 틀은 민주시민성으로 연결되는 행동력을 가져온다. 즉 인식의 틀은 사회현상의 지적 능력이 바탕이 되는 비판력과 협동력을 길러줌으로써 사회현상에 대한 지적 대처능력을 갖추고 공동체에 기여하여 국가와 사회발전에 이바지 할 수 있는 민주시민성을 함양하게 된다.

오늘날 사회과교육의 과제는 지식습득보다는 실천적이고 능동적인 시민성을 기르는 것이다. 미국 NCSS는 사회교과 교육의 근본적이고 합리적이고 참여적인 시민양성으로 보고 있다. 우리 사화고교육의 목표중 하나로 '현대사회의 문제를 창의적이고 합리적으로 해결하고, 공동생활에 스스로 참여하는 능력을 기르는 것"을 들고 있다. 이러한 목표를 달성하는데 있어서 기존의 교실수업 위주의 정치교육은 분명히 한계를 가지고 있다.

이러한 정치교육의 한계를 극복하는데 있어서 교실교육만이 아니라 참여교육을 병행하여한 한다.

정치참여의 강도나 양이 많아질수록 시민성함양 효과가 크다고 볼 때 구체적 수행 방안으로서 사회과에서 참여교육을 시행할 때 학생들로 하여금 많은 참여를 유도하도록 하여 높은 참여양태를 갖도록 할 필요가 있다. 이를 위해서 교사는 학생들에게 다양하고 지속적인 참여기회를 제시해주어야 한다. 특히 비투표 정치참여영태가 높아질 수 있도록 사회봉사활동, 캠페인 활동, 인턴쉽, 의사결정에의 참여 등 직접참여경험을 제시할 필요가 있다. 정치참여의 정치교육효과와 사회과 교육에의 적용가능성을 전제로 볼 때, 정치교육에 참여교육을 도입하게 되면 동기부여와 지식의 적용, 풍부한 사회적 차원의 교육적 활용 등의 이점을 누릴 수 있을 것으로 기대된다.

특히 사회과에서 참여교육을 통한 풍부한 사회적 자원의 활용이라는 차원에서 학교 밖의 지역사회와 시민사회는 사회과교육 측면에서 보아 풍부한 교육적 자원을 가지고 있다. 이들이 가지는 수많은 사회적인 쟁점과 현상, 다양한 사회문제 전문가·단체·공공기관 등이 정치교육에 활용될 수 있다. 이처럼 사회적 자원을 정치교육의 소재로 사회전체를 정치교육의 장으로 삼는데 있어서 참여교육은 유용하다. 가까이로는 내년에 있을 지방선거가 하나의 중요한 정치교육의 자원이 될 것이다.

<표 6-2> 제17대 국회의원 연령대별 투표율

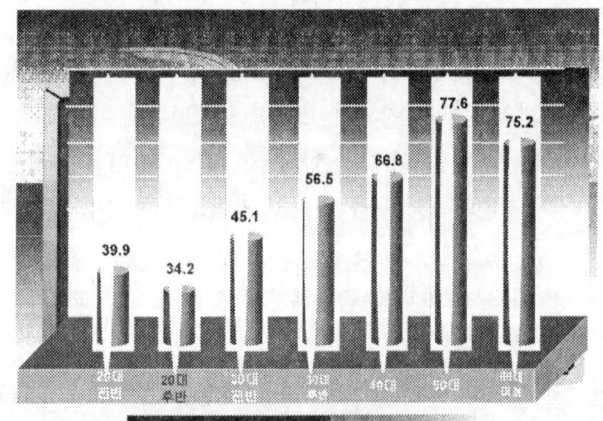

출처: 중앙선거관리위원회, 2005.

정치교육이 참여형 교육으로 이루어질 때 '관찰형 시민'은 '참여형 시민'으로 그리고 궁극적으로는 성취감을 느끼는 '적극적 시민'으로 변화시킬 수 있을 것이다.[1]

---

[1] 고상두(2004: 13-14)는 민주시민을 '관찰형 시민', '참여형 시민',

3. 맺음말

　민주사회에서 정치교육이란 정치적 지식과 경험을 정치적 탐구과정을 통하여 학습하고 민주주의의 원리와 절차에 따라 행동할 수 있는 능력과 태도를 기르는데 목적이 있다. 이를 통해 정치현상을 올바르게 인식하고 민주시민으로서 행동할 수 있는 사람을 육성하고자 한다. 이는 주로 학교교육을 통해서 이루어지는데 그 핵심은 사회과 교육과정에서 정치교육이다.

　따라서 정치학은 민주시민성함양이라는 정치교육의 틀 안에서 정치학의 기본원리와 성과를 바탕으로, 시민의 정치참여에 필요한 정치적 소양과 참여기능 및 민주적 가치의 내면화를 위해 기여해야 한다. 동시에 정치학은 사회과학으로서 '권력비판의 학' 그리고 '사회경영의 학'으로서 민주정치발전에 기여해야 한다.

　물론 정치학은 정치교육의 핵심요소로서 '교수방법적인 전환(환원)'을 통해서 교육적 가치와 의미가 부여되게 될 것이다. 또한 대상별 수준에 맞게 교육과정이 개발되어져야 한다.

　동시에 정치교육은 정치학의 사회과학적 지식전수에만 그치는 것이 아님으로 지식이 상호 관련되어 나타나는 구조화를 통해 지식의 활용을 가능하도록 해야 할 것이다.

　이러한 맥락에서 정치학은 정치교육의 사회교과와의 인과관계 속에서

'성취형 시민'으로 분류하였다. 관찰형 시민은 정치에 관한 지식과 정보를 습득할 수 있는 능력을 가졌으며 이들은 정치에 대한 관심은 높으나 정치참여는 귀찮게 여긴다. 참여형 시민은 인지적 능력에 더하여 정치 참여의 기회와 방법을 알고 있다. 이들은 정치적 책임소재, 법적 절차 등을 잘 파악하고 있고, 정치가를 제대로 평가할 수 있는 판단기준을 가지고 있으며, 정치적 의사결정에 효과적으로 영향을 미칠 수 있는 전략과 전술을 세울 수 있는 능력을 가지고 있다. 성취형 시민은 도덕적 능력까지 갖춘 유형의 시민이다. 이들은 사회 공동체에 대한 책임감, 연대감, 헌신, 관용, 협조정신 등을 익히고 실천함으로써 도덕적 성취감을 느끼는 적극적 시민이다.

"시민성 전달로서의 사회과"와 "반성적 탐구로서의 사회과"로서 학교 현장에서 뿐만 아니라 사범대학 일반사회과 교육의 발전에도 부합해야 할 것이다.

현재 학교 내외의 정치교육은 오늘날 민주사회가 요구하는 시민의식을 지닌 시민을 양성하는데 일정부분 한계를 지닌 것으로 생각된다. 따라서 정치교육은 새로운 방향, 내용 및 방법을 개발함은 물론 교실교육만이 아니라 참여교육을 병행하도록 해야 한다. 정치교육의 효과성을 볼 때 참여교육을 도입하게 되면 동기부여와 지식의 적용, 풍부한 사회적 차원의 교육적 활용 등의 이점을 누릴 수 있을 것으로 기대된다.

참고문헌

강운선(2000). 사회과에서 웹 기반 문제중심학습 모형의 구안. 사회과교육. 제33호. pp. 73-99.
고상두(2004). "민주주의와 정치교육."한국 정치교육의 현황과 미래 심포지엄 자료집(선거연수원). pp. 1-15.
김영인(2003). "정치참여유형에 따른 법의식 및 정치효능감 형성효과에 관한 연구." 사회과교육. 제42권1호. pp. 129-163.
서울대두뇌한국21 아시아태평양교육발전연구단(2003). 한국 시민윤리교육의 실태조사. 서울대 두뇌한국21 아시아태평양교육발전연구단.
서태열(2004). 세계화. 국가정체성 그리고 지역정체성과 사회과 교육. 사회과교육. pp. 5-30.
신두철(2004). 한국민주시민교육의 제도화. 심익섭 외(편). 한국민주시민교육론. 엠에드.
신두철(2005). 독일의 다원주의적 정치교육의 의미와 체계. NGO연구. 제3권1호. pp. 285-308.
이경태(1999). 정치교육의 방향. 사회과학연구(대구대학교 사회과학연구소). 제6집1호. pp. 87-111.

이춘수(2002). 제7차 사회과교육과정에서의 정치교육내용에 관한 분석 연구. 교육연구논총. 제23권3호. pp. 133-161.
조영달(2005). 선거참여와 시민사회의 성장. 중앙선관위 선거연수원 민주시민교육웹진. 7월호.
전득주외 공저(1999). 정치문화와 민주시민교육. 서울: 유풍출판사.
추정훈(2003). 사회과교육 목표로서의 민주시민성. 사회과교육. 제41권4호. pp. 5-21.
허영식(2004). 과학기술과 현대사회 -이상향과 암흑향 사이에서-. 서울: 원미사.
Banks, James A.(1989). 사회과교수법과 연구교재. 최병모외 옮김. 서울: 교육과학사.
Barber, Benjamin R.(1984). Strong Democracy. Berkeley: University of California Press.
Easton, David(1975). The Political System. New York: Alfred A. Knopf.
Fromm, Erich (1955). The Sane Society. Reinhart & Co. Inc.
Gunnel, John G. (1998). 정치학: 원리와 실제. 사회과교육과 사회과학. 윤덕중 외 옮김. pp. 104-123.
Gutmann, Amy(1999). Democratic Education. Princeton: Princeton University Press.
Lipson, Leslie (1981). The Great Issues of Politics. Englewood Cliffs, N.J.: Prince Hall.
Mill, John S.(1948). On Liberty and Consideration on Representative Government. Oxford: Basil Blackwell.
Ranney, Austin(1983). Governing: An Introduction to Political Science.
Rousseau, J.J(1964). Du Contra Social. Paris: Gallimard. 이환 역(1999). 사회계약론. 서울: 서울대학교 출판부.

제2부 민주시민교육의 실제와 경험적 연구의 문제

제7장 정치수업에서 수업방법의 효과. 경험적 결과와 연구문제

페터 마싱(베를린자유대)

1. 서언

 정치수업을 위해 특별히 적합한 수업방법이 무엇인가에 대하여 베를린에 소재한 180명의 사회과교사를 대상으로 실시한 설문조사(2002)에 따르면, 대다수가 활동지향방법을 지명하고 있다. 그들은 특히 역할놀이, 토크쇼, 시뮬레이션, 찬반대립토의, 전문가면담 등이 활동지향방법에 속하는 것으로 이해하고 있다. 이러한 방법에 큰 의미를 부여했다고 해서 그것이 바로 수업현실과 그대로 일치한다고 간주할 수는 없지만, 어쨌든 교사들의 그러한 발언은 최근 교육학 및 교과교육학 분야의 출판물과 교육과정 및 교과서를 각인시키는 경향에 부응한다. 활동지향방법은 점점 더 많이 현대적인 수업, 동기를 부여하는 수업의 특징이 되는 것 같다.

그런데 활동지향에 대한 어떤 통일된 표상이 존재하고 있지 않으며(Massing, 1998a, 146-147과 거기 인용된 문헌 참조), 활동의 개념도 역시 "매우 소박한 의미로 사용되어, 마치 활동이라는 용어를 사용하는 것 그 자체가 이미 교수·학습 개념의 질을 보장하는 것처럼 간주되곤 한다"(Meyer/Paradies, 1993, 48). 활동지향수업의 긍정적인 효과에 대한 기대도 역시 상당히 높다. 놀이를 하거나 실험을 한다면, 무엇인가 흥미 있는 것을 이야기하거나 따라하거나 혹은 고안한다면 학생들이 학교에 대하여 재미를 붙일 것이라는 신념이 있다. 그런가하면 활동지향 수업은 소외된 학습을 지양하기 위한 첫걸음이며(Meyer, 1987, 324), 무미건조한 수업을 생동감 있고 의미 있는 수업으로 만들고, 동기부여의 문제를 해결하는 데 도움을 줄 것이라는 희망도 있다(Reinhardt, 1977, 105).

활동지향 수업방법은 한편으로 내부의 측면에서, 즉 학생들이 정치수업에서 활동을 한다는 측면에서 관찰할 수 있다. 학생들은 능동적으로 수업에서 이루어지는 일에 참여하며 수업을 함께 구성한다. 이때 그들은 동시에 그것을 위해 필요한 분석과 문제해결 능력과 기능, 사회적·의사소통적 능력과 기능을 습득한다. 다른 한편으로 활동지향 수업방법은 외부의 측면에서 바라볼 수 있다. 학생들은 활동지향방법을 통하여 '시험적인 활동'을 함으로써 사회와 정치에서 나중에 그들이 행위를 하는 데 도움을 줄 수 있는 능력을 습득한다. 그들은 우리가 살고 있는 사회에서 필요한 정치적 판단형성과 정치적 논의와 비판적 취급을 위하여 개인적으로 갖추어야 할 행위를 획득하고 연습하는 것이다. 예를 들어, 시뮬레이션을 통하여 학습자들이 그러한 논의와 비판적 취급을 모의학습 차원에서 흉내를 내보거나, 어떤 주제를 중심으로 한 비디오를 촬영하거나, 벽신문을 구성 및 제작하거나, 정치적 포스터나 전단을 설계하거나, 아니면 정치적 문제영역을 현장에서 탐구한다면, 학습과정에서 지식습득・판단형성・행위훈련이 서로 결합된다(Massing, 1998b, 9).

활동지향방법을 강조하고는 있지만 그것은 여전히 교사중심과 텍스트 중심이 지배적인 일상적인 정치수업과는 모순을 이루고 있다. 그리고 "목표와 내용에서 멀어지면서 활동 그 자체에 치중하는"(Gagel) 소박한 의미에서의 활동지향은 교과교육학 내에서도 역시 비판의 대상이 되고 있다(특히 Breit/Schiele, 1998 참조). 여기서는 이러한 비판적 취급과 논의를 심도 있게 다루지는 않겠지만, 전체적으로 한 가지 짚고 넘어갈 점이 있다. 그것은 다름 아니라 활동지향 정치수업의 옹호자뿐만 아니라 비평가도 역시 대개 그럴듯한 개연성과 개인적인 경험의 수준에서 움직이고 있으며, 따라서 경험적인 토대가 그렇게 튼튼하다고 볼 수 없다. 다른 수업방법과 비교하면서 활동지향방법의 효과에 대하여 경험적으로 어느 정도 확실한 것을 말하려면 그에 부응할 수 있는 경험적인 연구가 절실히 요구된다.

그에 부응하는 연구의 설계를 개발하고 가설을 정식화하기 위해서는 정치교수학에서 수행된 경험적 연구의 현황을 살펴볼 필요가 있다.

2. 정치교수학에서의 경험적 연구 - 몇 가지 논평

정치교수학에서의 경험적 연구에 대하여 말하게 된다면, 마치 그러한 연구가 존재하지 않는 것처럼 부족한 점만 꼬집어내려는 경향이 없지 않다. 사실은 그렇지 않다. 양적인 연구도 상당히 많이 있으며, 질적인 연구는 그보다 더 많다(Richter, 2005 참조). 오히려 문제는 그러한 연구가 인식관심, 방법론적 기초, 적용한 연구방법의 측면에서 서로 매우 달라 체계화가 이제까지 거의 가능하지 않은 것처럼 보였으며, 최근에야 비로소 '연구의 소득'을 결산하려는 시도가 이루어지고 있다는 점에 놓여 있다(Richter, 2005 참조).

여기서는 폭넓은 혹은 새로운 결산을 수행할 수 없다. 하지만 일반적으로 정치교수학적인 효과연구와 특별히 수업방법의 효과에 대한 연구를 간단히 다루고자 한다.

3. 수업교과의 효과

교과의 효과가 중심에 놓여 있는 첫 번째 연구에는 헷센(Hessen)주의 사회과 현황에 관한 힐리겐(Hilligen)의 경험적 연구인 "사회과 수업에서의 계획가 현실"(Hilligen, 1955)이 속한다. 여기서 그는 설문조사를 통하여 수업에 대한 교사와 학생의 견해를 파악하고, 수업시간의 주제를 범주화한다. 엘바인(Ellwein)의 두 가지 출판물(1955; 1960)은 좀 더 가벼운 평론의 성격을 갖고 있다. 여기서 그는 중등학교와 초등학교를 방문하면서 그때그때의 수업을 평가하고 교과에 대한 교사와 학생의 태도를 알아본다(Ellwein, 1950; 1960 참조).

고전에 속하는 것으로는 하버마스(Habermas) 및 다른 연구자들의 연구인 "학생과 정치"(1961)를 들 수 있다. 연구자들은 (모든 교과의) 대학생들을 대상으로 설문조사를 하지만, 81%의 학생들이 그들 자신이 수강한 교과의 틀 속에서 사회과나 정치 수업을 주당 두 시간씩 받았기 때문에, 이 수업의 효과를 추론할 수 있다고 믿는다. 연구자들은 특히 정치수업이 정보수준을 위해 효과가 별로 없다는 결론에 도달한다(Habermas 외, 1961 참조).

1960년대에 프랑크푸르트 사회학 연구소 주위에서 나온 경험적 연구는 이와 비슷한 평가에 도달한다. 지식영역뿐만 아니라 정치체제에 대한 청소년의 태도에 있어서도 역시 지향(志向)에 비추어 본 정치수업의 효과는 거의 확인할 수 없다. "전체적으로 볼 때 성공적인 결과는 별로 없는 것 같으며, 정치적 잠재력이 종종 발현될 가능성도 별로 없다."(Becker 외, 1967, 138)는 데에는 의심의 여지가 없다. 그러한 연구는 나중에 계속되지 못하였다. 1970년대와 1980년대에는 약간의 소규모 연구가 있을 뿐이다. 비교적 큰 조사연구는 1993년에 다시 발표된다. 로테(Rothe)는 1991년 헷센주와 바이에른(Bayern)주 김나지움에 다니는 4814명의 학생(10학년과 12학년)을 대상으로 설문조사하였다. 그의 결론은 그 이전의 연구가 유사하다. "중요한 지식과 더불어 구체적으로 정치와 관련된 태도 면에서 확인할 수 있는 수준은 전체적으로 볼 때 낮은 편이다"(Rothe, 1993, 159). 외스터라이히(Oesterreich)의 시민교육 연구(2002)와 같은 최근의 작업도 역시 이를 확증하는 것처럼 보인다. 독일 청소년은 국제적인 비교에서 평균적인 지식을 갖고 있으며, 그들 자신의 평가에 따르면 "제한적인 범위에서만 정치수업의 결과라고 볼 수 있다"(Oesterreich, 2002, 228).

> "독일 청소년의 정치지식을 다른 선진국의 청소년과 비교한다면 정치지식이 좀더 줄어드는 경향을 보이고 있다. 부유한 선진국만 포괄하였던 1975년의 국제교육협회(IEA)의 연구와 비교해 볼 때 독일 청소년의 순위는 더 나빠진 것으로 나타난다"(Oesterreich, 2002, 228).

하지만 전체적으로 볼 때, 양적인 효과연구의 수는 매우 적으며, 그것의 인식관심과 방법론적 기초가 너무 달라, 정치수업의 효과에 대하여 경험적으로 어떤 확실한 진술을 하기 어려운 점에 유의할 필요가 있다. 이와 관련하여 그러한 총체적인 분석을 도대체 설계할 수 있는 것인가 하는 보다 더 근본적인 질문을 제기할 수 있다.

4. 수업방법의 효과에 대한 경험적 연구 - 양적 연구

정치수업에서 여러 가지 다른 수업방법의 효과에 대한 이제까지의 경험적 연구를 요약하려면, 일반적인 교육학과는 대조적으로 여기서는 전통과 같은 것이 거의 없다는 것을 우선 확인하지 않으면 안 된다. '수업방법의 문제'는 확실히 교육학과 교육심리학에서 비교적 집중적으로 연구된 대상영역에 속하지만, 그러나 그 소득은 회의적으로 평가할 만하다. 테어하르트(Terhart)는 다음과 같이 쓰고 있다.

"개별적인 수업방법의 효과를 결정하기 위한 수십 년 간의 연구에도 불구하고 그것과 연결된 희망, 즉 개별적인 수업방법의 효과를 엄밀하게 결정할 수 있다는 희망은 성취되지 못하였다. 수업방법연구의 문제제기를 이론적으로 그리고 방법론적으로 점점 더 많이 분화시키기는 했지만, 그 반대로 이러한 방법적 도구의 도움을 빌어 어떤 현저한 연구결과를 기대할 수 없다는 통찰에 이르게 하였다"(Terhart, 1986, 67).

몇 년 뒤에 테어하르트는 연구노력의 수확에 대하여 판단을 내리는 데 있어서는 물론 언제나 어떤 기준에 비추어 성공이나 실패를 확인했는지를 되물어야 한다는 점을 지적하면서 그의 판정을 어느 정도 상대화하였다. "그리고 교육학적인 이론적 프로그램과 연구 프로그램에 대한 '결산'이 안고 있는 핵심적인 어려움이 도대체 어디에 놓여 있는가 하는 것은 바로 그러한 기준의 선정 혹은 근거수립의 질문과 관련되어 있다. 수업방법의 주제에 대한 연구를 보기로 들자면 다음과 같이 말할 수 있다. 과학적인 기준을 토대로 삼으면 연구를 위한 어떤 일정한 접근방안은 성공할 수 있다. 그런데 수업실제 혹은 교직수행의 실제에서 그 결과를 이용할 수 있는가의 관점에서 보면 '적실성이 없거나' 심지어 '실패한 것'으로 지칭하지 않으면 안 되는 경우가 있으며, 그 반대의 경우도 있다. 게다가 '좋은' 수업에 관한 합의도 없으며, 수업방법에 관한 연구를 조직화하는 수업이론에 관한 합의도 역시 존재하지 않기 때문에 학문과 실천의 양쪽 영역 내부에서 기준이 논란의 대상이 된다. 그리고 학문분야의 내부에 존재하는 기준의 경쟁관계는 보다 더 높은 수준, 즉 서로 다른 메타이론 수준에 놓여 있는 결산개념의 경쟁관계로 인하여 한층 더 부담을 안고 있다"(Terhart/Wenzel, 1993, 12).

'수업방법'의 주제에 대한 최근의 연구에서 가장 중요한 수확이 무엇인가에 관한 전문가 대상 조사는 다음과 같은 결과에 도달하고 있다.
 수업방법에 관한 연구의 가장 중요한 결과는 다름 아니라 첫째, 가장 좋은 방법에 대한 단순한 표상의 파괴이다. 둘째, 교사의 방법목록(레퍼토리)에 대한 기술(記述), 더 정확히 말해서 사실상 방법적 일원론이 존재한다는 경험적 연구결과이다. 셋째, 그동안 경험지향 혹은 활동지향이 교수·학습 방법의 준칙으로 통한다는 사실이다(Terhart/Wenzel, 1993, 36). 그 밖의 다른 온갖 회의에도 불구하고 전문가들은 수업방법의 영역에서 효과에 지향을 둔 비교연구를 더 많이 수행할 것을 요구하고 있다.

5. 수업방법의 효과에 대한 연구문제

 교사의 방법목록이 사실상 제한되어 있고, 정치수업에 있어서도 역시 여전히 학생지향방법이 별로 이루어지지 않는다는 데에서 출발할 수 있지만(Hagr, 외, 1985; Lukesch/Kischkel, 1987; Ibrahim/Paul-Kohlhoff, 1976; Boeser, 2002 참조), 그리고 거의 모든 연구가 그러한 점을 지적하고 있지만(Boeser, 2002, 235 참조), 학생지향방법의 효과에 대한 연구결과는 그렇게 명백하지 않다.
 문제는 이미 학생지향수업과 활동지향수업 혹은 활동지향방법의 활용을 구별하지 않는다는 데에서 시작한다. 교육학 연구에서는 '학생지향'의 개념이 지배적이며, 거기에는 대개 활동지향과 활동지향 수업방법도 역시 포함된다. 게다가 '학생지향'이라는 개념은 상당히 애매하며, 그 용어를 서로 매우 다르게 사용하는 경향이 있다. 학생지향에 대한 이해는 그때그때의 인식관심에 상당히 많이 달려 있으며, 그래서 학생지향에 대한 연구는 한편으로는 수업장애 및 규율문제와의 연관성에 비추어 이우어지고, 다른 한편으로는 학업성취도 및 동기부여와 관련하여 이루어진다. 또는 학생지향이 도대체 학교에서 얼마나 많이 보급되고 있는가

하는 물음을 다루기도 한다.

6. 학생지향은 무엇이며, 학업성취도와 동기부여에 어떤 영향을 미치는가.

이 글의 주제와 연관시켜 볼 때 두 가지 측면이 특별히 관심을 끈다. 그 하나는 방법 및 학습형식과 관련된 경험적 연구결과에 비추어 볼 때 학생지향수업이 어떻게 이해되고 있는가 하는 것이고, 다른 하나는 방법 및 학습형식, 학업성취도 그리고 동기부여 사이에 어떤 연관성이 존재하는가 하는 것이다.

방법 및 학습형식과 연관시켜 볼 때 다음과 같은 학생지향의 특징이 지적되고 있다.

o 학생은 어떤 사물을 능동적으로 논의하고 취급할 수 있는 가능성을 갖고 있다.
o 학생은 자기 자신의 조사와 탐구를 더 자주 시도할 수 있다.
o 학습은 원자화와 표준화에 덜 지향을 두고 있다.
o 총체적인 학습이 더 자주 이루어진다.
o 직접적인 만남이 더 자주 가능하게 된다.
o 의사소통에 대한 학생의 바람에 부응하는 의사소통적 학습형태가 더 자주 적용된다.
o 학생은 자신이 실제로 할 수 있는 것을 보여줄 수 있는 기회를 갖고 있다.
o 학생의 자기주도와 공동계획이 바람직한 것으로 간주된다.
o 학생은 자신의 학습결과 혹은 작품을 스스로 수정하고 평가할 수 있는 가능성도 역시 가진다.
o 교사는 수업을 조정하고 배열하며 도움을 준다, 수업은 잘 구조화

되며 동시에 융통성이 있다(Haenisch, 1991 참조).

위에서 정의한 바와 같이 좁은 의미에서의 활동지향방법은 명시적으로 언급되고 있지 않지만, 그러나 함축적으로 여기에 속한다.

학업성취도 및 동기부여에 대한 가장 중요한 결정요인이 무엇인가 하는 질문을 제기하게 되면, 지난 수십 년 동안에 미국에서 나온 연구에서 특히 다음과 같은 것이 지적되고 있다(예를 들면, Fraser 외, 1987; Sell, 2003과 거기 인용된 참고문헌도 역시 참조).

o 이전의 학업성취도
o 학습에 대한 호기심
o 지적으로 고무적인 가정
o 교사의 높은 그리고 긍정적인 기대
o 학급에서의 협동적인 분위기
o 잘 계획되고 조직된 수업
o 수업시간의 효율적인 활용
o 강화, 개별지도, 진단적인 환류(피드백)

이러한 연구에서는 학생지향절차에 대한 명시적인 지적이 없다.

"단지 교과에 특정한 평가에서만 자연과학의 영역에 대해서 학업성취도와 관련된 약간의 전략, 즉 학생지향방법에 포함시킬 수 있는 전략을 확인할 수 있다. 이것은 한편으로는 탐구방법의 활용에 해당하며, 다른 한편으로는 학습과제의 규정에 있어서 학생에게 책임을 넘기는 일에 해당한다. 그 이외의 경우에는 학생에 지향을 둔 개방적 학습의 실천에 대해서 확인된 점은 이러한 실천이 특히 창의성, 협동, 학교 및 교원에 대한 태도의 목표영역을 위해 장점을 가져온다는 것이다"(Haenisch, 1991, 4).

여기서 도출할 수 있는 결론은 학업성취도와 동기부여를 위한 결정요 인으로서 학생지향은 별 의미가 없다는 것이다. 하지만 다른 추론을 가 능케 하는 다른 연구도 역시 있다. 헬름케(Helmke)와 슈라더(Schrader) 는 그들의 연구(1990)에서 학업성취도 발달에 있어서 평균 이상의 결과 를 가져올 뿐만 아니라, 동기부여와 학습에 대한 즐거움도 역시 촉진하 는 수업이 어떤 특징을 보여주는가에 대하여 질문을 제기한다. 그들이 도달한 결론은 다음과 같다. 성공적인 학급은 과제에 지향을 두고 학습 하며, 가용한 수업시간을 학습소재를 다루기 위하여 집중적으로 그리고 일관성 있게 이용한다. 학생에 대한 명백한 지향이 이것을 보완한다. 교 사는 학생이 어떤 개인적인 전제조건을 가져오는가를 정확히 살펴보며, 그에 따라 요구사항과 수업방법을 변화시키려고 노력한다. 이때 마지막 요점인 '학생에 특정한 수업방법의 변화'가 학습의 성공을 위해 가장 적 실성이 큰 것처럼 보인다. 이 연구는 특히 해니쉬(Haenisch)가 하는 바 와 같이, 학생지향이 성공적인 학습을 위해 핵심적인 결정요인이라는 의미로 바로 해석할 수 없다(Haenisch, 1991 참조). 다른 연구에서 헬 름케(Helmke)는 명시적으로 다음과 같은 사항을 밝히고 있다. 예를 들 면, 실패에 대한 불안감을 안고 있는 학생은 학습환경에서 특정한 구조 화 및 학습의 도움을 받으면 보다 더 좋은 학습결과에 도달하지만, 그 반대로 구조화되지 않고 학생중심적인 수업에 임하게 되면 보다 더 나 쁜 결과에 도달한다는 것이다(Helmke, 1988).

몇 번이고 되풀이하여 인용되고 있는 둡스(Dubs)의 연구(1988)도 역 시 제한된 범위에서만 학생지향의 의미로 해석할 수 있을 뿐이다. 그가 수행한 연구의 중심에 놓여 있는 질문은 어떤 수업형태가 가장 좋은 인 지적 학습결과에 도달하도록 하는가이다. 수업형태는 수업의 양식(체계 적 대 본보기적)과 교사의 수업행동(직접적 대 간접적)을 결합함으로써 규정된다. 가장 좋은 결과는 체계적·간접적 방법과 본보기적·직접적 방법에서 나타나고, 가장 저조한 학습결과를 수반한 것은 직접적인 교사행동에 의한 체계적 수업이다. 거기서 성공적인 수업의 전제조건으로서 학생지향이 지닌 의미와 중요성에 대한 증거를 본다는 것은 곤란하다. 다시 말하면, (직접적인 수업행동을 가진) 본보기적 수업의 경우에 있어서 학생이 일상적인 문제와 현상을 다루며, 이때 자기 자신의 경험·해석·견해를 충분히 반영시킨다는 의미에서, 그리고 (체계적인 수업에서) 간접적인 수업행동의 경우에 교사가 보다 더 나서지 않고 학생이 공동으로 계획하고 구성하며 자신의 학습을 위해 책임을 더 많이 떠맡는다는 의미에서 학생지향을 성공적인 수업의 전제로 간주하기는 힘들다는 것이다.

다른 연구는 교사중심 수업상황의 효과와 학생지향 수업상황의 효과가 평균적으로는 별 차이가 없다는 결과에 도달한다. 하지만 학습집단 내에서 차이가 있는 것처럼 보인다. 교사중심의 수업을 받은 아동은 하나의 수준에서 통일적으로 움직이는 경향이 있는 반면에, 학생지향의 수업을 받은 아동은 서로 더 많은 차이를 보여준다. 개별학생의 성취를 관찰하다보면 어떤 학생은 교사중심수업에서보다는 학생지향수업에서 명백히 더 좋은 성취도를 보여주고, 다른 학생은 학생지향수업에서보다는 교사중심수업에서 명백히 더 좋은 결과에 도달한다.

일부 연구는 학생지향이 더 나은 성취도로 나아간다는 결론에 도달하고, 다른 일부 연구는 서로 다른 수업형태는 학생에게 서로 다른 효과를 미친다는 결과에 도달하는 반면에, 예를 들어 찰(Chall, 2002)은 두 가지 수업의 원형을 비교한 미국의 연구문헌을 검토한 다음 다른 결과, 즉 교사중심의 형식적인 수업이 학생중심의 비형식적인 수업보다 일반적으로 보다 더 높은 성취도를 가져온다는 결론을 도출한다. 이러한 의미에서 발베르크(Walberg, 1990)는 생산적인 수업이 자기조직적인 학습보다 월등하다는 것을 확인하고, 욀커스(Oelkers)는 성취도 산출과 관련하여 전문적인 교과수업의 가치를 보여주고, 학생중심의 열린 교수·학습 형태의 장점을 입증하지 못하는, 피사(PISA)에 대한 취리히 연구를 근거로 삼는다(Oelkers, 2003, 70).

교육학에서 일차적으로 양적인 경험연구에 대하여 비록 간단하게나마 결산을 하자면 일련의 문제와 결함이 나타난다. 우리의 문제제기를 위해 가장 중요한 것을 들면 다음과 같다.

통일적인 혹은 명백한 개념이 존재하지 않으며, 오히려 상당한 개념의 혼란이 있다. 수업방법, 수업형태, 교수·학습 형태, 학생지향수업 혹은 활동지향수업이 한편으로는 종종 동의어로 사용되고 있으며, 다른 한편으로는 부분적으로 서로 상당히 달라 수업에서 '일어나는' 것 거의 모두가 거기에 포함시킬 수 있을 정도이다.

교사중심수업과 학생지향수업의 두 가지 원형이 인지적 성취도에 미치는 효과에 대한 연구는 완전히 상반된 결과에 도달하고 있으며, 학문적 기준에 따라 실제로 연구를 비교할 수 없을 정도이다.

두 가지 원형은 대개 수업 일반과 관련되어 있으며, 일정한 수업교과과 관련되어 있지 않다. 기껏해야 대충 자연과학 교과와 인문·사회과학 교과로 구분하고 있다.

수업방법의 효과에 대한 연구는 대개 내용과 방법의 관계를 경험적 연구과정의 틀 속에 집어넣지 않는다. 또한 동일한 한 가지 내용에 대한 서로 다른 방법적 실현형태도 역시 검토하지 않으며, 이 내용과 관련하여 그 방법적 실현형태가 학생의 학습결과에 미치는 효과도 검토되지 않고 있다.

7. 정치수업에서 방법의 효과

일반 교육학과는 대조적으로 정치수업에서 방법의 효과에 대한 연구는 거의 존재하지 않는다. 1976년에 나온 이브라힘(Ibrahim)과 파울-콜호프(Paul-Kohlhoff)의 연구와 같이 일부 개별적인 연구가 있긴 하다. 이 연구는 사회과수업에서 방법의 문제와 그 효과에 중점을 두었다. 이 연구에서 필자는 강의수업에서보다는 토론수업에서 수업에 대한 만족도가 더 크다는 결론에 도달하기는 했다. 그렇지만 학생의 수업참여에 대한 방법의 효과를 명백하게 입증할 수는 없었다.

마르츠(Marz) 외의 연구에서도 역시 학생의 발언에 따른다면 특히 토론이 이루어지는 수업, 주제선정에 있어서 학생의 흥미·관심에 지향을 둔 수업, 시사적인 자료와 시청각매체를 융통성 있고 다양하게 활용하는 수업을 다수의 학생이 선호한다는 것을 보여주었다. 하지만 그러한 수업의 방법적 구조가 어떤 효과를 갖고 있는지는 연구되지 않고 있다.

도쉬(Dosch)의 연구(1979)는 학교에서 시민교육의 학습목표를 달성하려는 데 있어서 어떤 수업구상이 적합한 것인가 하는 문제를 제기한다. 그는 네 가지의 수업구상을 구분하는데, 그것은 교사의 뒷받침이 있는 정면수업, 미디어의 뒷받침이 있는 정면수업, 교사의 뒷받침이 있는 모둠수업, 미디어의 뒷받침이 있는 모둠수업이다. 결국에 가서 효과의 차이는 별로 없어 하나의 수업구상을 일반적으로 문제시하는 것이 가능하지 않은 것처럼 보인다(Dosch, 1979, 270).

사회과·정치 교과에서 활동지향방법의 효과를 명시적으로 다루고 있는 연구는 쾨터스-쾨니히(Kötters-König, 2002)의 것이다.

이 연구는 1960년대의 경험적 효과연구의 전통에 서있다. 즉, 학생의 정치적 성숙성과 민주적 행위능력의 목표와 관련하여 학교에서 이루어지는 시민교육의 효과가 주된 관심사이다. 여기서 특별한 관심은 사회과수업의 방법적 구성에 어떤 역할이 주어지는가 하는 질문을 향하고 있다. 정치교수학에서 널리 알려진 신념, 즉 지식을 계속해서 축적해 나가는 순전히 설명식 혹은 강의식 수업은 그러한 목표로 안내할 수 없다는 신념을 검토하는 일이 연구과제이다. 그 뒤에는 동시에 활동지향수업, 즉 총체적이고 개방적이며 학생지향적인 수업에서는 특히 논쟁점 반영의 원칙이 실현되기 때문에, 그러한 수업이 목표달성을 하는 데 더 많은 기여를 할 수 있다는 가정이 놓여 있다. 논쟁점 반영의 원칙이란 정치체제와 관련하여 갈등의 사회적 사실(이해관계, 가치, 경험의 다원성)을 인정하고, 민주체제의 전제와 기초로서 그것을 긍정적으로 평가한다는 것을 의미한다. 수업과 관련하여 이 원칙은 모든 종류의 교과와 잘못된 조화를 금지하고, 학습자의 자주적인 판단형성을 존중한다.

여기에 기초하여 연구는 다음과 같은 질문에 답하려고 한다.

o 설명식 강의, 활동지향, 그리고 논쟁점 반영은 사회과수업에서 어떤 의미와 위상을 갖고 있나?
o 이 방법이 개별학급의 수업에서 어떻게 조합되는가? 방법의 다양성이 눈에 띄는 학습이 있는가?
o 사회과수업의 방법적 구성이 시민교육의 효과에 어떤 영향을 미치는가?

여기서 특히 우리의 관심을 끄는 것은 마지막 질문이다. 이 질문에 답하기 위하여 연구에서는 방법적 다양성을 가진 학급과 방법적 단조로움을 특징으로 한 학급을 구분한다. 연구자는 요약하면서 다음과 같은 결과에 도달한다.

방법적 다양성과 방법적 단조로움은 다음과 같은 영역에 영향을 미친다. 방법적으로 다양한 수업은 학생이 사회과수업에서 보다 더 만족을 느끼고 사회과를 좋아하는 교과로 받아들이는 데 기여한다. (민주주의에서 선거의 가장 중요한 기능, 민주주의에서 누가 통치해야 하는가의 질문, 그리고 정부에 반대하는 야당의 의미에 대한 세 가지 이해문제를 통하여 측정해 볼 때) 학생의 보다 더 강한 정치적 이해에 기여한다. 그리고 정치적 행위지향의 발달을 촉진시킨다. 즉, 정치적 동기부여를 갖고 공론장을 향하며, 정치적 단체나 정당에 참여하고, 공공적인 합법적 저항행동에 참여하려는 자세를 고무시킨다.

그러나 이 연구는 다른 한편으로 방법선정의 효과가 지닌 한계도 역시 명료화하고 있다.

> "표현된 정치적 관심, 사회적 신뢰 촉진, 기본적인 시민권, 갈등의 평화적 조정, 이해관계 갈등의 정당성, 그리고 국가에 의한 억압조치의 거부에 대한 옹호 촉진은 수업의 방법적 방향과 어떤 입증할 만한 관계에 놓여 있지 않다"(Kötters-König, 2002, 143).

학교형태라는 요인이 여기서 명백히 보다 더 큰 역할을 수행한다. 방법적 다양성을 특징으로 한 수업의 긍정적인 효과를 이제 보다 더 자세하게 들여다보면 일련의 비판적인 숙고에 이르게 된다.

방법적으로 다양한 수업, 특히 토의, 발견학습 혹은 문제제기와 같은 수업절차가 수업에 대한 만족감에 긍정적으로 영향을 주고, 동기부여를 더 높게 한다는 점은 일련의 다른 연구를 통해서도 역시 입증되고 있다(특히 Huber, 1987; Slavin, 1990; Seel, 2000, 252도 역시 참조). 학생은 수업의 방법적 성질에 민감하게 반응하고 그에 따른 학습동기를 발달시킨다.

이 연구가 주장하고 있는 바와 같이, 방법적으로 다양한 사회과수업이 학생의 보다 더 복합적인 정치적 이해를 어느 정도로 촉진시키는지에 관해서는 명백하게 답변할 수 없다. 한편으로는 세 가지 질문만 가지고 정치적 이해를 파악하고 있는데, 이것은 넓은 범위에 걸친 포괄적인 진술을 위해 너무 적은 감이 있으며, 다른 한편으로는 학급이 그 전(前)시간에 어떤 내용을 다루었지 분명하지 않은 상태로 남아 있다. 선거, 민주주의, 정당은 사회과 교육과정의 핵심적인 요소이지만, 학급이 이 주제를 내용적으로 다루었는지 그리고 언제 다루었는지가 명백하지 않은 것이다.

방법적 다양성을 가진 학급은 방법적 단조로움을 가진 학급과 비교해 볼 때, 특히 전자가 수업에서 보다 더 자주 시사적인 신문기사를 활용한다는 점을 통하여 후자와 구별된다. 보다 더 나은 정치적 이해의 원인을 특히 이 특징으로 돌려야 하자 않는가 하는 의문이 생기는 것이다. 그러나 이것은 연구되지 않고 있다.

첫째 영역(교과에 대한 만족도와 동기부여) 및 지식 영역에 영향을 주었을지도 모르는 또 다른 하나의 요인은 교사이다. 수업에 대한 교사 인성의 영향은 경험적으로 잘 연구되어 있다. 이러한 기초위에서 볼 때 다음과 같은 가설을 설정할 수 있을 것이다. 사회과수업에서 다양하고 논쟁적이며 시사성이 있는 방법을 적용하는 교사는 그 자신이 교과에 대해 많은 관심을 갖고 있으며, 사회과가 특히 중요하다고 간주하며, 더 많이 관여하며, 전체적으로 볼 때 배경학문·교과교육·방법 수준에서 보다 더 많은 능력을 갖추고 있을 것이다. 그 결과 대부분의 긍정적인 효과가 일차적으로 이 특징과 연관성이 있을 수 있다. 달리 표현한다면, 이러한 교사가 교사중심수업을 실행한다고 하더라도 더 효과적일 것이다. 학생의 보다 더 강한 정치적 행위지향과 관련시켜 볼 때, 자기 자신이 가르치는 교과를 특별히 중요하다고 여기는 교사, 그래서 보다 더 적극적인 교사에게서 배우는 학생은 '바람직한' 답변을 하려는 경향이 더 많다고 추측할 수 있다.

이 연구에서는 학생의 정치적 행위지향 영역에서 태도를 연구하였다. 하지만 여러 경험적 연구는 태도에서 사실적인 행위를 추론한다는 것은 가능하지 않다는 점을 지적하고 있다.

또 하나의 문제는 그 연구에서 '방법적 다양성'은 매우 복합적인 개념, 즉 서로 다른 수업형태와 수업절차로 합성된 개념이라는 데에 놓여 있다. 그 개념의 특징, 다시 한번 더 분화된 특징에는 다음과 같은 요소가 속한다. 빈번한 설명과 해설(방법적으로 단조로운 수업과 구별이 안 되는), 더 많은 참여, 더 강한 생활세계지향, 의견발표의 장려, 더 빈번한 토의, 더 많은 협동과 더 빈번한 신문활용. 그러나 이러한 특징의 어떤 것이 어떤 구체적인 효과를 미치는지 그 연구는 파악하고 있지 않다.

그 연구는 일정한 특징을 보여주는 학급을 서로 비교한다. 그러나 각 학습집단 내의 차이, 그리고 교육학에서의 연구에서 나오는 질문, 즉 수업방법이 이러한 차이를 더 크게 하는가 아니면 더 작게 하는가 여부에 관한 질문은 연구의 주제로 삼고 있지 않다.

비평적인 숙고는 임의로 더 계속해서 수행할 수 있을 것이다. 쾨터스-쾨니히의 훌륭한 연구를 비판하는 것이 중요한 문제가 아니라, 특히 수업방법의 효과에 대한 양적인 경험연구가 얼마나 어렵게 구성되는지를 분명하게 하는 일이 더 중요한 것이다.

8. 질적인 교과수업연구에서의 수업방법

정치교수학에서 질적인 경험적 교과수업연구의 중점은 주로 재구성적 사회연구의 해석적 패러다임에서 그 출처를 확인할 수 있다(Richter, 2005 참조). 그렇지만 이제까지 나온 연구는 양적인 연구에서와 유사하게 거의 서로 비교할 수가 없다. 연구의 논리와 그때그때의 인식관심에서 서로 차이가 나는 것이다. 본질적으로 중요한 것은 도대체 일상적인 정치수업에서 어떤 일이 일어나고 있는가 하는 일반적인 질문이다. 하지만 그것에 대한 연구문제의 체계적인 틀은 아직 개발되지 못하였다. 학습자 유형과 학습자 교수학(Weißeno, 1983), 교사 및 학생의 정치적 심상과 정치개념(Kuhn/Massing, 1999), 정치적 범주의 사용(Kuhn, 19953), 학생의 정치적 판단방식(Massing/Weißeno, 1995; Kuhn, 2002), 혹은 정치수업에서 성별 차이와 이것에 대한 고려(특히 Kroll, 2001) 등에 관하여 문제제기가 되고 있다.

그에 반해서 질적인 수업연구에 있어서 수업방법의 효과에 대한 질문은 이제까지 거의 분석 및 해석의 대상이 되지 못하였다. 단지 '성별 차이'의 주제와 관련하여 수업방법의 효과에 대한 진술이 드문드문 눈에 띄는 정도이다. 다른 한편에서는 그동안 일련의 정치수업 전사(轉寫)가

현존하고 있으며, 여기에는 교사주도가 강한 수업의 전사도 있으며, 활동지향방법을 중심으로 하는 수업의 전사도 있다. 따라서 자료의 측면에서 볼 때, 수업방법이 어떤 효과를 미치는지에 관한 문제제기를 갖고 수업시간을 체계적으로 재해석하는 작업을 수행할 수 있을 것으로 보인다.

그러한 재해석은 여기서 수행할 수는 없다. 하지만 적어도 몇 가지 보기를 통해서 그러한 자료의 분석이 장래 연구의 가설형성을 위해 도움을 줄 수 있을 것이라는 점을 보여주고자 한다.

전체적으로 볼 때, 질적인 방법과 현존하는 수업전사의 도움을 빌어 직접적으로 수업방법의 효과를 추론하는 것은 가능하지 않다. 그것을 위해서는 알려지지 않은 것이 너무 많다. 특히 출발상황을 알아볼 수도 없고, 목표로 삼고 있는 상태를 검토할 수도 없다.

정치수업의 방법적 구성이 수반하는 효과에 접근하는 일은, 수업에 대한 학생의 참여라는 기준을 통하여, 기껏해야 간접적으로 가능하다. 그 뒤에는 학급 전체가 수업에 더 강하게 관여할수록, 그만큼 더 학생의 동기부여가 클 것이며, 그만큼 더 학습할 준비가 되어 있을 것이고, 그만큼 더 성취도수준이 통일적으로 나타날 것이라는 추측이 도사리고 있다.

게다가 수업시간에 자아존중감에 적합한 상황을 추구함으로써 학생의 자아개념에 영향을 미칠 수 있도록 해야 한다. 그 뒤에는 학업성취도가 본질적으로 자아개념에 따라 학생이 실패를 지향하고 있는가 아니면 성공을 지향하고 있는가에 달려 있다는 명제가 놓여 있다.

셋째로 수업방법이 남학생과 여학생에게 미치는 효과를 검토해야 한다.

현존하는 정치수업의 전사를 통하여 새롭게 재해석하는 데 있어서 가장 어려운 문제 중의 하나는 어떤 방법적 구조가 도대체 수업을 각인시키는가를 확정하는 일이다. 선정된 수업시간에서 출발하여 여기서는 두 가지 형태를 구분한다.

1) 교사조정 수업토론

수업의 기초가 되는 것은 학생이 미리 준비한 숙제나 아니면 모둠별로 취급한 자료(텍스트)이다. 수업의 중심에 놓여 있는 것은 수업토론이다.

교사의 조정은 간접적인 자극과 직접적인 자극을 통해 이루어진다.

o 간접적인 자극이나 단서:
- 토론을 구조화하는 발언과 질문: 내용적으로 어떤 새로운 것을 기여하지 않지만, 이제까지의 진행된 토론이나 여러 가지 발언을 요약한다. 주제로 환원시킨다. 다른 견해를 대변할 수 있는 권리를 뒷받침한다. 필요한 경우 표결하도록 하며, 다른 사람들을 대화에 포함시키려고 시도하며, 절차에 관한 제안을 하도록 한다.
- 문제를 구조화하는 발언과 질문: 지나치게 부담을 주지 않으면서 내용적인 문제를 구조화하는 데 기여한다. 여기에는 추가적인 정보·제안·추측이 속한다. 또한 사물논리에서 보아 근거가 있는 방법적 제안도 가능하다.

o 직접적인 자극이나 단서:
- 직접적인 발언: 질문에 답을 하거나 어떤 입장이나 견해를 정식화하도록 하는 직접적인 요구. 일정한 방향으로 타자에게 영향을 주는 발언
- 답변의 여지가 좁은 질문: 일정한 답을 기대하거나 아니면 다른 사람들을 일정한, 좁은 한계를 가진 답변으로 안내한다(텍스트의 빈 칸)(Kern, 1979 참조).

2) 교사조정 활동지향수업

수업의 핵심을 이루는 것은 활동지향방법, 예를 들면 토크쇼, 역할놀이, 의사결정놀이 등이다.

교사조정(위와 같은 자극이나 단서를 가진)은 단지 도입(혹은 준비)단계 및 특히 정리국면과 관련된다. 활동지향방법을 실행하는 동안 교사는 완전히 뒤로 물러선다.

여기서 기초가 되는 연구(Lück, 1995; Massing/Weißeno, 1995; Kuhn/Massing, 1999; Kroll, 2001 참조)를 살펴보면, 그때그때 수업의 방법적 구조와 관계없이 교사는 지식을 본질적으로 동화를 통하여 습득하는 것으로 바라보는 학습개념, 즉 기존 지식구조의 확장·정교화·일반화를 통하여 지식을 습득하는 것으로 간주하는 학습개념에서 출발하는 것처럼 보인다. 그에 따라 교사의 조정에서 활용되는 자극은 특히 학생이 새로운 정보를 동화시키는 데 도움을 주는 기능을 갖고 있다. 즉, 이 새로운 정보를 비록 분석하고 일반화하고 평가하고 비평하지만, 그러나 자기 자신의 지식에 통합시키면서 새로운 정보를 동화시키는 것이다.

보기:
교사: "니더작센주가 있고, 그 다음 영향을 받는 당사자가 있지요. 그리고 우리는 전체를 다시 한번 약간 구조화할 수 있다고 봅니다. 우리가 아주 분명하게 깨달으면서 구조화할 수 있는 것입니다. 참여자에게 있어서 이제 비판적인 논의와 취급은 여러 가지 수준에서 이루어집니다. 우리는 도대체 어떤 수준을 갖고 있는 것일까요? 법원이 있고, 연방과 주, 당사자와 시민운동이 있습니다. 그것을 한번 여러 가지 수준에 배열해 보고, 그 다음 상호작용을 알아봅시다. 어렵지요. 우리가 지금 하는 것은 상당

히 어려운 일입니다…"(Massing/Weißeno, 1995, 263).

교사조정 수업토론

이 네 수업시간에 기초할 때 다음과 같이 요약하여 해석할 수 있다. 모든 시간에 교사의 간접적인 자극과 직접적인 자극을 확인할 수 있다. 하지만 전체적으로 볼 때 직접적인 자극 혹은 단서가 우세하다. 특히 두 번째 시간에 직접적인 발언과 답변의 여지가 좁은 질문이 지배적이다. 수업시간은 교사가 질문을 하면서 전개되는 수업토론의 요소를 포함하고 있다. 이때 그 수업토론은 정도의 차이는 있지만 상당히 '교사주도의 토론'으로 흐르는 경향이 있다. 그런데 이 교사주도의 토론은 정치교수학의 관점에서 볼 때 자기주도적인 학습을 가능케 해야 할 수업토론에 더 이상 속하지 않는다. 거기에는 또한 학생들 사이에 상호작용이 거의 이루어지지 않는다는 점도 역시 기여하고 있다. 수업시간은 주로 교사와 어떤 한 학생 사이의 개별적인 대화로 구성되어 있다. 학생들 사이의 대화 혹은 토의의 단초는 매우 드물다. 그럼에도 불구하고 거의 모든 학생이 수업에 참여하고 있다는 점이 눈에 띈다. 때때로 어느 한 학생이 수업을 지배하려는 시도가 있거나 아니면 여학생과 남학생의 집단에서 한두 명이 수업에 보다 더 자주 참여한다. 하지만 전체적으로 볼 때 모든 학생이 높은 동기부여를 보여주고 있다. 따라서 교사조정 수업토론은 충분히 학생에게 동기를 부여할 수 있다. 여기서 개별적인 발언과 기여의 성질을 검토할 수는 없음에도 불구하고 학급의 내부적인 분화는 작은 것처럼 보이며, 성취도가 대충 동일하다. 수업에서 자아존중감에 적합한 상황은 발견되지 않는다. 남학생과 여학생 사이의 차이도 별로 없는 것으로 보인다.

교사조정 활동지향수업

활동지향 정치수업에서 교사의 자극과 단서 제공은 특히 정리국면에서 중요하다. 정리단계는 모든 수업시간에 주로 개방적인 토론형태와 조정된 토론형태의 혼합으로 이루어진다. 교사는 대개 간접적인 자극과 단서를 가지고 수업을 시작한다. 수업시간이 끝날 쯤 돼서야 비로소 직접적인 자극과 단서로 보다 더 강하게 넘어가는데, 이것은 명백히 주어진 시간에 계획된 목표를 실현하기 위한 것이다. 정리단계에서는 관망자보다는 역할수행자가 평균적으로 더 빈번하게 참여한다. 대개 보면 역할수행자 이외에 서너 명의 다른 학생이 토론에 참여한다. 학급의 다른 구성원은 다소 수동적인 자세로 남아 있다. 그렇지만 토론상황에서는 학생들 사이의 상호작용이 더 강하게 나타난다. 여기서도 여전히 교사와 학생의 개별대화가 우세하지만, 다른 수업형태와 비교해 볼 때 학생들 사이의 대화와 토의를 향한 단초가 더 빈번하게 발생한다(보기: 둘째 시간, 110쪽).

요약하자면, 학급의 반수 정도만이 동기부여가 된 상태에서 수업에 참여하며, 남학생에 비해 여학생이 명백히 더 삼간다는 인상을 받게 된다. 따라서 활동지향수업은 동기부여 및 성취도 수준과 관련하여 학급에서 내부적인 분화를 더 강화시키는 것으로 보인다.

활동지향 정치수업을 실시한 거의 모든 시간에서 자아존중감과 관련된 상황이 발견된다. 물론 이것이 어떤 장기적인 효과를 갖고 있는가를 해석할 수는 없지만 말이다. 보기를 들자면, 어느 여학생은 의사결정놀이에 참여할 것을 거절한다(첫째 시간; 그것에 대한 Kroll, 2001의 해석 참조). 어느 남학생은 사회자의 역할에서 실패를 하며(셋째 시간), 또 다른 학생은 그의 동료와 비교할 때 떠맡은 역할을 만족스럽지 못하게 수행한다(셋째 시간: 기민당/기사당 대표). 어느 여학생은 자신이 토론의 안내자로서 실패했다는 견해를 갖고 있다(넷째 시간; Lück, 1995의 해석).

게다가 정치수업에서 활동지향방법은 여학생과 남학생의 의사소통에서 유의미한 차이를 수반한다. 또한 여학생은, 심지어 생활세계에 지향을 둔 주제를 다루는 경우에도, 널리 알려진 가정과는 다르게, 활동지향 방법에 잘 참여하지 않는다는 점도 역시 분명하다(Kroll, 2001 참조).

9. 연구에 대한 요구사항

수업방법의 효과에 대한 양적인 연구와 해석적인 교과수업연구를 결산하면서 일반적인 수준에서 다음과 같이 점정적인 가설을 설정할 수 있다.

① 가설: 정치수업에서 활동지향방법의 활용(활동지향 정치수업)은 학생의 동기부여를 제고한다.
② 가설: 활동지향 정치수업은 학생의 해석지식을 제고한다.
③ 가설: 활동지향 정치수업은 '평균적인' 학생의 해석지식에 어떤 영향을 미치지 못한다.
④ 가설: 활동지향 정치수업은 공부를 잘 못하는 학생에게 불리하게 작용한다.
⑤ 가설: 활동지향 정치수업은 남학생과 여학생을 더 강하게 분화시킨다.
⑥ 가설: 교사중심 정치수업은 학생의 동기부여를 제고한다.
⑦ 가설: 교사중심 정치수업은 학생의 해석지식을 제고한다.
⑧ 가설: 교사중심 정치수업은 '평균적인' 학생의 해석지식에 어떤 영향을 미치지 못한다.
⑨ 가설: 교사중심 정치수업은 공부를 잘 못하는 학생에게 불리하게 작용한다.
⑩ 가설: 교사중심 정치수업은 남학생과 여학생을 더 강하게 분화시킨다.

이러한 일반적인 가설은, 자연과학교과에서 이미 최근에 성공적으로 수행되고 있는 바와 같이, 개입연구를 통하여 검토할 수 있다. 개입연구는 학교가 '폐쇄적인 체제'가 아니며, 단선적인 효과나 제한받지 않는 효과를 기대할 수 없다는 사정을 고려한다. 하지만 여러 많은 연구에 따라 학업성취도의 성립을 위해 본질적인 내부원인으로 간주할 수 있는 수업의 질은 모든 가능한 요인의 총합이 아니라, 주변조건을 도외시한다면, 체계적으로 영향을 미칠 수 있는 두 가지 핵심적인 결정요인을 갖고 있다. 그 하나는 교수수단이며 다른 하나는 교원의 능력이다. 여기에는 수업방법의 효과와 결과에 대한 지식도 역시 속한다. 하지만 여기서 제기되는 질문은 수업의 어떤 하나의 방법적 구조(교사중심 대 활동지향)가 더 좋으냐 아니면 나쁘냐 하는 것이 아니라, 단지 그때그때의 수업이 학업성취도와 관련하여 어떤 효과를 갖고 있는가 하는 것이다. 여기서 유용한 결과에 도달하기 위해서는 수업에 영향을 미치는 여러 가지 변인을 가능하면 폭넓게 환원시키고 통제하고 일관성 있게 유지할 필요가 있다.

거기에는 특히 다음과 같은 것이 속한다.

o 언제나 단 하나의 효과측면만을 연구할 수 있다. 예를 들면, 수업의 방법적 구조가 학생의 해석지식에 어떤 영향을 미치는가?
o 예를 들어 토크쇼, 역할놀이, 찬반대립토의 등과 같은 활동지향방법과 함께 '교사가 질문을 하면서 전개되는 수업토론'의 형태를 갖춘 교사중심의 수업을 검토해야 한다.
o 수업단원은 동일한 내용적 주제를 다루고, 동일한 목표설정을 포함하며, 동일한 교사가 수업을 한다.
o 학생집단은 동일한 출발조건(동일한 예비지식, 동일한 사회적 배경 등)을 갖고 있다.

이러한 처음의 숙고에서 이미 확인할 수 있는 사항이지만, 수업방법의 효과에 대하여 경험적으로 내용이 풍부하고 의미 있는 결과에 도달하기 위해서는 연구프로젝트를 얼마나 복합적으로 그리고 장기적으로 설계하지 않으면 안 되는지를 분명하게 보여준다. 다른 한편에서 보면, 수업의 질에 대한 지속적인 개선은 그러한 연구결과의 도움을 빌어야만 비로소 가능하다.

참고문헌

Becker, E./Herkommer, S./Bergmann, J. 1967: Erziehung zur Anpassung? Eine soziologische Analyse des Sozialkundeunterrichts an Volks-, Mittel- und Berufsschulen, Frankfurt/M.

Boeser, C. 2002: Bei Sozialkunde denke ich nur an dieses Trockene ..., Opladen.

Buckpesch, F. 1971: Didaktik, Politik, Lehrer, Frankfurt/M.

Chall, J.S. 2002: The acadrmic achievement. What really works in the classroom, New York/London.

Dosch, R. 1979: Lernziele und Methodenkonzeptionen im Sozialkundeunterricht kaufmännischer Schulen, Gießen.

Dubs, R. 1988: Der Führungsstil des Lehrers, in: Wirtschaft und Erziehung, 43, H. 2. S. 39-46.

Ellwein, T. 1955: Pflegt die deutsche Schule Bürgerbewusstsein? Ein Bericht über die staatsbürgerliche Erziehung in den höheren Schulen der Bundesrepublik, München.

Ellwein, T. 1960: Was geschieht in der Volksschule? Ein Bericht, Berlin/Bielefeld.

Fraser, B.J. et al. 1987. Syntheses of Educational Productivity Research. International Journal of Educational Research, 11, H. 2.

Habermas, J./Friedeburg, L. von./Oehler, C./Weltz, J. 1961: Student und Politik, Frankfurt/M.
Haenisch, H. 1991: Erfolgreich unterrichten - Wege zur mehr Schülerorientierung. Forschungsergebnisse und Empfehlungen für die Schulpraxis, Arbeitsbericht Nr. 17, Soest.
Hage, K. u.a. 1985: Das Methoden-Repertoire von Lehrern, Opladen.
Helmke, A. 1988: The impact of student self-concept of ability and task motivation on different indicators of effort at school. In: International Journal of Educational Research, 12, S. 281-297.
Helmke, A./Schrader, F.-W. 1990: Zur Kompatibilität kognitiver, affektiver und motivationaler Zielkriterien des Schulunterrichts - Clusteranalytische Studien, in: Knopf, M./Schneider, W. (Hrsg.): Entwicklung, Allgemeine Verläufe - Individuelle Unterschiede - Pädagogische Konsequenzen, Göttingen, S. 180-200.
Hilligen, W. 1955: Plan und Wirklichkeit im sozialkundlichen Unterricht, Frankfurt/M.
Huber, G.L. 1987: Kooperatives Lernen, Theoriebildung und praktische Herausforderungen für die Pädagogische Psychologie, in: Zeitschrift für Entwicklungspsychologie und Pädagogische Psychologie, 19, S. 340-362.
Ibrahim, M./Paul-Kohlhoff, A. 1976: Politikunterricht an der Berufsschule in der Erfahrung der Schüler, Hannover.
Kroll, K. 2001: Die unsichtbare Schülerin, Schwalbach/Ts.
Kuhn, H.-W./Massing, P. (Hrsg.) 1999: Poltikunterricht - kategorial + handlungsorientiert, Schwalbach/Ts.
Lohmar, U. 1970: Politik in der Hauptschule. Ergebnisse einer Befragung von 4,000 Hauptschülern in Duisburg, Düsseldorf.
Lück (Kroll), K. 1995: Gibt es weibliche Zugänge zur Politik? In: Massing, P./Weißeno, G. (Hrsg.): Politik als Kern der politischen Bildung. Wege zur Überwindung unpolitischen Politikunterrichts, Opladen, S. 253-281.

Marz, F./Kohl, W./Steingrüber 1977: Bestandsaufnahme Sozialkundeunterricht, Stuttgart.

Massing, P./Weißeno, G. (Hrsg.) 1995: Politik als Kern der politischen Bildung. Wege zur Überwindung unpolitischen Politikunterrichts, Opladen.

Massing, P. 1998a: Lassen sich durch handlungsorientierten Politikunterricht Einsichten in das Politische gewinnen? In: Breit, G./Schiele, S. (Hrsg.): Hadlungsorientierung im Politikunterricht, Schwalbach/Ts., S. 144-160.

Massing, P. 1998b: Handlungsorientierter Politikunterricht. Ausgewählte Methoden, Schwalbach/Ts.

Meyer, H. 1987: Unterrichts-Methoden, B. I, Theorieband, B. II, Praxisband, Königstein/Ts.

Meyer, H./Paradies, L. 1993: Handlungsorientierter Unterricht, Oldenburg.

Oelkers, J. 2003: Wie man Schule entwickelt. Eine bildungspolitische Analyse nach PISA, Weinheim/Basel.

Oesterreich, D. 2002: Politische Bildung von 14-jährigen in Deutschland, Opladen.

Reinhardt, S. 1977: Handlungsorientierung. In: Sander, W. (Hrsg.), Handbuch der politischen Bildung, Schwalbach/Ts., S. 105-114.

Richter, D. 2005: Empirische Fachunterrichtsforschung und ihr Ertrag für die politikdidaktische Theoriebildung, Vortrag für die Koreatagung in Berlin.

Rothe, K. 1993: Schüler und Politik. Eine vergleichende Untersuchung bayerischer und hessischer Gymnasialschüler, Opladen.

Seel, N.M. 2000: Psychologie des Lernens, München/Basel.

Slavin, R.E. 1990: Cooperative Learning: Theory, research and practice, Prentice Hall, Englewood Cliffs.

Stimpel, H.-M. 1970: Schüler, Lehrer, Studenten und Politik, Göttingen.

Terhart, E. 1986: Der Stand der Lehr-Lernforschung, in: Enzyklopädie Erziehungswissenschaft, Stuttgart, Bd. 3, S. 63-79.

Terhart, E./Wenzel, H. 1993: Unterrichtsmethode in der Forschung. Defizite und Perspektiven, in: Adl-Amini, B./Schulze, T./Terhart, E. (Hrsg.): Unterrichtsmethode in Theorie und Forschung. Bilanz und Perspektiven, Weinheim/Basel, S. 12-56.
Teschner, M. 1968: Politik und Gesellschaft im Unterricht. Eine soziologische Analyse der politischen Bildung an hessischen Gymnasien, Frankfurt/M.
Torney, J. u.a. 1975: Civic Education in Ten ountries. An Empirical Study, New York.
Walberg, H.J. 1987: Educational Research and Productivity, in: Lane, J.J. et al. Effective School Leadership, Berkley, S. 109-125.
Walberg, H.J. 1990: Productive Teaching and Instruction: Assessing the Knowledge Basis, in: Phi Delta Kappan 71, S. 470-487.
Wasmund, K. 1977: Politische Orientierung Jugendlicher. Eine empirische Untersuchung zur politischen Sozialisation in der 9. Klasse der Hauptschule, München.
Weißeno, G. 1983: Politisches Lernen im schulischen Politikunterricht. Zur Bedeutung empirischer Befunde für didaktische Entscheidungen, Frankfurt/M.

제8장 정치교육에서의 교육표준과 평가

게오르크 바이세노(칼수루에교대)

2001년 이래로 독일사회가 관심을 둔 초점의 대상은 수업을 통해서 얻을 수 있는 질적인 성과에 맞춰지게 되었다. 국제적 차원에서 진행이 되는 PISA, TIMSS 혹은 IEA와 같은 학업성취도 비교연구에 대한 반응은 교육제도 내에 전반적인 변화 요구를 촉구하는 데 기여했다. 이러한 점은 지속적으로 독일의 교육제도를 주시하게끔 만들었으며, 이러한 계기를 통해 학생과 교사의 성취도를 평가하는 작업은 조직화되고, 그 영역이 점차 넓어지게 됐다. 국가차원에서 실시되는 테스트가 국제차원에서의 보다 넓은 외적인 시각을 얻기 위해서 학교 측에서 실시하는 자기평가에는 반드시 개별적인 학교들이 지니고 있는 성취능력이 향후 학교 내에서 작동을 할지에 대한 가능성을 포함하고 있어야 한다. 문교부장관회의는 이미 독일어·수학·영어·프랑스어·물리·화학·생물 교과목에 대해 국가차원의 테스트를 실행시킬 수 있도록 구체적인 교육지표를 마련하는 사항에 대해 의결했다. 정치교육 교과는 이 의결사항과 관련된 교과목에 포함되어 있지 않았다. 교육지표를 구체화시키고 수치로 측정할 수 있도록 '교육제도의 질적인 발전을 위한 연구소(베를린 훔볼트 대학)'는 이 의결사항에 관련된 과제를 계속해서 연구했으며 이를 지속적으로 발전시키고 있다. 지금까지 교사들은 학생들의 성취능력을 평가하는 데 있어서 독단적인 재량을 행사해 왔으며, 이제 이러한 작업에는 교과교육학과 심리학이 수단으로서 활용되고 있다. 교육과 지식습득을 장려하는 것은 이제 교육성책의 핵심사항이 되었다.

1. 교육정책과 학술적 논의에서의 교육표준

 교과에 대해서 국가차원에서 교육표준을 정식화하기 위한 움직임은 문교부장관회의에서 논의된 사항으로부터 출발한다. 그럼에도 불구하고 문교부장관회의에서 논의된 사항들과 비교해 봤을 때, '독일정치교육협회(GPJE)'는 교육정책상 이러한 작업을 중개하고 좀더 명확하게 하기 위해서 초안을 제시했으며, 기초사회과학에 해당하는 교과를 동시에 제도 감시차원에서 연관시켜 생각하게 되었다. 그러나 문교부장관회의의 결정은 2010년으로 미뤄졌다. 그동안에 이러한 교과는 자체의 능력진단을 구축하기 위하여 시간을 이용할 수 있다. 이점과 관련해서 좀더 많은 교과교육학적 기초연구가 필요하다.
 전문적인 토대를 바탕으로 하는 학습을 공고히 하고 동시에 실제수업이 지닌 조건들을 고려하려는 사실 때문에 오히려 교육표준안을 마련하는 방안은 근본적인 딜레마에 처해 있다. 게다가 표준이라는 개념 혹은 교육표준이라는 개념은 국가적 차원에서든 국제적 차원에서든 일관성을 유지하면서 사용되지 못하는 게 현실이다. 교육표준은 개별적인 연방주별로 학습계획이나 커리큘럼으로 불린다. 그러나 연방주는 이론에 근거한 능력개념을 구체화시키지 못하고 있는 것이 실정이다. 또한 교육표준이란 개념은 문교부장관회의(KMK)에서 결정된 '국가차원에서의 교육표준'과 별다른 구별 없이 유사하게 쓰이고 있다.
 모 학술토론회에서 클리메(Klieme)와 그 밖의 전문가들은 '교육표준'이란 단어사용과 관련된 혼동에 대하여 학습심리학의 연구와 연관되고 교육학의 범위 내에서 이미 논의된 사항과 분명히 구별되는 다음과 같은 개념을 사용해 줄 것을 제안했다.
 "교육표준은 학교 내에서 진행이 되는 교수·학습에 반드시 필요로 하는 요구사항을 공식화하고 있다 할 수 있다. (…) 교육표준은 전반적인 교육목표에 대해 관심을 기울이고 있다. 교육표준은 능력을 가장 중요한 교육의 목표에 다다르기 위해서 개별적인 위치에 있는 학교들이 자신의 학교에 속한 학생들에게 전수해야 하는 지식으로 명명하고 있다. 교육표준은 아동 혹은 청소년들이 특정 연령단계에서 어떤 능력을 습득해야 하는지를 규정하고 있다. 능력은 구체적으로 설명이 되어 있어서, 능력을 측정하는 것과 관련되는 문제를 출제하는 데 있어 문제의 변형이 가능하며, 근본적으로 시험방식의 도움을 통해 작성이 가능하다"(Klieme 외, 2003, 13).

이러한 이해에 따르면 교육표준은 그 규범적 지침에서 있어서 산출 혹은 결과(outcome)에 지향을 두고 있다. 교육표준은 라슈(Rasch)척도로 측정할 수 있는 시험으로 뒷받침할 수 있으면서 심리학적 근거를 갖고 있는 능력모형(Kompetenzmodell)에 기초하고 있다. 그런데 정치교육에 대해서는 심리측정 능력모형, 즉 정치 교과영역에 대해서 여러 가지 다른 성취단계나 성취수준을 구분하는 능력모형이 결여되어 있다. 독일의 학문적 논의는 성취표준을 위한 기준을 정해 주는 성취표준모형에 따라 진척시킬 수 있다. 학교현장의 실제에 있어서는 중핵교육과정의 의미에서 학생이 숙달해야 할 학습내용을 요약하는 내용표준이 중요한 의미를 지니고 있다. 정치교육학은 그 교육이론 전통으로 인하여 이제까지 개념적 전문성모형, 즉 중핵교육과정이나 내용표준의 구성을 위해 포기할 수 없는 개념적 전문성모형에 기초한 어떠한 핵심개념의 근거를 수립하지 못하였다. 따라서 각 연방주에 속해 있는 교사와 교과서 편찬 출판사는 정치적 지식 중 어떤 핵심개념을 가르치고 다루어야 할지에 대해서 나름대로 확정하고 있는 실정이다.

성취도표준과 내용표준의 개발은 경험적 자료에 기초하여 정치교육학에 대한 새로운 사고를 요구한다. 교육실천의 구성이 경험적 연구에 바탕을 둘 수 있다면, 그만큼 더 성공적으로 이루어질 수 있기 때문에 이것은 하나의 도전이며 과제인 것이다. 그러한 점에서 볼 때 이론에서 있어서 경험적 교과교육학 연구를 위한 단서 혹은 연결고리를 찾아야 한다. 그런데 결과 혹은 산출에 지향을 둔 능력모형을 투입에 지향을 둔 모형과 구별해야 하기 때문에 이것은 그렇게 간단한 일은 아니다. 정치교육학 관련문헌을 살펴보면, 이미 상당수의 능력모형을 찾아볼 수 있다. 예를 들어보면, 마싱은 교과내용능력, 방법능력, 사회적 능력, 자아능력을 구분하고 있다(Massing, 2002, 37 이하). 리히터는 사회적 능력, 정의능력, 정체성능력, 자아인지능력을 구분하고 있으며(Richter, 2002, 118-119), 잔더는 정치적 판단능력과 행위능력을 구분하고 있으며(Sander, 2001, 55), 헹켄보르크는 정체성능력, 정치능력, 관용능력, 정의능력, 그리고 경제적·역사적·생태적·기술적 능력을 구분하고 있으며(Henkenborg, 2000), 데첸은 인지적·과정적·습관적(정신상태나 태도와 관련된) 시민능력을 구분하고 있다(Detjen, 2000, 12-13).

이러한 모형은 교육이론적인 정치교육학의 전통에 있어서 바람직한 목표를 기술하고 있다. 능력은 서로 다른 추상화수준에 놓여 있으며, 여러 가지 서로 다른 영역과 관련되어 있다. 교과내용에 특정한 능력, 사회적 능력, 방법적 능력은 서로 병렬적인 관계를 맺고 있다. 따라서 "능력과 관련된 논의에서 나온 제안의 일부분은 수업교과에 대해 상세히 다루기보다는 오히려 학교 전체를 염두에 두고 있다"(Detjen, 2005, 86)는 점이 그렇게 놀랄 일도 아니다. 그런 점에서 볼 때, 앞으로는 영역에 특정한 핵심개념과 경험적 진술에 기초하는 능력모형을 개발해야 할 것이다. 필자는 앞으로 4년 동안 정치교육학의 주된 연구과제가 여기에 놓여 있다고 본다. 그렇게 함으로써 이 학문분야는 체제모니터링에 포함되어야 한다는 그 자체의 요구사항에 충분히 부응할 수 있을 것이다.

2. '독일정치교육협회'의 교육표준

독일정치교육협회가 제안한 표준안의 제1장에서는 학교교과의 틀 속에서 교과의 교육목표를 정식화하려는 시도를 보이고 있는데, 이것은 정치교육학의 이론형성과 관련된 교육이론 전통을 따르고 있다. 그런데 정치적 성숙성(자율과 책임)의 기본목표는 교과철학의 요소로 이해할 성질의 것이지, 심리학적인 근거를 갖고 있는 능력모형의 의미에서 능력으로서 이해할 성질의 것이 아니다. 독일정치교육협회는 또한 포괄적인 정치개념, 현대 민주주의에서 살아가기 위한 준비, 그리고 보이텔스바하 합의에 대해 기술하고 있다. 교과철학에는 더 나아가 정치문화 요소로서의 참여 및 관여자세, 시사적인 정치적 사건 및 그 배경이 되는 장기적인 문제 상태에 대한 지향, 그리고 민주체제의 발전, 민주체제의 인간상 및 질서에 대한 안목이 속한다. 교과내용체계의 관점에서는 좁은 의미에서의 정치, 경제적 질문, 사회적 공동생활의 문제, 그리고 법적인 문제를 구분하고 있다.

여기 기술한 교과철학은 경험적으로 타당한 능력에 대한 요구사항을 규정할 수 있도록 하기 위하여 필요한 교과의 핵심개념을 염두에 두고 더욱 발전시켜야 한다. 클리메 외의 용어를 사용하여 말한다면, 그 핵심개념에는 기본적인 개념표상, 그것과 연관된 사유조작과 절차, 그리고 그것에 대응하는 기초지식이 속한다(Klieme 외, 2003, 19). 그러한 것을 확정하고 연구하는 일은 정치교육학의 맥락에서 앞으로 요청되는 사항이며 보다 더 체계적인 작업을 필요로 한다. 정치교육학은 자유·평등·연대·평화·공론장·권력·정당성·이해관계조정·정치적 의사결정·다원성·정치제도 등에 대한 핵심개념을 정립해야 한다. 그렇게 함으로써 능력모형에 대하여 학습이론의 관점에서 근거를 수립할 수 있을 것이다(Weisseno, 2005d). 정치교육학은 학습이론의 근거를 갖고 있는 모형, 즉 영역에 특정한 이해성취도의 개발을 기술하고 서로 다른 지식요소의 체계적인 네트워킹의 의미를 기술하는 모형을 필요로 한다.

독일정치교육협회가 제안한 표준안의 제2장은 기초로 삼은 능력모형을 소개하고 있다. 여기서는 능력영역을 세 가지 차원으로 구분하는 시도를 하고 있는데, 그 세가 차원은 정치적 판단능력, 행위능력, 방법적 능력이다.

개념적 해석지식	
정치적 판단능력 정치적 사건·문제·논쟁과 더불어 경제적·사회적 상태 및 전개과정과 관련된 질문을 사실(혹은 사물)측면과 가치측면을 고려하면서 분석하고 반성적으로 판단 및 평가할 수 있다.	정치적 행위능력 의견과 신념, 그리고 이해관계를 정식화하고, 다른 사람들 앞에서 적합하게 대변하거나 옹호하며, 협상과정을 진행하고 타협을 할 수 있다.
방법적 능력 시사적인 정치와 더불어 경제적·법적·사회적 질문에 대하여 자주적으로 방향을 설정하고, 교과의 전문적인 주제를 서로 다른 여러 가지 방법을 가지고 다루며, 자기 자신의 정치적 학습발달 과정을 진행하거나 조직할 수 있다.	

출처: GPJE(독일정치교육협회), 2003, 13.

독일정치교육협회의 확정안은 실용적인 측면에서 채택되었으며, 회원의 참여를 통하여 폭넓은 지지를 받았다. 어쨌든 "교육표준의 토대는 현재 여러 분야에서 이론적인 엄격성보다는 오히려 실용적인 차원에서 마련되고 있다"(Tenorth, 2004, 651). 따라서 독일정치교육협회의 표준안 설정은 상당 부분 명시적인 측면보다는 오히려 함축적인 측면에서 이론의 안내를 받고 있는 실정이다(이에 대한 더 자세한 사항은 Weisseno, 2005b 참조). 이 능력모형은 미국의 국가평가위원회(NAEP: National Assessment Governing Board)의 모형, 즉 '시민적 지식', '지적 기능과 참여기능', '시민적 성향'의 차원을 구분한 모형과는 구별된다.

정치적 판단능력의 영역이 핵심적인 의미를 지니게 되는데, 그 이유는 이 영역이 시험문제를 통하여 측정하기 보다 더 용이하기 때문이다. 독일정치교육협회의 제안에 따르면 여기서 판단이란 사람과 사물·사태에 대한 진술을 가리킨다. 여기서 세 가지 단계를 구분하고 있는데, 그것은 각각 사물·사태에 대한 파악, 정치분석, 그리고 판단 그 자체이다. 이 세 가지 단계는 분화되는 지식이 보다 더 적은 상태에서 보다 더 많은 상태로 움직이는 능력신장의 모형으로 이해할 수 있다. 여기서 개별적인 지식의 구성요소에 단순히 새로운 요소가 첨가되는 것이 아니라, 새로운 요소가 기존의 요소를 질적으로 다르게 구조화할 수 있다. 이것은 서로 다른 수준에 놓여 있는 모든 학교급별(초·중·고)에 해당하는 것으로 가정하고 있다.

게다가 이러한 맥락에서 독일정치교육협회의 제안은 정치적 판단을 평가하는 데 있어서는 전적으로 형식적인 기준에 의존한다는 점을 지적하고 있다. 그렇지만 표준안은 결코 형식적인 기준에만 국한되어서는 안 된다. 오히려 정치적 사안에 대한 성찰적 판단과 평가의 요소를 판단개념과 연결시켜야 한다. 판단은 내용적인 차원에서 장단점을 비교하는 심사숙고에 기초하고 있으며, 따라서 그러한 비교형량의 숙고를 위한 틀을 밝히고 평가하지 않으면 안 된다.

정치교육에 있어서는 지식의 함양뿐만 아니라, 언제나 정치적 공론장에의 참여와 사적인 상황 및 직업상황에서 행해지는 정치적 논의에의 참여를 위한 실천적 능력의 신장도 역시 중요하다(두 번째 능력영역). 이 능력영역은 과저오가 관련된 표준을 통하여 더 자세하게 연구할 수 있다. 여기서 중요한 것은 사실적인 행위·지식·능력을 파악하는 일이 아니라, 태도를 측정하는 일이다. 예를 들어, 학교분위기와 수업분위기에 대한 자료, 시민사회에 참여하려는 자세, 서로 다른 참여가능성에 대한 태도를 조사할 수 있다. 이러한 연구는 전통적으로 정치사회화 및 정치문화에 대한 연구와 교육학적인 청소년연구에서 찾을 수 있다(특히 Oesterreich, 2002; Merkens/Zinnecker, 2004). 또한 교사도 역시 정치에 대한 자신의 태도에 대하여 질문을 받을 수 있다. 이러한 연구를 통하여 학교에서 도대체 어떤 목표·이해관계·기본이념이 존재하는지,

일반적으로 정치화를 어느 정도 기대할 수 있는지, 어떤 시민상이 현실적이거나 지배적인지 등에 관한 지표에 도달하게 된다.

방법적 능력(세 번째 능력영역)은 대부분 범교과적인 성질의 것이다. 그럼에도 불구하고 학습기법은 내용과 연결될 때 비로소 효율적으로 배우게 된다. 그것을 직접적인 방식으로 가르칠 수는 없는 것이다. 오히려 메타인지능력은 내용을 다루면서 이루어진 학습경험에서 추출한 것이라고 할 수 있다. 방법능력은 직접 훈련시킬 수 있는 것이 아니라, 수준이 있는 내용을 습득하는 일과 결합하여 비로소 달성할 수 있는 것이다.

3. 능력모형에 관한 연구를 위한 전망

바이세노의 시험적인 예비연구는 경험적인 근거를 갖추어야 할 능력모형의 단초를 탐색하고 있다. 그는 정치적 판단능력을 이해·분석·판단의 수준에서 교과와 관련된 기능으로서 연구하고 있다(Weisseno, 2005a). 정치적 판단능력은 정치교육학에서 이미 종종 이론적으로 설명하려는 시도와 정치교육학적인 기술의 대상이었다(Massing/Weisseno, 1997). 최근의 이론적 토론에서 판단은 일반적으로 비교형량의 숙고에 기초를 두고 여러 가지 대안 중에서 선택을 하는 사고로 규정되고 있다. 과정의 마지막에 학생은 어느 입장을 취하고 무엇에 대한 찬성 혹은 반대의 발언을 한다(Detjen, 2004, 52). 유흘러는 이념사를 통하여 획득한 판단에 대한 개념정의를 다음과 같이 시도하고 있다.

> "정치공동체의 모든 구성원에게 대해서 결국 원칙적으로 동의할 수 있도록 하기 위하여, 정치적 공론장에서 주제가 되고 있는 사물이나 사태와 관련하여, 정치적 가치의 기준에 입각하여, 타인의 사실적인 혹은 상상한 이해관계와 개인 자신의 이해관계에 대하여 상호이해에 지향을 두고 비교형량을 한다는 데에서 정치적 판단이 작용하고 있다는 것을 확인할 수 있다"(Juchler, 2005, 142).

지금까지 이러한 개념화와 관련하여 심리학적인 연구와 관련된 연결점을 어디에서도 찾아볼 수 없다. 그러므로 경험적인 연구의 틀에서 살펴볼 때, 정치적인 개념을 비판적으로 평가하는 작업은 그리 간단하지 않다. 그 이유는 바로 성취에 바탕을 둔 표준의 범위에서 지식의 질적인 증가를 확신하지 못하고 있기 때문이라 할 수 있다. 칼스루에 모형(Karlsruher Modell)(Weisseno, 2005a)에 따르면, 정치적 판단은 정치적인 사물이나 사태에 대한 성찰과 평가이며, 이것은 교과의 관점에서 자기 자신의 입장을 취할 것을 요구한다. 사물 혹은 사태의 판단과 평가는 서로 다른 관점과 시각을 알아야 비로소 이루어질 수 있다. 여러 가지 다른 입장에 대하여 장단점을 따지면서 비교형량하고, 경우에 따라서는 어느 하나의 입장을 취하는 의사결정이 필요하다. 그리고 이것은 직관적인 정치적 기준이나 범주를 고려하면서 단지 주장을 하면서 자기 자신의 견해에 대한 근거를 제시하는 것보다 그 이상의 무엇을 요구한다. 서로 다른 입장을 교과내용과 관련된 개념의 재구조화에 기초하여 전개시켜 나갈 때, 비로소 교과의 관점에서 근거를 지닌 입장을 취하는 일이 정치적 판단이 되는 것이다. 이러한 가정에 따른다면, 학습과정에서 직관적인 개념은 '개념적 변화'를 통하여 교과의 측면에서 수정되는 것이다. 의미론적인 교과내용지식은 이렇게 해서 더욱 확장되고, 세련되고, 분화되는 것이다. 따라서 직관적인 수준에 놓여 있는 흔해빠진 혹은 뻔한 판단은 교과의 이해와 그 기준의 개발을 목표로 삼고 있는 학교정치학습의 시각에서 볼 때 오(誤)개념인 것이다.

칼스루에 모형에 따르면 분석을 확실하게 하는 것은 다음과 같다: 학생들은 정치적 정보를 처리하고 다른 맥락과 구분해야 한다. 문제영역에 대한 질문에 답할 수 있으려면 사전지식과 정치적인 이해가 요구된다. 문제에 제시된 정보는 답에서 다르게, 즉 영역에 특정하게 구조화되고 제시되어야 한다. 능력검사에서 학생의 학습요소를 검토하지 않기 때문에 결론이 없이는 답을 찾을 수 없다. 학습요소는 지식검사에서 '내용표준'에 기초하여 검토하게 된다(이에 대한 보다 더 자세한 사항은 Weisseno, 2005d 참조).

칼스루에 모형은 이해를 위하여 정치적 정보에 대한 정치적 맥락의 소재파악을 요구한다. 학생은 다의적인 상태에서 길을 제대로 찾고 정치적 핵심진술을 명명해야 한다. 직관적인 이해와 교과관련 이해를 구별할 수 있기 위해서, 요구하고 있는 정치적 정보는 텍스트 그 자체에서 명료하게 드러나지 않도록 한다. 텍스트에 대한 이해(PISA 연구에서의 1단계)는 이미 전제로 삼고 있는 것이다. 그럼에도 불구하고 (예를 들어 PISA 연구에서와 같은) 일반적인 독해력은 텍스트에 있는 정치적 정보도 역시 목표로 삼을 수 있다. 정치적 정보는 일상적인 '소박한 이론'에서 출발하여 알아낼 수도 있고 일상적인 세계지식을 갖고 알아낼 수도 있다. 논리적 규칙의 도움을 빌어 텍스트에 주어진 것에서 어떤 다른 무엇을 추론할 수 있는 것이다. 하지만 그러한 연역적인 추론방식은 정치적 과정에 대한 이해 그리고 영역에 특정한 이해의 성취라는 의미에서 어떤 새로운 인식을 가져오지 못한다. 여기서는 아직 개념파악에 있어서 어떤 '개념적 변화'가 일어난 것이 아니다. 따라서 정치교육학은 영역에 특정한 수준에서 출발해야 한다.

능력검사는 개별적인 질문에 대하여 영역에 특정한 정신적 모형을 가정하고 있다. 이것을 통하여 과제해결에 도달할 수 있는 것이다. 그렇지만 이제까지 이에 대한 교과교육학적 연구, 즉 결과의 해석을 위한 기준을 제공할 수 있는 교과교육학 연구는 별로 없는 실정이다. 한편에서 학생이 다른 한편에서 전문가가 예를 들면 '연방의회에서의 표결'이라는 핵심개념에 대하여 개념규정과 관련된 어떤 특징을 구분하고 있는가를 연구하지 않는 한, 표결이 진행되면서 거치는 복합성과 어려움에 있어서 그 표결에 대한 여러 가지 다른 개념을 구분할 수 있는가의 질문에 대하여 내용적으로 답하기가 어렵다. 이러한 근본적인 고려사항과 문제를 이제 한 가지 시험문제의 구성을 보기로 들면서 보다 더 자세하게 설명하고자 한다.

2003년 12월 21일 함부르크: 12월 21일자 "Bild am Sonntag"에 게재된 연방총리 게르하르트 슈뢰더와의 인터뷰

BILD: 총리 각하, 몹시도 혼란스러웠던 개혁(혁신)원년의 마지막에 즈음한 시점에서, 이번 금요일에 적·녹 연정에 속해 있는 12명의 국회의원들이 노동시장 개혁법안에 대해 반대하는 투표를 진행시켰습니다. 적·녹 연정은 아직도 법적으로 권리를 행사할 수 있는 능력을 가지고 있다고 보십니까?

슈뢰더: 의심할 여지없이 적·녹 연정은 지금도 작동을 잘 하고 있다고 봅니다. 적·녹 연정이 총리다수(Kanzlermehrheit: 연방의회 의원들로부터 다수의 표를 확보)를 확보했을 때, 즉 302표를 확보했기 때문에, 지금도 역시 제대로 기능을 하고 있다고 봅니다. 만약 저희 측이 단순히 연립정당간의 관계를 통해서 확보된 다수제를 획득했다면, 즉 전체 야당 측에서 필요로 하는 득표수보다 더 많은 다수표를 단순히 획득하는 것에 중요성을 부각시킨다면, 이 또한 적·녹 연정의 기능 또한 성공한 것이라 할 수 있습니다.

   BILD: 이러한 의미를 내포하고 있는 투표방식은 몇 번 반복이 되는 것을 허용합니까?

   슈뢰더: 연정 내에 당노선 이탈자가 없다면, 빈번히 발생해도 문제없습니다.

   BILD: 내년에 실시 될 세제개혁으로 시민들은 계획했던 것 이상으로 부담을 더 느끼게 될 것입니다. 이 점에서 대해서 별다른 문제점은 없는지요?

   슈뢰더: 2004년 1월부터 실시될 세제개혁으로 시민에게서 220억 유로에 대한 부담을 경감시킬 예정입니다. 이 사안은 CDU측에서 정권을 획득한 몇몇 주에서는 CDU측의 주도로 실패가 되

었습니다. 어쨌든 에드문트 슈토이버(Edmund Stoiber)와 앙겔라 메르켈(Angela Merkel)의 주도로 일어난 실패는 아니지만, 총체적으로 우리는 적·녹 연정과 야당 간에 합의점을 별 탈 없이 도출해 낼 수 있을 거라 봅니다.

출처:
http://www.bundeskanzler.de/Interviews-.7716.580116/Bundeskanzler-Schroeder-im-Interview-mit-der-Bil...htm

문항 24: 노동시장개혁과 세제개혁
다수결로 결정되는 사안이 있다면 이는 연방의회에서 법률로 통과된 것이다.

다음 중 알맞은 항목에 표기를 하시기 바랍니다. 2003년 12월 19일에 노동시장개혁에 대해 투표할 경우 총리다수제가 필요하다. 그 이유는

☐ 연방총리는 의회로부터 동의를 필요로 하기 때문이다.
☐ 모든 중요한 법률은 총리다수제로 의결되어야 하기 때문이다.
☐ 양원 협의회의 의견조율 시 반드시 총리다수제가 필요하기 때문이다.
☐ CDU와 CSU측에서 문의하기 때문이다.

문항 25: 노동시장개혁과 세제개혁
여당 과반수에 해당하는 12명의 국회의원은 노동시장개혁에 반대하는 투표를 진행시켰습니다. 이러한 사안은 여당측이 지니는 하나의 문제점으로 지적되어오고 있습니다. 야당측은 여당이 여당 고유의 다수제를 추구하지 않아야 하며, 더 이상 권리행사능력이 없어야 한다고 지적하고 있습니다.

국회의원은 선거를 통해 정당으로부터 선출됩니다. 국회의원은 자신의 양심을 바탕으로 투표에서 책임을 져야 합니다.

노동시장개혁에 대한 투표에서 한 사람의 SPD 국회의원이 자신이 속한 당의 전체의견에 반하여 어떻게 행동해야 하는지를 깊이 생각해 보고, 이에 대해서 자신의 논지를 밝히시오.

_____
_____
_____

문항 24는 능력단계 이해 중 '정보' 탐구(조사)의 측면과 관련된다. 문항 24는 단순다수결과 가중다수결 간에 존재하는 차이점에 대한 지식을 맥락에 적용할 것을 요구한다. 이러한 사항과 관련하여 두 가지 특징이 있는데, 한 가지는 문제해결의 과정을 단순화시키는 데 있다. 첫 번째, 총리다수결을 얻기 위해서는 총 302표가 필요하다. 두 번째, 여당을 제외한 나머지 여당들이 가진 득표보다 더 많은 득표를 획득하면 된다. 누가 투표방법에 대해서 중요한 역할로써 정치적인 정보를 탐구할지, 그리고 다른 경우에 이러한 행위자는 몇몇 투표에서 기본법에서 보장하는 가중다수결을 필요로 하는 것을 알게 된다. 이 경우에 해당하는 답변자는 첫 번째 예와 네 번째 예를 구별할 수 없는 경우에 해당한다. '총리다수제(Kanzlermehrheit)'와 '연방총리의 요구사항'과 관련된 주제에 대한 전반적인 텍스트 이해와 관련해서 결론을 도출하기 위해서는 이 질문과 관련하여 여당보다 더 많은 권리를 야당에게 부여하는 사항과 관련된 질문과 마찬가지로 정치영역에서 일어날 수 있는 오해와 마찬가지로 종종 혼동이 된다. 두 번째 보기의 경우 제일 모호한 경우이며, 적어도 교과내용의 이해를 가리킬 수 있도록 좀더 구체적으로 바꿔써야 한다. 세 번째 보기는 전문가모델이 지니는 의미의 범위 내에서 구별되는 적용사례들을 많게 혹은 적게 도출해 내기 위해서 학생들에게 영역에 특정한 개념을 습득할 것을 요구한다.

이러한 해석은 능력 스펙트럼과 관련된 추정에서 기인한다. 왜냐하면 문제에 대한 답은 텍스트에서 분명하게 드러나지 않기 때문에 학생들은 문제해결을 위해서 의회기구에 대한 정신적인 모델을 스스로 발전시켜야 한다고 가정한다. 보통 학생들은 개별적인 차원에서 정확한 규정을 수업을 통해서는 알지 못한다. 그럼에도 불구하고 학생들은 5-10학년의 막바지에 이르러서야 민주주의에 기반을 둔 기관의 중요성이 빈번하게 투표방식 혹은 선거방식을 통해 강조된다는 것을 알게 된다.

뿐만 아니라, 이점과 관련하여 추가적으로 약간의 혼란을 야기하고 문제를 접하기 이전에 이미 습득한 기초지식을 일깨워서 문제해결에 어려움을 주기 위해서 텍스트 상에서 기존의 주제에서 다른 곳으로 방향을 전환시키는 정보들이 포함되어 있다는 점에 대해 주의를 기울여야 한다. 한편으로는 노동시장개혁과 세제개혁에 관련된 주제일 것이다. 다른 한편으로 총리다수제와 다수당이 체결한 연정을 통해 획득한 다수제가 언급이 될 것이다. 연정을 이루고 있는 구성원들은 법안에 대해 반대투표를 행했지만, 그럼에도 불구하고 반드시 필요로 하는 다수제가 존재하기 마련이다. 테스트는 상대적으로 짧은 시간간격을 사이에 두고 (2달 뒤) 일어난 사건을 바탕으로 하는 내용으로 구성되어 있기 때문에, 진척이 더딘 논쟁의 경우 몇몇 사례만이 시험의 내용으로 이용될 수 있는 게 허용된다. 양원협의회(Vermittlungsausschuss)의 경우 텍스트 상에서 언급이 되어 있지는 않으나 이 단어는 영역에 특정한 지식을 통해서 양원협의회라는 단어가 지닌 의미를 추론해 낼 줄 알아야 한다.

충분한 토대를 바탕으로 한 정신모델을 수단으로 중요한 개념에 대한 가정을 추론할 수 있다. 정신적인 모델은 특정명제를 증명하기 위해서 행한 사유실험에서 행한 과정과 관련된 사고 시뮬레이션에 기여하는 사고모형이라 할 수 있다. 앞서 언급된 경우 민주주의 사회에서의 투표와 관련된 개념상의 모델을 다루고 있다. 이 모델은 다양한 다수제의 규칙과 조건으로 인해서 중재수단에 따라서 투표에 관련된 특성을 단순히 전하는 게 아니라 몇 가지 특성을 상대적으로 평가할 수 있도록 해야 한다(Seel, 2003 58-59 참조). 투표에 대한 직관적인 이론은 전적으로 야당 혹은 연방총리에게 귀속되기보다는 이를 인정하는 데에 있다. 이 점과 관련된 사항에서 개념상의 모델과 비교해 봤을 때, 특성에 있어서 생기기 쉬운 잘못된 생각이 제시되기 마련이다. 그러나 연관관계 없이 연구를 진행시키기 위해서 지금까지 투표에 대해서 정신적 모델이 지닌 사고의 탄력성 범위는 포괄적인 범위 내에서 연구가 진행이 안 된 상태이다.

성취도평가에 있어서의 적용상황은 점차 증가하고 있는 복잡성에 따라 개별적인 분류가 순서대로 진행이 되는 학습목표분류법 의미의 범위 내에서의 응용상황이 아니다(Mietzel, 1998, 409-410 참조). 좀더 정확히 말하자면 적용상황은 각기 서로 다른 수준에서 영역에 특정한 개념을 수단으로 도출된 아직 알려져 있지 않은 상황을 의미한다. 이해·분석·판단은 위계질서를 갖추고 있지도 않으며, 지식의 다소에 따라 배열되어 있지도 않으며, 학습자가 자신의 지식과 능력을 적용하는 조건을 가리키는 것이다.

문항 25는 시험문제에서 가장 어려운 것이다. 학생은 문제를 해결하기 위해서 후보자지명·국회의원직·의회 해당기관간의 권력관계·정치적 이해관계 및 충성에 관련된 지식의 구성요소로 소급할 수 있다. 이 문제와 관련해서 권력을 획득한 이후의 상황을 고려하고 실제로 일어난 일에 대한 정치적 판단을 실행하기 위해서 정당이 지니고 있는 개별적인 양심과 요구가 중요한 역할로 부각된다. 게다가 구체적인 투표사안이 지니는 정치적인 의미를 평가하는 과정을 행하게 된다. 관련 테스트의 총점은 주어진 상황에 따른 대답을 했을 경우에 획득하는 것으로 간주한다. 개별적인 테스트 응시자는 자기 자신의 견해를 강조하는 게 아니라 전문용어를 사용하는 전제조건 아래 심사숙고 끝에 내린 판단을 간명하게 작성해 내야 한다. 양심에 따른 결정과 자신이 속한 교섭단체가 강요하는 원칙 사이에 발생하게 되는 기본적인 갈등은 반드시 심사숙고해서 다뤄져야 한다.

문제당 주어진 점수를 전부 획득한 답안은 없었다. 그 이유는 시험응시자인 학생들이 문제에 대한 답안을 심사숙고하는 과정에서 너무 빈약할 정도로 영역에 특정한 지식의 구성요소를 자신이 심사숙고한 개별적인 답안과 연관시킨 데에서 그 원인을 찾을 수 있다.

예를 들어 20점 이상을 획득한 답안을 다음과 같이 예시할 수 있다.

"국회의원은 자신의 소신에 따라 투표를 해야 한다. 그러나 투표를 할 시에는 다른 사람의 생각에 대해서 고려해야 한다. 당신이 만약 반대한다면, 당신은 연방총리에 반하여 좋지 못한 양심을 가지고 있다고 판단케 된다. 설령 자신의 소신에 따라 정당의 전체의견에 반대하는 것이 나은 결정이라 판단할지 몰라도 말이다. 만약 그들이 찬성에 투표하거나 반대에 투표하지 않는다면, 그들에게는 결국 어떤 구체적인 성과도 없으며, 이에 대해서 아마 후회할지도 모른다"(31번).

0점을 받은 답변의 경우 일상적인 의사표현을 제시했기 때문에 0점을 받은 걸로 평가된다.

"국회의원은 노동시장개혁에 참여해야 한다. 따라서 반드시 이 법안에 찬성투표를 해야 한다"(36번).

"국회의원은 자신이 속한 정당의 입장에서 활동을 해야 하며, 설령 자신의 개인적인 의견이 당 전체의견과 다르다 할지라도 당 노선 이탈자로서의 길을 걸어서는 안 된다. 국회의원은 정당의 입장을 대변해야 한다"(21번).

투표방식(노동시장 관련 문항 25번)과 관련된 판단문제에 대한 결과는 다음과 같다.

'노동시장'과 관련된 질문에서 획득한 점수의 빈도분포

이 그래프를 통해서 가장 높은 점수(40점)를 획득한 응시자가 없다는 것을 알 수 있다. 한명의 학생이 22점을 획득했으며, 전체 응시자의 61.4%는 5점 미만으로 점수를 획득했다. 상당부분 다른 점수대에 속하는 응시자들과 현저한 차이를 보이고 있는 특정수치로 인해서 분포도는 대략 정상분포도와 일치한다. 실질적인 성과의 차이는 모집단의 범위 내에서 좀더 넓은 부분의 분포도를 반영하거나, 혹은 시험문제가 너무 쉽거나 혹은 어렵다는 것을 의미한다.

이 사례를 이론적으로 해석하고자 시도한다면, 향후 진행이 될 수 있는 후속연구에서 다루어지면 좋을 듯한 가정들을 좀더 많이 설정하는 게 가능하다. 또한 학생들이 문제해결과정에서 충분한 판단경험을 활용하지 못하고 있는 점을 생각할 수 있다. 만약 앞서 제시한 답안이 더 높은 점수를 획득한 것과 같이 심사숙고해서 정치적인 판단을 내리는 게 가능하다면, 추정컨대 개별적인 경험은 문제해결과정에서 활용이 거의 되지 않는 것을 알 수 있다. 오로지 사실적인 요소에 대해서 무조건적으로 지식들의 일람표를 구축하고자 하는 수업은 문제해결에 있어서 경험에 의거한 판단을 사용하는 것을 불가능케 한다. 또한 두드러진 정치적 견해에 대해 질문하고 좋은 성적을 획득할 수 있는 수업 역시 문제해결에 있어서 경험에 의거한 판단을 사용하는 것을 불가능케 한다. 수업에서 정치적인 판단을 하는 것을 촉구하는 경향은 자칫 힘들 수 있다. 우리는 좀더 높은 점수를 획득한 답안의 경향을 해석한다. 그러나 해석을 함에 있어 신중을 기해서 정치적 판단이 기본적으로 가능케 해야 한다.

마지막으로 학생들이 문제해결에 있어서 판단을 내리는 데 어렵다는 것을 확실하게 인식하게 된다. 사건을 주어진 자료의 근간에 제한시키기 위해서 각각의 능력단계(이해·분석·판단)에 해당하는 질문에 대한 백분율을 요약하였으며, 이를 비교했다.

이해 · 분석 · 판단의 세 가지 영역에서 수정된 답안에 대한 평균값에 대한 백분율

	평균	수	표준편차	평균의 표준오차
이해	61.6667	60	30.20645	3.89964
분석	57.3958	60	20.30917	2.62190
판단	16.6875	60	8.81130	1.13753

이해영역과 분석영역에서의 질문과 관련한 백분율 교정수치에 대한 비교는 그 다지 중요하지 않다. 그 이유는 중간에 해당하는 수치들이 점차 근접하고 있기 때문이다. 그러나 다른 두 영역의 비교는 유의미하다. 중요하다 할 수 있다. 자료를 조정하기 위해서 제시된, 윌콕슨(Wilcoxon)에 따른 비매개변수 검사는 동일한 결과를 도출해 내고 있다. 이에 따르면 이해와 분석 둘 다 판단의 조건이 되지 않는다. 이해력을 측정하는 질문과 분석능력을 측정하는 질문에서 학생들은 판단능력을 측정하는 질문보다 더 좋은 성과를 거뒀다. 판단영역에서 필요로 하는 충분한 전제조건은 이해력도 분석력도 아니다. 그러므로 자료는 판단영역이 어떤 요소를 전제조건으로 삼아야 할지에 대해 구체적으로 설명하지 않는다. 일정 수준의 판단능력을 확보하기 위해서는 무엇이 필요한지에 대한 질문이 남아 있을 뿐이다. 앞으로 진행이 될 후속연구는 응시자의 동기에서 부족한 훈련과정이나, 규명되지 않은 중요한 문제에 대해 규명해야 한다.

교과교육학적 측면에서 흥미로운 점으로 남아 있는 질문은 판단을 다루는 데 있어서의 어려움이 판단을 위한 적용맥락을 지나치게 적게 제공하는 수업 때문인가 하는 것이다. 질적인 수업연구에서 나온 개별적인 연구는 이러한 결론을 그럴 듯한 것으로 시사하고 있다(Richter, 2005, 155 이하). 학생들이 이해력과 분석력을 측정하는 질문에서 두드러지게 좋은 성과를 낸 사실은 관련 요구사항들을 수단으로 이루어낸

몇 안 되는 성과라 할 수 있다. 그러나 다른 한편으로 이러한 결과는 시험적인 예비연구를 통해 규명되지 못한 요소인 연령이 전제조건이 되는 경우를 포함한다. 어찌됐든 문제형식이 어렵다는 사실은 제외시킬 수 없다. 그러나 다른 한편으로 교육표준에 대해서 독일정치교육협회가 제안한 설계에서 언급된 정치적인 판단능력의 규범은 실현불가능하다는 사실에 대하여 어떠한 지시도 찾아 볼 수 없다. 이 점에 있어서 현재 통계로 검증된 답안보다 더 많은 의문점이 존재하고 있다. 여기에서 우리는 계속해서 연구할 가치의 필요성을 느끼게 된다.

참고문헌

Detjen, J. 2000: Die Demokratiekompetenz der Bürger. In: Aus Politik und Zeitgeschichte, B 25, S. 11-20.
Detjen, J. 2004: Politische Urteilsfähigkeit. In: Politische Bildung, H. 4, S. 44-58.
Detjen, J. 2005: Welche Schlüsselqualifikationen und Kompetenzen soll die politische Bildung vermitteln? In: Weisseno, W. (Hrsg.): Politik besser verstehen. Wiesbaden, S. 76-98.
Henkenborg, P. 2000: Werte und kategoriale Schlüsselfragen im politischen Unterricht. In: Breit, G./Schiele, S. (Hrsg.): Werte in der politischen Bildung, Bonn, S. 263-287.
Juchler, I. 2005: Demokratie und politische Urteilskraft. Schwalbach.
Klieme, E. u.a. 2003: Zur Entwicklung nationaler Bildungsstandards - eine Expertise. Berlin.
Massing, P./Weisseno, W. (Hrsg.) 1997: Politische Urteilsbildung. Bonn.
Massing, P. 2002: Demokrtietheoretische Grundlagen der politischen Bildung im Zeichen der Globalisierung. In: Butterwege, C./Hentges, G. (Hrsg.): Politische Bildung und Globalisierung. Opladen, S.

25-42.
Merkens, H./Zinnecker, J. (Hrsg.) 2004: Jahrbuch Jugendforschung. Wiesbaden.
Mietzel, G. 1998: Pädagogische Psychologie des Lernens und Lehrens. 5. Aufl. Göttingen.
National Assessment Governing Board: Civic framework for the 1998 national assessment of educational progress (NAEP Civics Consensus Project). Washington/DC. o. J.
Oestereich, D. 2002: Politische Bildung von 14-Jährigen in Deutschland. Opladen.
Richter, D. 2002: Sachunterricht - Ziele und Inhalte. Hohengehren.
Richter, D. 2005: Lehren a l s Sequenzierung des Lernens - empirische Befunde. In: Weisseno, G. (Hrsg.): Politik besser verstehen. Wiesbaden, S. 149-164.
Sander, W. 2001: Politik entdecken - Freiheit leben. Schwalbach.
Seel, N. M. 2003: Psychologie des Lernens. 2. Aufl. München.
Tenorth, H.-E. 2004: Bildungsstandards und Kerncurriculum. In: Zeitschrift für Pädagogik.
Weisseno, G. 2005a: Testaufgaben für die politische Bildung. In: GPJE (Hrsg.): Testaufgaben und Evaluationen ijn der politischen Bildung. Schwalbach, S. 41-60.
Weisseno, G. 2005b: Standards für die politische Bildung. In: Aus Politik und Zeitgeschichte, B 12, S. 32-38.
Weisseno, G. 2005c: Qualitätsentwicklung durch Bildungsstandards - nur ein Steuerungsproblem? In: Weisseno, G. (Hrsg.): Politik besser verstehen. Wiesbaden, S. 131-148.
Weisseno, G. 2005d: Modelle zur Politik und Ökonomik - Lernen als Veränderung mentaler Modelle. In: Weisseno, G. (Hrsg.): Politik und Wirtschaft unterrichten. Bonn (im Druck).

제9장: 정치적 판단형성: 정치교육학적 이론형성의 핵심

요아힘 데첸(아이히슈테트 카톨릭대)

1. 정치교육학적 이론형성 대상으로서의 정치적 판단형성

모든 학문분야와 마찬가지로 정치교육학도 역시 이론형성을 추구한다. 이론이란 무엇인가? 이론은 어떤 사물영역의 현상을 정리하고 그 사물영역에 속하는 대상의 본질적인 특성과 그 관계의 구조를 기술하는 언어적 구성이다. 언어는 단순한 경험적 현상과는 어떤 긴장관계를 맺고 있다. 하지만 그 대립관계는 절대적인 것이 아니다. 왜냐하면 좋은 이론은 경험적인 근거와 증거에 토대를 두고 있기 때문이다. 그렇지만 경험세계에서 나온 사태 이외에 이론은 특히 사고를 통해 획득한 인식과 모형, 그리고 때로는 가설적인 가정을 포함하고 있다.

방금 말한 것은 정치교육학적인 이론을 수립하려는 노력에 대해서도 역시 해당하는 이야기이다. 교육학 혹은 교수법과 관련된 이론은 경험적 관찰을 통한 보완을 필요로 하는 사고활동에 기초하고 있다. 이것은 특히 정치적 판단의 개념에 해당하는 이야기이다. 그것은 이론적으로 요구사항이 많은 개념으로서, 교육과정에서 발생하는 그것의 현실에 대하여 사람들은 아직 별로 아는 것이 없다. 이러한 제한사항에도 불구하고 이론적인 개념적 명료화는 그렇게 쓸데없는 일이 아니다. 명료한 개념은 판단형성을 신장시키는 정치교육과정을 일단 계획하고 실행할 수 있도록 하는 데 있어서 필요한 전제조건인 것이다.

정치적 판단의 특징을 규정하기 이전에, 그것이 왜 과학적인 정치교육학에 있어서 핵심적인 위상을 차지하고 있는지에 대하여 두 가지의 근거 혹은 이유를 지적할 필요가 있다.

결정적으로 중요한 근거는 다름 아니라 정치적 판단능력을 전달하는 일이 정치교육의 핵심적인 과제에 속한다는 데 놓여 있다. 정치적 판단형성은 어떤 견해나 입장을 밝히는 일 그 이상의 무엇인 것이며, 또한 상당한 인지적 노력을 요구하기 때문에, 판단능력의 신장은 정치교육의 핵심적인 과제일 뿐만 아니라, 가장 도달하기 힘들면서 동시에 매우 중요한 목표이기도 한 것이다.

정치적 판단능력의 중요성에 대하여 정치철학의 관점에서 근거를 댈 수 있는 주장이나 논거가 있다. 이러한 논거는 정치적인 것의 특성, 즉 자유로운 행위, 공동행위, 그리고 공공적인 행위라고 하는 특성과 관련된다. 정치교육은 이러한 특성에 부응하지 않으면 안 된다.

이러한 고유한 특성에 대하여 예를 들면 홉스와 헤겔은 적합한 대응을 하지 않았다. 홉스는 정치를 수학적인 방법에 종속시켰다. 헤겔은 정치를 역사적인 법칙을 통해 지양(止揚)시켰다. 그에 반해서, 칸트의 판단력 이론에서 정치는 적합한 기반을 갖고 있다. 왜냐하면 판단력만이 정치현상의 우발성, 상황구속성, 그리고 특수성을 제대로 그리고 적절하게 다룰 수 있기 때문이다.

칸트는 어떤 독립적인 정치적 판단능력에 대해서 잘 알지 못하였다. 하지만 그의 철학에서 유용한 정치적 판단력을 재구성할 수 있다. 그는 "판단력비판"에서 새로운 종류의 판단력을 도입하고 있는데, 이것을 그는 성찰적이라고 부른다. 특수하고 주관적인 것에 대하여 어떤 일반적인 것을 찾을 수 있을 때 비로소 판단력은 성찰적인 것이 된다.

칸트 자신은 알아보지 못했지만, 우리가 바람직한 것으로 간주하고 있는 정치적 판단력은 사실상 성찰적 판단력과 동일한 것이다. 왜냐하면 칸트에 따르면 성찰적 판단력은 확장된 사고방식, 즉 사람들과의 의사전달에 있어서 "다른 모든 사람의 위치 혹은 입장에서 생각해 보는" 사고의 종류를 요구하기 때문이다. "자기의 판단을 다른 판단, 실제의 판단이라기보다는 오히려 단순히 가능한 판단에 결부시키는 일, 다른 모든 자의 입장이나 위치에서 생각한다는 일"이 칸트에게 있어서는 상식의 표현이기도 한 것이다. 그래서 성찰적 판단력에서 이렇게 확장된 사고방식은 정치적 성격도 역시 띠는 것이다.

결국 정치적 견해나 입장을 일반화가능성의 시금석(시험)을 거치게 하고, 이와 더불어 다른 사람들에 대한 요구가능성의 시금석을 거치게 하는 일은 원칙적으로 타당한 정치적 판단형성 기준으로서 간주할 수 있다.

2. 정치적 판단의 개념

정치적 판단은 한편으로는 다른 모든 판단과 마찬가지로 어떤 공통점을 보여준다. 그렇지만 다른 한편으로는 그것에만 독특한 특징도 역시 지니고 있다. 가장 넓은 의미에서 판단은 사물이나 사람에 대한 어떤 개인의 진술이다. 여기서 두 가지의 기본적인 판단유형을 구분할 수 있는데, 그 하나는 기술적(記述的)인 판단이며 다른 하나는 규범적인 판단이다.

기술적인 판단에서는 어떤 무엇을 확인하거나 해석하거나 설명하는 일이 이루어진다. 규범적 판단에서는 어떤 무엇에 대하여 평가를 내리거나 어떤 것이 가치가 있다거나 중요하며 따라서 그러한 것을 추구하면서 행위를 해야 한다면서 어떤 규정을 하게 된다. 물론 규범적 판단에 기술적인 판단이 포함되어 있다는 점도 역시 분명한 일이다. 그런 점에서 볼 때, 기술적인 판단은 모든 판단의 기초형태를 형성한다. 확인한 사항에 더하여 평가 혹은 행위지침을 내리게 되면 기술적 판단은 이제 규범적 판단으로 확장되는 것이다.

규범적인 판단은 어떤 입장이나 태도를 취하거나 아니면 행위를 권장하거나 그러한 행위를 하도록 규정한다. 입장을 취하는 경우에는 가치

판단이 중요하다. 가치판단에서는 어떤 무엇을 좋은 것으로 혹은 나쁜 것으로 지칭하게 된다. 대개 이것은 정도의 차이 구분, 분화, 제한을 하면서 이루어진다. 거의 언제나 가치판단은 어떤 일정한 행위를 권장하게 된다. 그러나 그것은 행위에 대한 규정을 내리지는 않는다.

그에 반해서 행위의 권장 혹은 행위의 명령은 규정적 판단에서 표출된다. 이 규정적 판단은 어떤 무엇을 하거나 아니면 하지 말 것에 관하여 진술한다. 여기서도 역시 대개 내용적인 분화나 방식(양식, 양상)의 분화가 이루어진다.

그런데 정치는 규범적인 판단을 통하여 각인된다는 특징을 갖고 있다. 물론 정치적 의사소통에 있어서도 역시 순전히 사물과 관련된 확인, 설명, 추론, 해석이 있지만, 그렇다고 하여 이것이 본래 정치적인 것을 특징짓는 것은 아니다. 왜냐하면 정치는 그 핵심에 있어서 구성적이고 당파적인 행위이기 때문이다. 여기서 행위는 평가기준에 의거하여 어떤 것에 대하여 찬성 혹은 반대의 입장을 취하면서 의사결정을 하고, 이 결정을 자기 자신에게 혹은 다른 사람들에게 행위의 명령으로 규정한다는 것을 의미한다.

따라서 정치적 판단은 근거가 되는 가치판단기준에 따라서 어떤 정치적 사태나 사정에 대해서 평가할 뿐만 아니라 정치적 행위자의 행위에 대해서도 역시 평가한다. 다시 말하면, 정치적 판단은 가치에 지향을 두고 입장을 취하는 판단인 것이다. 어떤 해당하는 사태나 사물 혹은 인물에 대하여 좋은 것으로 혹은 적합한 것으로, 즉 기대에 부응하는 것으로 평가를 내리거나 아니면 나쁜 것으로 혹은 부족하거나 결핍된 것으로 혹은 부적절한 것으로 평가를 내리는 것이다.

정치적 판단의 대상이 어떤 의사결정 상황이라면 여기에 더하여 어떤 행위를 명령하거나 규정하게 된다. 그러한 경우 판단은 무엇을 정치적으로 행하거나 행하지 말아야 한다는 형식을 취하게 된다.

또한 정치적 판단은 당파적인 입장을 취하지 않을 수 없는 상황을 수반한다. 이때 그것은 장단점을 고려하거나 비용·편익을 분석함으로써 결국 비교형량에 기초하게 된다. 이것은 자원의 희소성이나 서로 다른 의사결정의 입장을 고려할 때 피할 수 없는 일이다. 그래서 정치적 판단은 어떤 사물이나 인물에 대하여 찬성하거나 반대하는 진술을 포함하게 되는 것이다.

정치적 판단의 대상은 매우 다양하다. 그것은 정치적 사건·갈등·의사결정·문제·과제·제도·절차와 관련될 수 있다. 즉, 현실적인 정치적 사건의 주어진 상태나 과정과 관련될 수 있다. 정치적 판단은 또한 정치적 진술·프로그램(정책)·이론·이데올로기·사고방식과도 관련될 수 있다. 즉, 정치가 인간의 의식 속에 반영된 것과도 역시 관련될 수 있는 것이다. 여기에 더하여 정치적 판단은 이러저러한 방식으로 정치라는 사물에 해당하는가 아니면 정치적 행위자, 즉 그의 행위나 인격적인 성질을 평가하는가에 따라서 구분할 수도 있다.

어쨌든 사람들은 거의 언제나 정치적 판단의 영향을 받거나 그것의 당사자인 것이다. 그래서 결국 도덕도 역시 정치적 판단에서 있어서 중요한 역할을 수행한다. 특히 정치적 정의 및 공익에 관한 표상은 도덕적인 요인과 밀접한 관련이 있다. 그럼에도 불구하고 정치적 판단을 도덕적 판단과 동일시해서는 안 된다.

도덕적 판단은 대개 정치적 판단보다 훨씬 더 엄격하다. 그 까닭은 도덕적 판단은 일차적으로 혹은 거의 전적으로 윤리적 원칙에 적절하게 부응하려고 하기 때문이다. 도덕적 판단은 무조건적인 혹은 절대적인 타당성을 목표로 삼는다. 따라서 도덕적인 판단은 심정윤리로 나아가려는 경향을 띤다. 결국 도덕적 판단에서 경험적인 상황은 부차적인 역할을 수행하며, 이해관계 및 권력의 상태가 완전히 소홀히 다루어지게 된다. 그러므로 순전히 도덕적인 지향은 정치의 복합성을 적절하게 다룰 수 없다. 물론 사람들은 정치에 대해서 이러서러한 방식으로 도덕적으로 판단을 내릴 수는 있다. 그러나 정치에 관해서 전적으로 도덕적인 기준에 따라 판단을 내리는 일은 정치에 대해서 적합하게 판단을 내린 다고 할 수 없는 것이다.

3. 정치적 판단의 합리성

정치적 판단형성에는 정치가 이중의 합리성, 즉 목적합리성(합목적성) 과 가치합리성과 연관되어 있다는 점을 아는 일이 포함된다. 따라서 판단의 과정에서 있어서 이 두 가지 합리성을 고려해야 한다.

목적합리성은 어떤 임의로 설정한 정치적 목적과 그것의 실현을 위해 투입된 수단 사이에 존재하는 최적의 관계를 뜻한다. 따라서 목적합리성은 대개 효율성과 동일한 것으로 간주된다. 효율성은 효능·성과·신속성 등으로 바꿔 말 할 수 있다. 효율성은 정치를 판단하고 평가하는 데 있어서 중요한 기준이 된다. 효율적인 정치는 효과적인 이해관계의 충족, 지속적인 권력유지 혹은 경제적인 안정에서 확인할 수 있다. 하지만 정치의 윤리적 성질, 그리고 이와 더불어 정치의 인간적인 성격에 대해서 목적합리성은 아무것도 말하지 않는다.

정치의 윤리적·도덕적 성질은 가치합리성을 통해서 나타난다. 그런데 도덕성을 요구하고 주장하는 가치체계에는 여러 가지가 있다. 그러한 가치체계는 그때그때의 추종자들에게 올바르게 행위를 할 수 있는 어떤 확실성을 전달하고 부여하고자 한다. 그러나 인정을 받을 만한 가치에 지향을 두고 있는 정치적 행위만이 가치합리성의 측면에서 볼 때 설득력이 있다. 그러한 가치는 보편화가능성이 있어야 한다. 즉, 모든 사람들에게서 동의를 받을 수 있어야 한다. 역사적으로 되돌아 볼 때, 그러한 가치로서 인간의 존엄성, 자유와 평등, 정의와 평화를 들 수 있다. 인간의 존엄성, 자유와 평등은 인권과 관련된 표준을 나타낸다. 정의와 평화는 일반이익 혹은 공익의 개념으로 요약할 수 있다. 민주주의 시대에 있어서 또 하나의 중요한 정치적 기본가치는 의사결정에 당사자들이 참여하는 일과 관련되어 있다. 참여는 사람들이 그들이 처한 상태와 관계의 객체가 아니라 주체라는 점을 표현하고 있다. 여기서 열거한 가치를 따르는 정치는 정당성 혹은 정통성을 갖추었다고 볼 수 있다. 따라서 정당성은 정치에 대한 판단과 평가를 위해 두 번째로 중요한 기준이다.

정치가 안고 있는 특별한 사정은 다름 아니라 사람들이 정치를 여러 가지 시각 혹은 관점에서 판단하고 평가할 수 있다는 점이다. 주어진 정치적 사태나 실정을 당사자의 시각에서 판단할 수 있으며, 이것을 여러 가지 다른 당사자 집단의 사회적 상태와 정치적 태도에 따라 더욱 분화시킬 수 있다. 또한 (정당)정치적 행위자의 시각에서 판단할 수 있으며, 이것도 역시 여당과 야당 혹은 집권자(통치자)와 반대자에 따라 분화시킬 수 있다. 당사자나 행위자 모두에게 해당하는 말이지만, 그때그때 이기적인 고려가 공익에 대한 고려와 혼합된다는 것을 염두에 둘 수 있다.

끝으로 더 포괄적인 정치체제의 관점과 전망이 존재한다. 이 관점은 이상적인 공민(혹은 민주시민)의 관점도 역시 지칭할 수 있는데, 이 이상적인 공민에게 있어서는 자기 자신의 이익이 아니라 공동체의 번영과 융성이 중요한 일이다. 여기서 중요한 판단기준은 체제안정의 유지와 타당한 공익의 실현이다.

이제까지 언급한 합리성의 기준을 중심으로 하여 관련된 요인과 특징을 요약하여 표로 제시하면 다음과 같다. 이 정치적 판단의 기준들은 동시에 정치적 판단형성을 위한 수업계획 및 평가에서 활용할 수 있는 준거가 될 수 있다. 이 표는 합리성의 기준을 효율성 측면과 정당성 측면으로 구별하고, 이 두 가지 측면을 각각 정치적 행위자의 시각, 정치적 영향을 받는 당사자의 시각, 그리고 정치체제의 시각과 연결시켜 정치적 판단의 기준을 제시하고 있다.

<표 1> 정치적 판단의 기준틀

합리성 기준	정치적 행위자의 시각	정치적 영향을 받는 당사자의 시각	정치체제의 시각
효율성 (목적합리성 혹은 합목적성)	o 자기 자신의 권력수단을 성공적으로 사용하는가? o 올바른 전략을 선택하는가? o 권리와 권능을 충분히 이용하는가? o 당사자의 이해관계를 적절하게 해석하는가? o 자기 자신의 프로그램과 일치하는가? o 의사결정의 결과를 고려하는가? o 자기 자신의 선출기회를 제고하는가?	o 자기 자신의 이해관계 상태를 고려하는가? o 개인적인 편익을 제고하는가? o 개인적인 부담을 줄이는가?	o 행정행위를 개선하는가? o 공적 수단을 절약하여 활용하는가? o 정치질서를 안정화시키는가? o 국민의 승낙과 협조를 제고하는가?
정당성 (가치합리성)	o 의사결정과정이 투명하게 이루어지는가? o 국민이 의사결정과정에 참여하는가? o 부담과 편익(복지)이 공정하게 배분되는가? o 공익에 지향을 두고 있는가? o 헌정원칙을 고려하는가?	o 국민의 편에서 나오는 이해관계의 표출에 반응하는가? o 의사결정과정이 투명하게 이루어지는가? o 공동결정에 대한 기회가 있는가? o 정의의 관점에서 기대하거나 요구할 수 있는가? o 개인적인 발전과 계발을 장려하는가?	o 공익에 기여하는가? o 헌정원칙을 고려하는가? o 공동체의 미래에 유의하는가?

4. 정치적 의사결정 판단의 특징과 판단과정의 요소

정치적 의사결정 상태는 복합성・불투명성・역동성・다목적으로 특징 지을 수 있다. 정치적 의사결정 상태는 또한 변증법적인 사고를 요구한다. 이러한 사정을 감안한다면 정치적 판단은 매우 어려운 과제인 것이다. 여기에 더하여 말한다면, 어느 의사결정에 흘러들어가는 요인의 비중과 중요성을 분명하게 규정할 수 없기 때문에, 정치적 판단은 언제나 불확실성의 조건하에서 이루어지는 사고활동이라고 할 수 있다.

판단과정은 세 가지의 부분적인 단계로 구분할 수 있으며, 이 세 가지 단계는 앞으로 나아갈수록 점점 더 난이도가 커지는 것을 함축하고 있다. 여기서 세 단계는 파악(깨닫기)·분석·(본래적인) 판단을 가리킨다. 원칙적으로 중요한 점은 앞선 단계를 성공적으로 처리하는 일이 다음에 뒤따르는 단계의 성공을 위한 전제조건이라는 것이다.

파악(깨닫기)은 그때그때의 상태나 실정을 기술하면서 재생하는 것을 가리킨다. 사태를 구조화하여 재생하고 각 측면을 확인할 수 있다는 것을 의미한다. 파악은 기본적으로 순전히 재생적인 활동이긴 하지만, 그래도 역시 상당한 정도의 인지적 노력과 집중을 요구한다.

분석은 어떤 사태나 사정에 대한 이해를 심화시키고, 체계적이고 역사적인 맥락에서 이해를 하는 데 기여한다. 분석은 각 측면과 특성, 그리고 배경과 관계를 알아낸다는 것을 의미한다. 그때그때의 대상에 따라 혼자로 아니면 다른 사람들과 함께 투입할 수 있는 분석적인 활동으로는 여러 가지가 있다.

끝으로, 본래적인 의미에서 판단은 자주적이고, 방법을 의식하고 있는, 그리고 성찰적인 논증을 요구하며, 또한 합리적인 근거를 갖춘 입장을 취할 것을 요구한다. 판단에 있어서는 실천이성이 작용하고 있다는 것을 인식할 수 있는데, 실천이성은 입장을 취하는 이성이라고 지칭할 수 있다. 결국 판단에 있어서는 행위의 제안을 개발하고, 행위의 대안을 선택하고, 책임감을 수반한 의사결정을 내리기 위하여 주어진 사태와 견해에 대하여 평가하는 일이 중요한 것이다.

5. 정치적 판단형성의 심리적 측면

학교에서의 정치교육과정을 마치면서 정치적 판단능력이 형성되어 있는가를 확인하기 위해서는 정치적 판단에서 능력의 신장을 도대체 측정할 것인가 하는 질문을 다루어야 한다. 그리고 결국 모든 교육의 과정은 이 능력의 신장을 목표로 삼고 있는 것이다.

초·중·고등학교의 학교급별로 판단능력의 수준을 정확하게 확정하고 측정하는 일은 매우 어려운 것이라는 점을 일단 인정하지 않을 수 없다. 그렇기 때문에 더 간단한 일은 판단능력의 발달에 대한 기준을 지칭하는 것이다.

정치적 판단을 분석적으로 사물적인 차원과 규범적인 차원으로 분화시킨다면, 다음과 같은 진술이 가능하다. 사물적인 차원에서 능력발달은 일반적으로 인지적 복합성의 증가에서 확인할 수 있다. 이러한 증가는 본질적으로 중요한 것을 그렇지 않은 것과 구별하고, 결과와 부수결과를 예측하고, 점점 더 분화된 근거를 제시하고, 사회과학적인 해석유형과 이론에서 뒷받침이 되는 근거를 찾을 수 있는 능력의 신장에서 나타난다.

규범적 차원에 대해서 말한다면, 능력발달은 정치적 판단의 기반이 되는 도덕적 기준의 계속적인 보편화에 그 핵심이 놓여 있다. 즉, 판단에서 고려가 되는 사람들의 범위가 확장되는 것에서 인지적 복합성이 점점 더 증가한다는 것을 확인할 수 있다. 규범적 판단을 위한 척도가 개인적인 편익이냐 비교적 좁은 범위의 사회적 환경에 대한 표상이냐 아니면 사회에서 유효한 규범체계냐 아니면 보편적인 윤리적 원칙이냐에 따라 양상이 다르게 나타날 것이다. 이러한 능력발달의 관점은 인간의 도덕발달에 관한 인지적 도덕심리학의 지식과 일치한다.

정치적 판단형성이 왜 그렇게 높은 수준의 요구사항을 제기하는가 하는 질문에 대하여 인지심리학의 관점에서 설득력 있는 답변은 한스 애블리(Hans Aebli)의 견해에서 찾아볼 수 있다. 애블리는 정신적 성취의 난이도를 위한 다요인적 공식을 개발하였다. 이에 따르면, 사고조작의 구조가 지닌 수준은 본질적으로 대상에 포함된 요소의 수, 대상의 구성과 형태, 그리고 대상의 구체성에 달려 있다. 정치적 대상에 적용해 보면 이것은 다음과 같은 질문을 제기한다는 것을 의미한다. 즉, 학생들이 대상에서 얼마나 많은 부분을 구별하고, 대상에서 어떤 관계·결과·원인을 확인하고, 어떤 해석유형에 따라 그 대상을 해석하고, 어떻게 대상의 추상성을 구체적인 현상과 관련시키는가 하는 질문과 관련되어 있는 것이다.

6. 정치적 판단능력의 신장에 대한 교수방법적 고려

학습자로 하여금 의사결정상황과 부닥치게 하고 판단을 하도록 도전을 가하기 위해서는 사례분석의 방법이 특별히 적합하다. 그렇지만 의사결정상황의 난이도는 매우 다르게 나타날 수 있다. 그 상황이 '예' 아니면 '아니오'의 반응을 요구하는 양자택일일 경우 의사결정은 간단한 편이다. 학습자는 양쪽 가능성 중 하나를 선택하여 그 선택한 것에 대하여 근거를 대야 한다. 이때 효율성과 정당성이라는 정치적 합리성기준의 도움을 빌고, 판단의 관점(행위자, 당사자, 정치체제)을 받아들이면서 근거를 대야 한다.

정치적 내용의 정식화, 즉 일정한 규칙내용을 구체적으로 구성해야 할 의사결정상황은 명백히 더 어려운 과제이다. 그러한 상황은 정치적 행위자의 의사결정행위를 따라서 수행하는 것이다. 그리고 여기에 교수·학습의 관점에서 더 높은 수준의 가치가 놓여 있다.

의사결정을 내린다는 의미에서 정치적 판단은 복합적인 사고성취를 나타낸다. 그것은 상황분석, 가능성논의, 의사결정(판단탐색)의 세 단계에 기초하고 있다. 이러한 사고과정의 전제조건은 상황을 파악하고 이해하는 일이다.

정치적 판단능력을 신장시킬 수 있는 방법으로는 다른 것들을 보기로 들 수 있다. 우선 시뮬레이션(계획놀이)을 거론할 수 있는데, 이 방법은 의사결정을 내리게 유도하는 사례분석에서와 유사하게 학습자로 하여금 정치적 의사결정 판단을 내리도록 과제를 부여한다. 비록 의사결정 판단의 첨예화한 형태로는 아니더라도 정치적 판단은 미래워크숍, 시나리오기법, 찬반대립토의 등을 통해서도 연습시킬 수 있다. 또한 학생들이 정치가・학자・언론인의 전문적인 정치적 판단을 비평적으로 다루고, 이때 그때그때의 판단근거와 행위계산을 찾아낸다면 학습효과가 있다고 볼 수 있다.

여기서 분명하게 짚고 넘어갈 사항은 판단형성이 계속해서 명시적으로 정치교육과정의 대상이 될 때 정치적 판단능력의 신장을 기할 수 있다는 점이다. 정치적 판단을 정식화하고 그 근거를 댈 수 있는 능력을 다른 것을 하면서 부수적으로 도달할 수 있다는 희망을 품는다면 그것은 허황된 일이 될 가능성이 높다. 다시 한번 더 강조해서 말하지만, 정치적 판단의 형성 혹은 정식화는 어떤 의견을 밝히는 것과는 완전히 다른 무엇을 의미한다는 것이다.

7. 경험적 연구의 필요성

정치수업에서 판단형성에 관한 포괄적인 경험적 연구가 부족한 편이다. 그러므로 경험적인 측면에서 상당히 큰 빈 공간이 존재하는 것이다. 다시 말하면, 학생들이 어느 연령에서 어떻게 정치적으로 판단하는지 잘 알지 못하고 있다. 경험적 연구의 결과로서 생각해 볼 수 있는 것으로는 단계에 대한 개념이다. 이러한 단계개념을 통해서 학생들이 어느 일정한 연령에 도달하면 어느 수준에서 판단하는지 명료화할 수 있다. 또한 그들이 어느 정도 일반화의 가능성을 갖고 있는지, 어느 연령에 있는 학생들이 어느 정도 추상화의 성취도에 도달할 수 있는지 분명히 밝힐 수 있다.

정치적 판단능력의 전달을 위해서는 다음과 같은 질문에 대하여 경험적 연구에 바탕을 둔 답변이 중요하다. 즉, 서로 다른 연령에 있는 학급의 학생들이 지닌 특정한 인지 및 저장 방식과 관련시켜 볼 때 정치의 구체성이 부족하고, 언어를 통한 그 정치의 표현이 구체성을 결여하기 때문에 발생하는 어려움은 무엇인가?

경험적인 연구는 또한 일정한 연령에 있는 학생들이 어느 수준의 판단능력에 도달했는지를 검토할 수 있도록 하는 데 있어서 유용한 시험문제를 구성하기 위해서도 역시 필요하다.

이 맥락에서 정치적 사태에 대하여 주요학교 학생들이 어떻게 판단하는가의 질문에 답변을 제공하려고 시도한 연구 한 가지를 소개하고자 한다. 아이리히-슈투르(Eyrich-Stur)는 학생들의 답변을 분석 및 평가하면서 판단형성의 과정을 재구성하려고 시도하였다. 여기서 그녀는 세 가지 주요국면을 구분하고 있는데, 그 주요국면은 다시 여러 가지 사고단계로 구성되어 있다고 한다.

정보 수용 및 처리 국면은 두 단계로 구성된다. 첫째 단계는 새로운 정보의 해독과 통합이다. 그녀는 정보의 진술내용을 현대 논리학 및 언어철학의 용어를 빌어 명제라고 지칭하고 있다. 이 명제를 이해하고 나면, 새로운 명제가 기존의(이미 현존하는) 지식과 연결된다. 새로운 명제의 통합을 통하여 기존의(이미 현존하는) 인지적 구조가 분화되거나 수정된다. 둘째 단계는 기존의 주관적인 해석유형을 활성화하는 일이다. 개인은 자기 자신의 가치표상·설명유형·이해관계를 의식하게 된다. 그는 주관적인 해석유형을 새로운 정보와 관련을 맺도록 한다.

범주화 및 판단준비 국면은 세 단계로 구성된다. 첫 번째 단계는 새로 획득한 개별적인 정보난위를 새로운 범주적 주제영역, 즉 주제와 관련된 일정한 논증으로 구조화하고 조합하는 일이다. 이제까지의 범주적 주제영역을 보완하거나 수정하는 일도 역시 가능하다. 두 번째 단계는 범주적 주제영역을 현존하는 주관적인 해석유형과 연결하는 일이다. 새로 구성된 주제영역이 이제까지의 주관적인 견해나 소견을 입증하는지 아닌지의 여부를 검토하게 된다. 인지적 갈등이 발생하는 경우에 개인은 주관적인 견해를 유지할 것인지, 수정할 것인지, 아니면 포기할 것인지 의사결정을 하게 된다. 세 번째 단계는 주장이나 근거제시의 부분을 갖고 논증전략을 개발하는 일이다.

판단형성의 국면은 다시금 세 단계로 구성된다. 우선 판단질문과 관련된 개인적(혹은 당자적(當者的))·(가치)평가적, 정치적·범주적, 문법적·논리적 지식의 종합이 이루어진다. 여기에 이어서 이 종합은 구문론적인 형태를 취하게 된다. 이것이 이제 마지막으로 판단으로서 언어적 형태로 표현되는 것이다.

아이리히-슈투르의 분석 및 평가에서 특기할 만한 것은 발설된 정치적 판단이 명백히 세 가지 요소로 구성되어 있다는 점이다. 이 모든 요소는 각각 질문을 제기하는데, 이것에 대한 그때그때의 답변은 해당하는 판단의 성질에 대한 정보를 제공해 준다.

개인적(당자적)·(가치)평가적 요소는 개인적인 동일시와 선호, 그리고 객관적으로 불확실한 평가적, 규정적 진술(내 생각으로는, 내가 보기에는; 좋다, 나쁘다; 그렇게 하지 않으면 안 된다, 당연히 그렇게 해야 한다)을 포함한다. 개인적·평가적 요소는 판단에서 어떤 비중을 차지하고 있는가?

정치적·범주적 요소는 본래적인 정치적 논증을 포함하고 있다. 그것은 사실진술, 정치현상 및 받아들인 판단관점(당사자, 행위자, 정치체제)의 범주적 도식으로 구성된다. 판단은 얼마나 많은 서로 구별할 수 있는 주장을 포함하고 있는가? 각 주장은 어느 정도로 많은 중요한(혹은 유의미한) 명제를 포함하고 있는가? 그 논증은 어떤 언어적 추상화 수준에 놓여 있는가?

문법적·논리적 요소는 발설한 판단의 논증과 관련된 논리를 가리킨다. 사실상 그것은 관계와 양상(樣相)으로 구성되어 있다. 명제들 사이에 어떤, 그리고 얼마나 많은 논리적 관계(연결, 분리, 조건, 인과, 목적, 연속, 양보, 대립, 시간, 도구, 양태)가 존재하는가? 어떤 사고양상(자명(증명에 따른), 단언(정언), 개연(확률))이 그 논증을 결정하고 있는가? 논증 전체가 알맞은가 아니면 모순을 안고 있는가?

이제까지 소개한 바, 판단능력에 관한 이와 같은 연구가 어떤 결론에 도달할 것인지 당분간 기다려봐야 한다. 이렇게 볼 때, 연령단계에 따라 분화시켜서 다른 학교형태의 학생들이 지닌 판단력에 관한 후속연구가 이루어질 수 있다면 유의미한 일이 될 것이다.

참고문헌

Aebli, H. 1968: Über die geistige Entwicklung des Kindes. Stuttgart.
Detjen, J. 2005: Politische Urteilsfähigkeit - eine domänenspezifische Kernkompetenz der politischen Bildung. In: Redaktion PB u. kursiv (Hrsg.): Bildungsstandards. Schwalbach/Ts., S. 55-73.
GPJE 2004: Nationale Bildungsstandards für den Fachunterricht in der Politischen Bildung an Schulen - Ein Entwurf. Schwalbach/Ts.
Kuhn, H.-W. 2003: Fünf unterrichtsstrategien. In: Kuhn: Urteilsbildung im Politikunterricht. Schwalbach/Ts., S. 170-197.
Kuhn, H.-W./Massing, P. 2003: Interview "wie lässt sich denn Politik überhaupt beurteilen?" In: Kuhn: Urteilsbildung im Politikunterricht. Schwalbach/Ts., S. 147-159.
Massing, P. 1995: Was heißt und wie ermögliche politische Urteilsbildung? In: Massing, P./Weisseno, G. (Hrsg.): Politik als Kern der politischen Bildung. Opladen, S. 205-224.
Massing, P. 1997: Kategorien politischen Urteilens und Wege zur

politischen Urteilsbildung. In: Massing, P./Weisseno, G. (Hrsg.): Politische Urteilsbildung. Schwalbach/Ts., S. 115-131.
Massing, P. 2003: Kategoriale politische Urteilsbildung. In: Kuhn: Urteilsbildung im Politikunterricht. Schwalbach/Ts., S. 91-108.
Mietzel, G. 2003: Pädagogische Psychologie des Lernens und Lehrens. 7. Aufl. Göttingen.
Sutor, B. 1984: Neue Grundlegung politischer Bildung. Band II: Ziele und Aufgabenfelder des Politikunterrichts. Paderborn.
Sutor, B. 1997: Kategorien politischer Urteilsbildung. In: Massing, P./Weisseno, G. (Hrsg.): Politische Urteilsbildung. Schwalbach/Ts., S. 95-108.
Vollrath, E. 1977: Die Rekonstruktion der politischen Urteilskraft. Stuttgart.
Weisseno, G. 2005: Wie können Lern- und Testaufgaben die Anforderungen der Bildungsstandards für die politische Bildung erfüllen? In: Redaktion PB u. kursiv (Hrsg.): Bildungsstandards. Schwalbach/Ts., S. 88-102.
Witzani, L. 1980: Politische Urteilskraft. Beiträge zu einer Neuorientierung der politischen Bildungsarbeit. Köln.

제10장 경험적 교과수업연구와 정치교육학적 이론형성을 위한 그 유용성

다그마 리히터(브라운슈바이크기술대)

1. 정치과목에서 '경험적 교과수업연구'의 역사

정치교육과 정치교육학은 기초연구를 그것들이 제안한 교육적 조치, 그리고 이론적인 근거를 갖추고 개념적으로 파악을 한 교육적 조치가 단순히 요청사항의 성격을 지니는 것이 아니라, 경험적 토대를 갖고 이루어지려면 필요로 한다. 자연과학적 교과교육학과 비교해 볼 때, 독일의 정치교육 분야에서 경험적 연구는 아직 그렇게 활성화되었다고 보기 힘들다. 여기서 연구의 대상이 되고 있는 수업연구 이외에 기초연구에 속하는 것으로는 주로 20세기 중엽 현대 정치교육의 시작시기에 발표된 연구(보기: Ellwein, 1955; Hilligen, 1993의 개관 참조), 청소년 대상 정치교육에 관한 연구(보기: Schröder 외, 2004), 청소년의 지식과 태도에 관한 연구(보기: Krüger 외, 2002; Österreich, 2002; Shell-Jugendstudien) 등이 있다.

이러한 구분은 언제나 분명한 것은 아니다. 예를 들면, 청소년의 태도에 관한 연구는 학습의 전제조건으로 분류하여 넓은 의미에서 본 수업연구의 영역에 속하는 것으로 간주할 수도 있다. 여러 가지 서로 다른 개별적인 연구는 서로 다른 목표를 설정하고, 여러 가지 다른 학문분야에서 나오기 때문에 여러 가지 다른 개념을 사용한 결과, 교과교육학에서 연구의 중점을 수립하는 데 그렇게 많은 기여를 하지 못하였나.

1980년대 이래 '교과교육학에서의 경험적인 전환'과 '질적 연구 패러다임'이라는 말이 오가긴 했지만(Ackermann, 1996), 엄격히 말한다면, 토마스 쿤(Thomas Kuhn)의 의미에서 질적 연구 패러다임을 인식할 수 없는 형편이다. 그렇지만 어쨌든 이 시기에 '경험적 교과수업연구'이라는 연구모임이 수립되었으며, 그것은 오늘날 독일정치교육학회의 분과로 활동하고 있다(현황에 대해서는 www.gpje.de에서 확인할 수 있음). 이 연구모임의 맥락에서 나온 작업의 중점은 우선 재구성적 사회연구의 해석 패러다임에 속하는 질적인 연구이다. 여기서는 특히 학교연구(보기: von Combe/Helsper, 1994)나 수학교육학에서 나온 질적인 연구(Krummheuer/Voigt, 1991)를 수용하였다.

정치교육학 분야에서 나온 여러 가지 다른 연구를 서로 비교하는 데 있어서는 제한적일 수밖에 없는데, 그 까닭은 방법론에 있어서 그것들은 서로 다르기 때문이다. 즉, 자료수집 및 조사, 수집하고 조사한 자료의 해석, 명제·해석가설·이론(혹은 이론요소)의 생성을 포함하여 연구논리에 있어서 서로 다르기 때문이다(Richter, 2006 참조). 이것은 물론 그때그때의 인식관심과 연관되어 있다. 얼마 전까지만 해도 정말 일반적인 질문, 즉 일상적인 정치수업에서 도대체 어떤 일이 일어나고 있는가? 하는 질문이 주된 관심의 대상이었다. 일상적으로 구성된 수업의 수업과정과 '기본유형'에 대한 '총체적인' 관심이 설정된 것이다. 이러한 질문이 암시하고 있는 것은 다름 아니라 교과교육학이 이제 비로소 경험적 연구의 출발선상에 있다는 점, 그리고 체계적인 연구문제를 이제 비로소 생성해야 한다는 점이다.

최근에는 학업성취도에 대한 국제적인 비교연구와 교육표준안에 관한 토의의 영향을 받으면서 체계적인 연구가 요청된다는 문제의식이 강화되고 있는 편이다. 이런 맥락에서 기존의 연구를 '새롭게 다시 읽는' 경향이 나타나고 있다. 이를테면, 시민교육에 관한 국제적인 수준의 연구(Österreich, 2002)는 15세 청소년들의 정치의식을 연구한다. 그렇지만 연구자들이 시험에서 질문한 지식, 즉 그들이 적실성이 있다고 생각하는 지식을 도대체 어떤 기준에 의거하여 구성했는가 하는 질문이 제기된다. 바이세노가 지적하고 있는 바와 같이, 여기서 질문한 지식은 사전에 정치의 교과영역에서 체계적으로 개발되지 않았다는 문제점이 있다(Weisseno, 2005a; Weisseno, 2005b). 그러나 교과교육학 그 자체도 역시 일반적으로 승인된 지식, 즉 중핵교육과정의 의미에서 필수적으로 가르치고 배워야 할 지식요소와 내용을 제공할 수 없다. 적실성이 있는 핵심개념에 관한 규범적인 질문이 새삼스럽게 제기되고 있는데, 이것도 경험적인 연구에서 자극을 받게 된 것이다.

이러한 사례는 경험적 교과수업연구의 현재 상태를 매우 잘 보여주고 있다고 생각한다. 즉, 정치교육학의 이론형성에 흘러들어온 결과와 인식이 존재하는 것이다. 이 글에서는 이에 대하여 좀더 자세하게 살펴보고자 한다. 그렇지만 여전히 조심스럽게 해석해야 한다. 예를 들면, 질적인 연구에서 획득한 해석가설은 대개 더 이상 검토되지 못하고 있다. 이제 비로소 시험문제에 관한 예비연구를 통하여 효과연구가 시작되고 있는 형편이다(Massing/Schattschneider, 2005; Weisseno, 2004; Weisseno, 2005c). 이제 많은 것이 변하고 있는 것이다. 정치교육학적인 이론형성을 위하여 경험적인 교과수업연구의 성과와 유용성을 판단하고 평가하자는 쪽으로 방향의 전환이 이미 이루어지고 있는 것이다.

2. 관련연구에 대한 개관

여기서는 경험적 연구에 대한 완전한 개관을 제시할 수 없다. 단지 좁은 의미에서 수업연구라고 지칭할 수 있는 연구만을 고려할 것이다(Henkenborg, 2002; Henkenborg, 2005; Schelle, 2002; Schelle, 2003a 참조). 이때 그 연구는 대개 "접촉과 조사의 국면(관찰, 교사 및 학생과의 면담)과 분석 및 평가의 국면(양적·통계적 절차, 해석학적 절차)으로 구성된다"(Schelle, 1999, 250). 필자의 견해로는, 그러한 연구가 교과교육학의 이론형성에 대하여 갖고 있는 영향은 타당하다고 간주된 신념이나 원칙이 이제 와서 경험적인 입증을 받는 데에만 국한되는 것은 아니다. 여러 개별연구는 이제까지 이론에서 충분히 다루지 못한 수업의 측면과 문제를 보여준다. 그러한 연구는 교과교육학의 관점에서 새롭게 숙고해야 할 상호작용 구조를 명료화하거나 교과교육학의 몇몇 원리와 방법을 보완할 필요가 있다는 점을 분명하게 보여준다.

그렇지만 부족한 점도 역시 지적해야 한다. 정치 교과 분야에서 경험적 교과수업연구를 체계화하는 일은 어려우며 또한 비난의 여지가 많다. 왜냐하면 이제까지 어떤 '학파'나 연구중점이 형성되지 못했으며, 방법론적인 논의나 평가 및 개입 연구와 같은 연구유형에 대한 집중도 이루어지지 못하고 있는 형평이기 때문이다. 개별적인 연구의 이질성을 개관하면 다음과 같다.

경험적 교과수업연구의 결과는 우선 학위논문으로 등장한 특정 주제의 연구물에서 찾아볼 수 있다. 예를 들면, 바이세노는 인문계 고등학교 졸업반 학생들을 면담하여 그들의 교과교육학적 이해를 알아보고 있으며(Weisseno, 1989), 쉘레는 주요학교 학생들과 집단대화를 수행함으로써 그러한 접근방식을 속행한다(Schelle, 1995). 이것은 얼마 안 되는 '후속연구'의 한 가지 사례이기도 하다. 크롤과 뵈저는 성별에 따른 문제제기를 하고 있는데, 이때 서로 다른 방법론과 그에 부응하는 결과를 갖고 수업을 분석한다(Kroll, 2001; Boeser, 2002). 그라메스는 "의사소통적 교과교육학"이라는 제목의 저서에서 "교과교육학적 사고의 문제구조를 사례를 통하여 본보기적으로 파악해내려는"(Grammes, 1998, 102-103) 시도를 하고, 행위이론에 기반을 둔 교과교육학적 접근방안을 개발하고 있다. 얼마 안 되는 양적인 연구에 속하는 것으로는 학생들의 의식 속에서 정치적 판단과 관련된 수토르(Sutor)의 범주가 어떻게 작용하고 있는지를 탐구한 마이어헨리히의 연구(Meierhenrich, 2003)를 들 수 있다.

다른 한편으로는 관련된 여러 저작을 수록한 모음집에서 경험적 수업 연구의 결과를 찾아볼 수 있다. 때로는 '다른' 주제에 중점을 둔 모음집에 함께 묶여 발간된 경우도 있다. 이러한 텍스트는 대개 '순수한' 연구물이 아니기 때문에, 연구의 방법론이 다소 폭넓게 상술되거나 실행되고 있다. 일부 연구에서는 명시적으로 개별적인 교과교육학적 질문에 대한 이론형성과 결합하여 수업에 대한 해석이 이루어지고 있다(Kuhn/Massing, 1999; Kuhn, 2003). 다른 사례들은 '단지' 교과교육학의 원리나 방법을 분명히 보여주기 위한 목적으로 활용되기도 한다(보기: Frech/Kuhn/Massing, 2004). 여러 가지 다른 수업사례를 통하여 '학생의 관점에서 바라본 사회'를 탐구한 연구도 있으며(Grammes/Wicke, 1991), 다른 모음집을 살펴보면 재구성된 관점이 다양하게 나타나기도 한다. "일상적인 정치교과수업"(Henkenborg/Kuhn, 1998)은 상당한 범위에 걸치는 연구물들을 보여주고 있지만, 각각의 논문을 서로 비교하기는 어려운 실정이다.

전체적으로 볼 때, 이 모든 것에 대하여 비평을 가하자면, 경험적 수업현실에 대하여 원인과 결과의 연관성을 기술하고, 그럴 듯한 이유나 근거를 거론하고 있지만, 더 나아가서 인과관계를 경험적으로 검토하거나 이론적으로(예를 들면, 행위이론이나 학습심리학에 기초하여) 해명하는 일은 별로 이루어지지 않고 있다. 그리고 사례를 서로 비교하는 연구도 결여되어 있으며, 기껏해야 두 가지 수업시간을 서로 비교한 연구물을 여기서 예외로 인정할 수 있을 뿐이다(Kuhn, 2003).

또 다른 한편에서는 다각화(多角化: 혹은 삼각측량(triangulation))를 활용한 연구가 있다. 한 수업시간을 보기로 하여 여러 가지 다른 해석방법을 제시한다. 즉 이론적인 다각화를 보여줌으로써 창의적인 다양성이 존재한다는 것을 입증하고 있다(Richter, 2000a). 쉘레의 연구(Schelle, 2003a)를 살펴보면, 특히 게르츠(Geertz)의 해석직·문화기술적 접근, 외버만(Oevermann)의 구조적·해석학적 접근, 로렌쩌(Lorenzer)

의 심층해석학적 접근에 의거하여 한 수업시간이 포함하고 있는 다층성을 재구성함으로써, 연구의 대상을 상당히 포괄적으로 기술하고 반영할 수 있다는 점을 예시하고 있다. 더 나아가서 수업의 녹음기록을 소위 '생각한 것을 사후 명시적으로 발언'하는 방법과 조합시킨 연구(Gagel 외, 1992)가 있는데, 이것은 우선 자료의 다각화로 특징지을 수 있고, 분석 및 평가의 국면에서는 연구자의 다각화로도 특징지을 수 있다. 이것은 비록 내용적으로는 흥미로운 것이지만, 그러나 연구방법론의 관점에서 보면 해석결과의 타당성을 입증하거나 참여자의 인지를 비교하는 데 있어서는 적합하지 않다(Bergmann, 1985, 305-306; Clausen, 2002 참조).

그밖에 교과의 상태와 교사 자신의 상황에 관한 설문지를 교사들이 작성한 결과를 바탕으로 하여 상당히 큰 규모로 양적인 조사를 한 연구가 있다(Breit/Harms, 1990). 여기서는 학교현장의 실제에서 관찰할 수 있는 심각한 결함(보기: 비전공교사에 의한 수업담당)도 보여주고 있으며, 계속해서 거론되고 있는 이론과 실제의 연관성 부족에 대한 문제도 지적하고 있다. 게다가 교원, 교과지도교사, 혹은 예비교사의 전문성 관련 지식에 대한 면담과 그것에 대한 해석(Henkenborg, 1998; Weisseno, 1998; Richter, 1996), 그리고 기초학교(초등학교)의 주관적인 이론에 대한 면담 및 해석을 기록한 연구(Richter, 1999; Gläser, 2002)가 있다. 그렇지만 이러한 연구들을 서로 비교하기는 매우 어려운 일이다. 왜냐하면 '면담연구'의 문제제기와 방법론이 근본적으로 서로 다르기 때문이다. 수업에 대한 재구성에 있어서는 또한 학생들의 전문지식 혹은 주관적인 이론도 역시 볼 수 있기 때문에, 이러한 연구물도 역시 분류하기에는 적합하지 않다.

인식관심과 방법론적 질문을 배제해야만 비로소 위와 같이 다양하게 나타나는 경험적 교과수업연구를 체계화할 수 있을 것이다. 체계화의 부족과 연관되어 있는 또 하나의 결함은, 필자의 견해로는, 한층 더 심각한 문제이다. 연구의 표준에 대한 논의가 이제 시작되고 있기 때문에 (GPJE, 2006 참조), 그리고 동료에 의한 검토절차가 부족하기 때문에, 교과교육학에서 이제까지 어떤 기준, 즉 어떤 경험적 연구의 질을 평가할 수 있는 기준이 존재하지 않으며, 질이 별로 좋지 않은 연구를 가려낼 수 있는 조정기제가 존재하지 않는다. 교과개발, 후진양성, 그리고 연구의 대외적인 위상제고를 위하여 이것은 해결되어야 할 문제인 것이다.

3. 선정된 연구의 성과와 유용성

이 부분에서는 교과교육학의 관점에서 볼 때 인정할 만한 특정한 성과를 보여주는 일부 연구를 소개하고, 또한 경우에 따라서는 앞으로의 연구를 위해 요망되는 사항도 지적할 것이다. 다른 수업교과에서도 역시 볼 수 있고, 아마도 모든 학교교과에 해당될 수 있는 많은 연구결과는 가능하면 언급하지 않을 것이다. 예를 들면, 수업의 명료성, 교사와 학생의 발언이 차지하는 비중, 과정적 지식이 차지하는 몫이 지나치게 적다는 점 등이 여기에 속한다.

3.1. 학습자유형과 학습자교수학

바이세노(Weisseno, 1989)와 쉘레(Schelle, 1995)는 질적인 분석에서, 즉 인터뷰를 통한 기록을 분석하는 방법을 가지고 '학습자유형'을 밝혀내었다. 바이세노는 정치적, 사회학적, 경제적 학습자유형으로 분화시켰으며, 쉘레는 정치적, 경제적, 사회학적, 역사적, 문화적 지향으로 분화시켰다. 학습자유형은 우선적으로 작용하는 해석유형, 즉 어느 교과준거를 선호하는 가에 따라 차이를 보인다. 이 유형은 인성적인 특성이 아니며, 그때그때 주제나 학생의 상황에 따라 활성화된다.

학생의 학습자교수학을 파악하는 데 있어서는 정치교과수업에서 획득한 교과교육학 관련 시각을 조사하는 방법을 활용한다. 조사한 자료에 대하여 해석한 다음, 두 번째 단계에서는 학문적 정치교육학을 배경으로 하여 분류하고 체계화하는 작업이 이루어진다. 수업실제에 있어서 그러한 조사연구는 교사가 수업을 계획·실행·성찰하는 데 있어서 도움을 줄 수 있다. 왜냐하면 일정한 학습자유형의 바람과 흥미·관심, 이해관계, 그리고 또한 전형적인 학습상의 곤란을 명료화하기 때문이다. 그런 점에서 볼 때, 그러한 조사연구는 수업과정의 진단을 위해 기여할 수 있다. 이론형성을 위해 그것은 "조작화된 내용선정, 사례원리, 시사성, 문제지향, 방법적 세 단계, 다차원성"(Weisseno, 1991, 325) 등과 같은 교과교육학의 부분적인 개념을 입증한다.

하지만 마지막에 언급한 점은 아무도 친숙한 것의 순환적 고리를 벗어나지 못한다는 점도 역시 입증하고 있다. 학생들은 우리의 교육문화와 수업실제에서 현존하는 교수학적 구상 혹은 그 파편에 부응하는 수업만을 알게 되기 때문에, 결국 그러한 수업만을 통하여 그들의 학습자교수학을 형성할 수 있는 것이다. 문화를 서로 비교하는 수업연구는 최근 특히 자연과학 관련 과목의 비디오촬영 연구를 통하여 비로소 현대화되었다. 따라서 문화비교연구는 학습자교수학의 관점에서 볼 때 흥미로운 것처럼 보인다.

3.2. 비정치적인 정치교과수업 - 산만한 정치개념

정치교과수업에 대한 해석적 재구성이 반복해서 보여주고 있는 점은 다름 아니라 수업대상의 정치적인 측면을 분명하게 드러나게 하는 데 있어서 교사들이 종종 어려움을 겪고 있다는 것이다(보기: Grammes/Weisseno, 1993; Massing/Weisseno, 1995; Kuhn/Massing, 1999). 문제의식의 마련이나 갈등능력의 신장이나, 정의에 대한 질문이 그 자체로서 이미 정치적 수준을 목표로 삼고 있지 않다는 점이 분명하게 드러났다. 또한 개별적인 정치적 사실을 안다고 해서 그것이 곧 자동적으로 정치적 사고로 이어지는 것도 아니다. 이러한 문제의식에서 출발하여, 이를테면 수업의 목표에 대한 성찰, (정치교육의) "핵심으로서의 정치"(Massing/Weisseno, 1995)에 관한 비평적 논의, 그리고 교과교육학적 문헌에서 나타나는 개념적 취약성에 관한 비평적 논의가 이루어지게 된 것이다. 도대체 사회적 학습이 이루어지는 것인가 아니면 정치적 학습이 이루어지는 것인가? 수업의 기반이 되는 정치개념은 무엇인가? 좁은 의미의 정치개념인가 아니면 넓은 의미의 정치개념인가? 민주주의 개념에 관해서는 어떤가?(예를 들면, Massing, 2002 참조) 여기서 경험적인 교과수업연구는 교과교육학적 이론형성이 안고 있는 결함을 지적하고 있는 것이다.

3.3. '진단수단으로서의 범주모형'

정치적 범주화를 이해하거나 지식을 해당하는 영역(정치, 그리고 또한 법, 경제, 사회)으로 배열라고 정리할 수 있는 능력, 그리고 그에 부응하면서 해석할 수 있는 능력을 개발하기 위해서는 상당히 장기적인 학습경로와 좋은 교원을 필요로 한다. 이러한 경로를 거쳐 간다는 것이 왜 그렇게 어려운 일인가에 대해서는 여러 가지 이유가 있다. 사례비교를 한 어느 연구에 따르면, 학생들은 계속해서 당사자의 시각에서 논증을 하고, 도덕적으로 주장을 하고, 교사의 지적과 개입에도 불구하고 줄기차게 그러한 행위를 속행한다는 것을 보여주고 있다(Massing, 2003, 102). 결국 정치적 범주로 나아가지 못하고 만다는 것이다.

그에 반해서 다른 비교학급에서는 학생의 편에서 법적인 측면의 분화가 성공적으로 이루어진다. 교사는 이것을 수업의 실마리로 삼아 방법의 변경을 통하여, 이 경우에는 찬반대립토의를 갖고, 서로 상반되는 두 가지 입장을 비평적으로 논의하는 데 도달한다. 이제 학생들은 그들의 정서적인 당사자적 관련성에서 벗어나와 그 이상의 (법적인, 정치적인) 범주를 그들의 논증 속에 포함시킬 수 있는 것이다. 그런 점에서 학습의 발달 혹은 진전이 눈에 띄게 이루어지는 것이다.

어쨌든 여기서 연구의 과제로서 남아 있는 바람직한 요청사항은 (정치적, 교과교육학적) 범주를 보다 더 정확하게 규정하고 개념적으로 분명하게 범위를 확정하는 일이 될 것이다.

3.4. 교과교육학의 관점에서 수업상호작용의 틀 마련: 다의성 대신에 명료성

의미에 관한 협상, 공동의 해석, 그리고 지식에 대한 비평적인 성찰이 속하는 이해의 과정에 대하여 정치교과수업에서는 보다 더 많은 공간과 여지를 마련해야 한다. 이것은 교과교육학의 합의사항이다. 지식획득과 결합하여 이 지식에 대한 성찰이 이루어지도록 해야 한다. 행위능력을 갖추도록 하고 해석적 회의를 최소화하는 것이 일상적인 수업의 목표라면, 직접적인 행위에서 벗어난 수업에서 중요한 점은 다름 아니라 다양한 해석을 시도해 보도록 하고, 검토하고, 결국 근거나 이유를 갖고 어떤 하나의 해석 혹은 여러 가지 해석을 허용하도록 하는 일이다. 그라메스의 연구(Grammes, 1998)에서 반복해서 등장하는 주제는 수업과정에서 다의성이 외견상의 명료성으로 지나치게 쉽게 전환된다는 것이다. 그런데 이러한 전환은 원래 수업의 목표에 어긋나는 일이다. 정치교과수업에서 지식의 진정한 '변환' 혹은 '전환'은 학문적인 지식이 학생의 '일상지식'으로 변환되는 것이 아니라, 매개되는 않은 지식(즉, 확실하다고 믿고 있는 것으로서의 지식)이 매개된(즉, 해석해야 할) 지식으로 변환하는 것이다. 그렇지만 이러한 일이 많은 수업시간에 성공적으로 이루어지지 않는다는 사실이 문제로 남아 있는 것이다.

3.5. 해석적 능력에 있어서의 부족

정치교과수업에서 교사들의 전문성 혹은 전문화 부족은 특히 학생들의 정보처리과정을 이해라는 데 있어서 그들의 해석적 능력이 충분히 갖추어지지 않은 상태로 남아 있고, 그에 따라 해석학습과 비평적인 성찰을 충분히 신장시키지 못한다는 데에서 확인할 수 있다. "분석에 따르면, 경우에 따라서 학생들이 교사보다 더 앞서나가는 발언이나 기여를 하는데도 불구하고, 교사가 이것에 별로 주의를 기울이지 않는다는 점을 보여주고 있다"(Grammes/Weisseno, 1993, 13). 전문화 문제에 더하여 또한 구조적인 문제도 역시 존재한다. 즉, 교수방법적인 계획에 따르면, 화자(話者)의 신속한 변경을 포함한 상당히 복합적인 수업을 설계하고 있는데, 그러한 경우에 사실상 모든 발언이나 기여에 대한 '해석적 청취'가 불가능한 상황이 발생하곤 한다.

3.6. 수업목표로서의 '생활영위 해석학'

쉘레(Schelle, 2003b)는 학생들의 해석적 능력에 대해 주의를 기울였는데, 이 해석적 능력은 그들의 성찰 및 생활실천 능력에 있어서 필수적인 구성요소이다. 거기에는 문화적인 차이를 경험할 때 슬기롭게 대처하고, 다의성과 낯설음을 비평적으로 다룰 수 있는 능력이 포함된다. 수업과정의 여러 분석에 따르면, 이해를 위한 학생들의 필요와 욕구가 다양하다는 점으로 보여준다. 쉘레에 따르면, 상징적인 스타일과 표현형식, 그리고 학생들 자신의 '각인'을 비평적으로 다루는 일은 사회에 대한 비평적 취급의 형태로 해석할 수 있고, 또한 정치에 대한 접근으로 해석할 수 있다는 것이다. 관점취득 혹은 타자이해의 신장에 대한 교과교육학의 제안은 현존하고 있지만, 정치교육에서 그러한 것들의 위상과 가치는 아직 그렇게 강도되고 있지 않은 것 같다.

3.7. 인정 대신에 압도(제압)

심층해석학적 재구성(König, 1998)과 상호작용주의적 수업해석은 '인정관계'가 제대로 형성되는 못한다는 점을 지적하고 있다. "인정을 향한 욕구와 필요를 훈육, 도덕화, 혹은 압도(제압)를 통하여 무시하려는 경향 때문에, 수업이 사실상 정치적 해석유형의 집결지, 그리고 그러한 정치적 해석유형에 대한 진지한 비평적 취급과 논의의 장이 되지 못하고 있다"(Henkenborg, 2002, 96). 그런데 이것은 규범적인 힘으로 충만한 지식인 정치지식에도 정치적 인성개발을 향한 교육적 요구사항에도 정당하게 부응하지 못하는 것이다.

정치적 지식 그 자체는 윤리적 측면과 사회적 측면으로 이루어져 있으며, 정의 및 인간의 존엄성과 관련된 질문으로 이루어져 있다. 바로 정치적 지식의 해석을 통하여 (정치적) 인성을 갖출 수 있는 기회가 존재하는 것이다. 그러므로 정치교과수업에서는 인성요인은 단지 수업상황을 통해서뿐만 아니라, 사실지식에 대한 비평적 취급과 논의를 통해서도 역시 관련되어 있는 것이다. 예를 들면, 가치와 관련된 태도와 자세가 분화되면서 그렇게 되는 것이다. 여기서 새삼스럽게 깨닫는 사항은 다름 아니라 수업은 영역에 특정한 것이며, 조정기법(학급관리)의 효과를 교과교육학적 관점에서 성찰해야 한다는 것이다.

3.8. 성에 대한 무분별

정치교과수업에서 성별 차이와 그것에 대한 불충분한 고려에 대해서는 경험적으로 설득력과 신빙성을 갖춘 작업이 존재한다. 크롤은 질적인 연구(Kroll, 2001)에서 여학생이 갈등을 회피하거나 정치적으로 관심이 별로 없다는 것을 부인하는 증거를 제시하고 있으며, 그러나 '의사소통의 경기규칙'이 수업담론에서서 여학생이 동등한 권리와 자격을 갖고 참여하는 데 제한을 가한다는 점을 보여주고 있다. 질적인 방법과 양적인 방법을 조합하는 뵈저(Boeser, 2002)는 여학생과 남학생이 (내용적으로 그리고 방법적으로) 수업구성과 관련하여 서로 다른 바람이나 소망을 갖고 있다는 명제, 그리고 사회과수업이 종종 남학생의 바람에 더 부응한다는 명제를 입증하고 있다. 수학교육학과 같은 다른 교과교육학에서 나온 연구결과도 이러한 점을 입증하고 있지만(Jungwirth, 1990; Jungwirth, 1991), 그러한 연구결과가 교과교육학의 이론형성에서 아직은 충분하지 못하게 반영되고 있는 형편이다(Richter, 2000b; Richter, 2004 참조).

3.9. 수업에서 학습목표유형 및 학습경로에 대한 정밀화의 부족

수업분석의 결과, 학생들이 학습과제를 종종 교사가 의도한 대로 해석하지 않는다는 점이 드러나고 있다. 학생들은 종종 단지 제한된 학습개념, 즉 개념과 외울 수 있는 사실의 습득에 국한된 학습개념을 개발한다. 여기서 추론할 수 있는 점은 정치교과수업의 여러 가지 다른 학습목표유형을 메타수준에서 전달해야 한다는 것이다.

예를 들면, 역할놀이와 같이 반복해서 활용하는 교수·학습 형태에서 학생들의 '재인식' 효과에 희망을 걸고, 내용이 바뀌는 상황에서도 역시 충분히 잘 나아갈 것이라고 가정한다면 그것은 환상이다. 기초모형에 따른 수업의 제2차 문헌분석은 의도한 학습목표유형과 학생들이 해석한 학습목표유형 사이의 혼동을 잘 보여주고 있다(Oser/Baeriswyl, 2001 참조).

따라서 단지 교수·학습 형태뿐만 아니라 학습의 목표유형도 역시 학생들에게 분명하게 전달해야 한다. 그렇게 해야 학생들은 학습과정의 교과교육학적 차원을 인식하고, 메타인지의 의미에서 학습선탁을 구축할 수 있는 것이다(Richter, 2005, 152-153 참조).

3.10. 개념적 오개념(誤槪念)의 재구성

전형적인 장점이나 어려움을 갖고 반복해서 나타나는 수업과정에 기초하여, 교사의 전형적인 '오류'와 학생들의 '오개념'에 대하여 경험적인 근거를 가진 추측이 현존하고 있다. 여기에 속하는 것으로는 특히 사적인 행위맥락을 공적인 행위맥락으로 유추하여 추론하는 일이 있다. 정치적인 것을 인격화하게 되면 많은 경우에 있어서 복합성을 환원시키고 체제적 사고를 대체하는 결과를 낳고 만다. 라인하르트는 몇몇 잘못된 이해를 수집하였는데(Reinhardt, 2003), 청소년연구도 역시 연구를 통하여 타당성을 입증해야 할 지적사항을 제공하고 있다.

4. 요약

경험적인 교과수업연구에서는 귀납적인 방법을 통하여 교과교육학적 정당화 및 근거수립과 관련된 지식이 산출된다. 때로 그것은 물론 연역적인 절차에 따르기도 한다(Reichertz, 2003 참조). 개별적인 연구는 서로 비교하기가 매우 어렵지만, 정치교과수업에 대한 이제까지의 해석은 비교를 통하여 명제 형식으로 혹은 때로는 규칙 형식으로서 교과교육학의 이론형성에 반영된 해석으로 나아갔다. 그것은 일리가 있거나 그럴 듯한 것이지만, 그러나 보다 더 기반을 갖춘 경험적 입증과 확보가 있다면 더 나을 것으로 보인다. 앞으로 요청되는 사항을 열거한다면 상당히 많다. 방법론적인 논의 이외에 체계적인 설계에 따른 연구, 특히 사례연구와 비교연구가 바람직한 것으로 요구된다. 새로운 연구영역을 개척해나가야 한다. 개입과 관련된 연구, 효과에 대한 연구 등이 최근 관심을 끌고 있는 분야이다. 어쨌든 교과수업연구의 모습을 갖추어나감으로써 다른 교과교육학과 토의를 시작할 수 있는 기반이 마련될 것으로 보인다. 또한 이 '조그만' 교과는 그러한 일을 절실하게 필요로 하는 것이 아닌지 생각해 볼 필요가 있다.

참고문헌

Ackermann, H. 1996: Der Beitrag der qualitativen Unterrichtsforschung für die Politikdidaktik. In: SOWI, H. 3, S. 205-212.

Bergmann, J. R. 1985: Flüchtigkeit und methodische Fixierung sozialer Wirklichkeit. In: Bonß, W./Hartmann, H. (Hrsg.): Entwauberte Wissenschaft - Zur Realität und Geltung soziologischer Forschung. Göttingen, S. 299-320.

Boeser, C. 2002: Bei Sozialkunde denke ich nur an dieses Trockene ..., Opladen.

Breit, G./Harms, H. 1990: Zur Situation des Unterrichtsfaches Sozialkunde/ Politik und der Didaktik des politischen Unterrichts aus der Sixht von Sozialkundelehrerinnen und -lehrern. Eine Bestandsaufnahme. In: BpB (Hrsg.): Zur Theorie und Praxis der politischen Bildung. Bonn, S. 9-167.

Clausen, M. 2002: Unterrichtsqualität: Eine Frage der Perspektive? Münster.

Combe, A./Helsper, W. (Hrsg.) 1994: Was geschieht im Klassenzimmer? Weinheim.

Ellwein, T. 1955: Pflegt die deutsche Schule Bürgerbewusstsein? München.

Frech, S./Kuhn, H.-W./Massing, P. (Hrsg.) 2004: Methodentraining für den Politikunterricht. Schwalbach/Ts.

Gagel, W. u.a. (Hrsg.) 1992: Politik praktisch. Mehrperspektivische Unterrichtsanalysen. Ein Videobuch. Schwalbach/Ts.

Gagel, W. 2000: Einführung in die Didaktik des politischen Unterrichts. Opladen.

제2부 민주시민교육의 실제와 경험적 연구의 문제 203

Gläser, E. 2002: Arbeitslosigkeit aus der Perspektive von Kindern. Eine Studie zur didaktischen Relevanz ihrer Alltagstheorien. Bad Heilbrunn.
GPJE (Hrsg.) 2004: Nationale Bildungsstandards für den Fachunterricht in der Politischen Bildung an Schulen. Schwalbach/Ts.
GPJE (Hrsg.) 2005: Testaufgaben und Evaluationen in der politischen Bildung. Schwalbach/Ts.
GPJE (Hrsg.) 2006: Was heißt Forschung? Standards der Theoriebildung und empirischen Forschung (im Erscheinen).
Grammes, T. 1998: Kommunikative Fachdidaktik. Politik. Geschichte. Recht. Wirtschaft. Opladen.
Grammes, T./Weisseno, G. (Hrsg.) 1993: Sozialkundestunden. Politikdidaktische Auswertungen von Unterrichtsprotokollen. Opladen.
Grammes, T./Wicke, K. (Hrsg.) 1991: Die Gesellschaft aus der Schülerperspektive: schwedische Beiträge zu einer didaktischen Phänomenographie. Hamburg.
Henkenborg, P. 1998: Politische Bildung als Kultur der Anerkennung: Zum Professionswissen von Politiklehrern und -lehrerinnen. In: Henkenborg/Kuhn, S. 169-199.
Henkenborg, P. 2002: Interpretative Unterrichtsforschung in der politischen Bildung. Stand und Perspektiven. In: Combe, A./Helsper, W. u.a. (Hrsg.): Forum qualitative Schulforschung 2. Interpretative Untewrrichts- und Schulbegleitforschung. Opladen, S. 81-109.
Henkenborg, P. 2005: Empirische Forschung zur politischen Bildung - Methoden und Ergebnisse. In: Sander, W. (Hrsg.): Handbuch politische Bildung. Schwalbach/Ts., S. 48-61.
Henkenborg, P./Kuhn, H.-W. (Hrsg.) 1998: Der alltägliche politikunterricht. Opladen.
Hilligen, W. 1993: Literaturbericht zur Unterrichtsforschung im Politikunterricht. In: SOWI, 22. Jg., H. 2, S. 125-134.

Juchler, I. 2005: Demokratie und politische Urteilskraft. Schwalbach/Ts.
Jungwirth, H. 1990: Mädchen und Buben im Mathematikunterricht - Eine Studie über geschlechtsspezifische Modifikationen der Interantionsstrukturen. Wien.
Jungwirth, H. 1991: Geschlechtsspezifische Aspekte der Interaktionen im Mathematikunterricht im Lichte der empirisch-analytischen und der interpretativen Unterrichtsforschung. In: Erziehung und Unterricht, 7/8, S. 582-589.
König, H.-D. 1998: Pädagogisches Moralisieren nach Auschwitz. Weinheim.
Kroll, K. 2001: Die unsichtbare Schülerin. Schwalbach/Ts.
Krüger, H.-H. u.a. (Hrsg.) 2002: Jugend und Demokratie - Politische Bildung auf dem Prüfstand. Opladen.
Krummheuer, G./Voigt, J. 1991: Interaktionsanalysen im Mathematikunterricht. In: Maier, H./Voigt, J. (Hrsg.): interpretative Unterrichtsforschung, Köln, S. 13-32.
Kuhn, H.-W. 2003: Urteilsbildung im Politikunterricht. Ein multimediales Projekt. Schwalbach/Ts.
Kuhn, H.-W./Massing, P. (Hrsg.) 1999: Poltikunterricht - kategorial + handlungsorientiert, Schwalbach/Ts.
Massing, P. 2002: Demokratie-Lernen oder Politik-Lernen? In: Breit, G./Schiele, S. (Hrsg.): 31998b: Demokratie-Lernen als Aufgabe der politischen Bildung. Schwalbach/Ts., S. 160-187.
Massing, P. 2003: Kategoriale politische Urteilsbildung. In: GPJE, S. 23-40.
Massing, P./Schattschneider, J. S. 2005: Aufgaben zu den Standards der Politischen Bildung. In: GPJE, S. 23-40.
Massing, P./Weisseno, G. (Hrsg.) 1995: Politik als Kern der politischen Bildung. Opladen.
Meiernhenrich, V. 2003: Wie können Schüler politisch urteilen? Schwalbach/Ts.
Österreich, D. 2002: Politische Bildung von 14-jährigen in Deutschland. Studien aus dem Projekt Civic Education. Opladen.

Oser, F. K./Baeriswyl, F. J. 2001: Choreographies of Teaching. In: Richardson, V. (Ed.): Handbook of Research on Teaching. New York: Macmillan, pp. 1031-1065.

Reichertz, J. 2003: Die Abduktion in der qualitativen Sozialforschung. Opladen.

Reinhardt, S. 2003: Irrige Alltagsvorstellungen im Politikunterricht. In: Gesellschaft - Wirtschaft - Politik, 52 Jg., H. 4, S. 499-505.

Richter, D. 1996: Politikwahrnehmung bei Studierenden. In: Reinhardt, S./Richter, D./Scherer, K.-J.: Politik und Biographie. Schwalbach/Ts., S. 29-77.

Richter, D. 1999: Interessenkonflikte und Machtverhältnisse. In: Frohne, I. (Hrsg.): Sinn- und Wertorientierung ijn der Grundschule. Bad Heilbrunn, S. 117-140.

Richter, D. (Hrsg.) 2000a: Methoden der Unterrichtsinterpretation. Qualitative Analysen einer Sachunterrichtsstunde im Vergleich. Weinheim/München.

Richter, D. 2000b: Aufklärung, Differenzierung und Kompetenzentwicklung - Geschlechtsorientierung als didaktisches Prinzuip der politischen Bildung. In: Oechsle, M./Wetterau, K. (Hrsg.): Politische Bildung und Geschlechterverhältnis. Opladen, S. 197-222.

Richter, D. 2004: Demokratie braucht Geschlechtergerechtigkeit braucht politische Bildung. In: Breit, G./Schiele, S. (Hrsg.): Demokratie braucht politische Bildung. Schwalbach/Ts., S. 181-195.

Richter, D. 2005: Lehren als Sequenzierung des Lernens - empirische Befunde. In: Weisseno, S. 149-164.

Richter, D. 2006: Standards Interpretativer Fachunterrichtsforschung. In: GPJE (im Erscheinen).

Schelle, C. 1995: Schülerdiskurse über Gesellschaft. Schwalbach/Ts.

Schelle, C. 1999: Unterrichtsforschung. In: Richter, D./Weisseno, G. (Hrsg.): Didaktik und Schule. Schwalbach/Ts.

Schelle, C. 2002: Kriterien und Perspektiven qualitativer Fachunterrichtsforschung.

In: GPJE (Hrsg.): Politische Bildung als Wissenschaft. Schwalbach /Ts., S. 89-97.

Schelle, C. 2003a: Zur Tradition der Unterrichtsforschung zum Politikunterricht mit qualitativen Methoden. In: kursiv, H. 1, S. 36-41.

Schelle, C. 2003b: politisch-historischer Unterricht hermeneutisch rekonstruiert. Bad Heilbrunn.

Schröder, A. u.a. 2004: Politische Jugendbildung auf dem Prüfstand. Ergebnisse einer bundesweiter Evaluation. München/Weinheim.

Weisseno, G. 1989: Lernertypen und Lernerdidaktiken im Politikunterricht. frankfurt/M.

Weisseno, G. 1991: Tragfähigkeit und Wirksamkeit didaktischer Konzepte im Alltag des Politikunterrichts. In: Claussen, B. u.a. (Hrsg.): Herausforderungen. Antworten. Politische Bildung in den neunziger Jahren. Opladen, S. 313-326.

Weisseno, G. 1998: Politikdidaktik aus der Perspektive von Fachleitern. In: Henkenborg/Kuhn, S. 201-216.

Weisseno, G. 2004: Wie können Lern- und Testaufgaben die Anforderungen der Bildungsstandards für die politische Bildung erfüllen? In: Politische Bildung, Jg. 37, H. 3, S. 70-81.

Weisseno, G. (Hrsg.) 2005: Politik besser verstehen - neue wege der politischen Bildung. Wiesbaden.

Weisseno, G. 2005a: Qualitätsentwicklung durch Bildungsstandards - nur ein Steuerungsproblem? In: Weisseno, S. 131-148.

Weisseno, G. 2005b: Modelle zur Politik und Ökonomik - Lernen als Veränderung mentaler Modelle. In: Weisseno (Hrsg.): Politik und Wirtschaft unterrichten. Bonn (im Druck).

Weisseno, G. 2005c: Testaufgaben für die politische Bildung - Ergebnisse einer Pilotstudie. In: GPJE, S. 41-60.

Wicke, K. 1991: Schülerauffassungen, Unterricht und Prüfungen. In: Grammes/Wicke, S. 119-138.

제11장 민주시민교육 관련교과의 교사양성 및 연수

허영식(청주교육대학교)

1. 서언

이 글에서 필자는 종종 인용되고 있는 격언, 즉 학생의 편에서 본 교육 혹은 학습의 질은 결코 교사의 질을 넘어설 수 없다는 말귀에서 출발하고자 한다. 그러한 일상적인 가설의 타당성은 물론 오늘날 특히 정보화・매체화・세계화의 시대에 어느 정도 상대화시킬 수 있다. 왜냐하면 그러한 시대에 있어서는 학습자가 어느 일정한 능력이나 내용영역에서 혹은 특정한 경우와 관련하여 교사를 능가할 수도 있기 때문이다.

그럼에도 불구하고 그러한 경우의 본질적인 내용 혹은 함의, 즉 예비교사나 현직교사 가릴 것 없이 모든 교사가 자신의 전문적인 직업적 활동을 위하여 각자 습득하고 획득해야 하는 지식과 능력, 그리고 태도와 가치의 필요성과 중요성을 놓쳐서는 안 된다. 그러한 지식・능력・가치・태도의 함양과 관련된 과제에 주의를 기울이는 것이 다름 아니라 교사양성과 연수이다. 이것은 민주시민교육과 직접 관련되거나 적어도 그것에 대한 적실성을 지니고 있는 교과에 대해서도 역시 해당되는 이야기이다.

이러한 배경에서 본고는 민주시민교육 관련교과의 교사양성 및 연수라는 주제를 비평적으로 다루는 데 주된 목적이 있다. 이러한 목적에 부응하기 위하여 우선 일반적인 수준에서 교사양성체제에 관하여 언급한다. 그리고 본고의 주제에 보다 더 자세하게 다가가기 위하여 민주시민교육과 관련된 교과에서의 교사교육에 주의를 기울인다. 여기서 이어서 사회과의 교사양성 프로그램을 살펴본다. 그 다음에는 사회과와 도덕과에 해당하는 교사연수 프로그램의 사례를 소개한다. 끝으로, 결어부분에서는 본고에서 강조하고자 하는 중요한 점을 명제형식으로 요약한다.

2. 일반적인 교사양성체제

2.1. 교사양성체제의 현황

한국의 교사양성체제를 보면, 초등교사 양성기관은 목적형 체제를 갖추고 있으며, 중등교사 양성기관은 목적형과 개방형의 공존을 지향하고 있다. 초등교사의 양성은 일차적으로 일반대학과 분리되어 독립적으로 운영되고 있는 특정목적대학인 교육대학교에서 이루어지고 있으며, 그 이외에 한국교원대학교의 초등교육과와 이화여자대학교 사범대학 초등교육전공에서 이루어지고 있다.

중등교사의 양성은 사범대학을 중심으로 하여 일반대학의 교육학과, 일반대학의 교직과정, 그리고 교육대학원에서 동시에 양성하는 절충형 체제로 운영되고 있다. 간단히 말하면, 우리나라의 교사양성체제는 초등교사 양성기관인 교육대학교와 중등교사 양성기관인 사범대학이 중심을 이루고 있다(김명수, 2004, 15-16 참조).

급별 연수	초등교사	중등교사		
7 6 5		교육대학원		
4 3 2 1	o 교육대학교(전국 11개교) o 한국교원대학교 초등교육과 o 이화여자대학교 사범대학 초등교육전공	사범대학	일반대학교 교육학과	일반대학교 교직과정

(출처: 김명수, 2004, 16)

<그림 11-1> 현행 초·중등 교사양성체제

<표 11-1> 초등교사 양성기관 학생정원 총괄

초등교사 양성기관	기관수			입학정원(2004년도)		
	국립	사립	계	국립	사립	계
교육대학교	11		11	5,805		5,805
한국교원대학교	1		1	160		160
이화여자대학교		1	1		50	50
계	12	1	13	6,015	50	6,015

(출처: http://www.moe.go.kr/; 김명수, 2004, 19에서 재인용)

<표 11-2> 중등교사 양성기관 및 양성과정 현황(2003.12.31 현재)

과정별	기관수	입학정원
사범대학	40	10,778
일반대학 교육과	56	3,086
일반대학 교직과정	152	22,248
교육대학원	134	20,560
합계	382	56,672

(출처: http://www.moe.go.kr/; 김명수, 2004, 19에서 재인용)

2.2. 교사양성체제의 문제점

교사양성체제의 문제점으로는 일반적으로 다음과 같은 사항이 지적되고 있다.

① 현행 교사양성체제는 교원자격취득에 대한 국가 차원의 질 관리 체제가 미비하다.
② 교원양성 프로그램의 전문성이 부족하다.
③ 초등과 중등교사 양성체제의 분리로 인해 교원수급 불균형의 문제가 심화되고 있다.
④ 현행 임용시험이 지필고사 위주로 시행되고 있어 교직적격자 선발이 어렵고, 다양한 분야에서 능력을 갖춘 사람들에게 교직에 들어올 기회가 제한되고 있다(김명수, 2004, 16-18 참조).

2.3. 교사양성체제의 개혁방안

이러한 배경에서 오늘날 개혁과 관련된 담론에서 특히 초·중등 교사양성체제의 재구조화와 교육전문대학원의 도입방안이 거론되고 있다. 양성체제의 재구조화 측면에서는 특히 초등교사 양성기관인 교육대학교와 중등교사 양성기관인 사범대학의 통합을 지향하는 방안이 쟁점으로 다루어지고 있다. 그리고 교육전문대학원의 도입과 관련해서는 현행 학사와 석사과정을 포괄하고, 초등교사양성과 중등교사양성을 보다 더 융통성 있게 결합할 수 있고, 일반적으로 6년에 걸치는 개선방안이 논의되고 있다(김명수, 2004, 21-34 참조).

3. 민주시민교육 관련교과의 교사교육체제

3.1. 교사교육의 경로와 가능성

민주시민교육 관련교과, 특히 사회과를 위한 교사교육체제는 우선 두 가지 차원, 즉 직전교육(preservice education)과 현직교육(inservice education)의 차원으로 구분하여 살펴볼 수 있다. 사회과교사를 양성하는 제도는 또한 직접적인 방법과 간접적인 방법으로 구분할 수 있다. 여기서 직접적인 방법이란 사범대학의 사회교육과를 통해 양성하는 것을 가리키며, 간접적인 방법이란 사회과학대학의 사회학과・정외과・지리학과, 법과대학 법학과, 인문대학의 사학과 등에서 사회과교사의 자격증을 취득하는 과정을 말한다(강환국, 2002, 190 참조).

현직교육 차원에서 사회과교사가 계속교육을 받을 수 있는 가능성과 대안으로는 다음 몇 가지를 들 수 있다(강환국, 2002, 197-200 참조).

① 사범대학에 부설된 연수원이나 지역교육청 산하 연수원에서 실시하는 연수교육에 참여하는 방법이다.
② 교육대학원이나 그 밖의 대학원 학위과정에 입학하는 것이다.
③ 학회활동에 참여하는 일이다.
④ 사회과교육에 관한 현장연구이다.
⑤ 교과교육연구와 관련된 교사지원 프로그램을 활용하는 방안이다.

3.2. 교사교육의 문제와 과제

먼저 양적인 측면에서 수요에 비해 공급이 많은 과잉양성의 문제가 심각하다. 특히 사회과교사의 공급은 타교과교사의 공급보다 많아 발령적체문제가 심각하다. 국민윤리교육과・사회교육과・역사교육과・지리

교육과 등 사회과교육 계통의 학과 졸업생의 교육계 취업률은 10~15% 정도이다.

<표 11-3> 사범계대학의 학과별 졸업생 취업현황

학과명	졸업자수(A)	교육계 취업자수(B)	B/A (%)	비고(대학수)
국민윤리교육과	426	46	10.8	10
사회교육과	322	37	11.5	7
일반사회교육과	181	11	06.1	4
사회생활학과	147	14	09.5	1
역사교육과	409	57	13.9	10
국사교육과	158	8	05.0	3
지리교육과	435	48	11.0	10
계	2,078	221	10.6	

(출처: 강환국, 2002, 212)

<표 11-4> 사범대학 사회과교육계열학과 현황(2002년도 모집정원)

교과	사회교육과 (일반사회전공)	역사교육과 (역사교육전공)	지리교육과 (지리교육전공)	공통사회교육과	(국민)윤리교육과
총계	16개교 359명	19개교 477명	18개교 432명	1개교 9명	13개교 268명

(출처: 강환국, 2002, 213)

질적인 측면에서는 사회교육과 계통의 학과가 사회교육과(일사전공·역사전공·지리전공), 일반사회교육과, 지리교육과, 역사교육과, 국사교육과, 국민윤리교육과 등으로 분리되어 설정되어 있기 때문에 중학교와 고등학교 사회과의 통합에 저해요인으로 작용하고 있으면서 동시에 사회과교사를 과잉 양성하는 결과를 초래하고 있다. 도덕·국민윤리·국사가 벌어져 나가 작은 사회과가 된 이후에도 구조적인 통합을 실천하지 못하고 있다. 1981년에 개정된 제4차 교육과정부터 특히 중학교 사회과를 통합한다는 원칙에서 교육과정을 구성하고 있지만, 이 역시 지리단원, 역사단원, 정치·경제, 사회·문화 단원을 반씩 섞어 놓았을 뿐이다. 각 영역별로 기존의 체계를 그대로 유지한 채 학년별로 반절씩 뒤섞어 놓았기 때문에 어떤 사회적 문제나 현상에 통합적인 접근하기 어려우며 지도상의 혼란을 초래하고 있다(강환국, 2002, 213-214 참조).

4. 민주시민교육 관련교과의 교사양성 프로그램

 민주시민교육 관련교과의 교사양성을 위한 프로그램을 살펴보기 위하여 여기서는 사회과를 보기로 하여 초등교사 양성프로그램의 표준화 경향을 보여주는 한 가지 사례를 소개하고자 한다.
 초등 교사교육을 위한 사회과교육 프로그램 개발과 관련된 연구(김재형 외, 2003)에서 연구진은 초등 사회과교육 필수과정 교육과정안을 다음과 같이 제안한 바 있다.

〈표 11-5〉 초등 교사교육을 위한 사회과 교육과정 구성안

영역	요소
학문적 내용에 대한 이해	o 사회과 영역별 핵심 아이디어의 이해 o 사회과학적 지식 o 사회과 영역별 내용의 특징 (정치, 경제, 사회·문화, 역사, 지리 등)
사회과 성격에 대한 이해	o 사회과교육의 역사 o 사회과교육의 철학 o 통합교과로서의 사회과 o 사고력 교육으로서의 사회과 (의사결정력, 비판적 사고, 창의적 사고) o 사회과에서의 쟁점 문제 o 사회과교육과 타 교과와의 비교

사회과 교육과정의 이해	o 사회과교육과정의 변천 o 사회과 목표와 교육내용(범위와 계열) o 사회과 통합 o 사회과 지역화 o 사회과 평가 o 사회과 교과서 분석 o 사회과 교재의 재구성
가르치는 기술의 습득	o 사회과 교수학습 모형 이해 o 사회과 수업구성의 실제 o 사회과 교수학습 과정안 작성 o 사회과 수업관찰 및 분석, 반성
사회과 교육심리에 대한 이해	o 정치의식, 경제의식, 사회·문화의식, 역사의식, 지리의식 발달의 이해 o 정의적 영역 발달에 대한 이해(가치, 태도, 신념, 자아정체성 등)

(출처: 김재형 외, 2003, 66)

위에서 제시한 사회과교육 필수과정 교육과정안을 기초로 하여 연구진은 초등 교사교육을 위한 사화과교육 필수과정 '사회과교육론' 프로그램의 강의요목을 다음과 같이 설정하였다.

〈표 11-6〉 '사회과교육론' 프로그램의 강의요목

주	내용과 주제
1	사회과교육의 성격(1): 철학, 통합
2	사회과교육의 성격(2): 사고력, 쟁점
3	사회과교육의 성립과정: 교과목의 형성 및 발전 과정, 외국비교
4	사회과교육의 목표
5	사회과 내용 선정·조직의 원리
6	사회과 영역별 핵심 아이디어 및 내용영역
7	사회과교육과정의 변천(제1차~제7차 교육과정)
8	중간평가

9	사회과교육의 심리(1): 정치의식, 경제의식, 사회·문화의식, 역사의식, 지리의식 등 의식발달의 이해
10	사회과교육의 심리(2): 정의적 영역(가치, 태도, 자아정체성 등)
11	사회과 교수·학습 모형(1)
12	사회과 교수·학습 모형(1)
13	사회과 교수·학습 모형(2)
14	사회과의 평가
15	기말평가

(출처: 김재형 외, 2003, 67)

〈표 11-7〉 '사회과교수법'(내용+방법) 프로그램의 강의요목

주	내용과 주제
1	사회과 수업설계 및 관찰, 분석, 반성
2	사회과 교육과정의 이해
3	사회과에서의 사고력 학습
4	사회과 교재의 재구성(교과서 활용 및 분석, 지역화)
5	사회과 교수·학습 과정안 작성
6	문화재 학습과 박물관 교육
7	인물학습과 문학작품의 활용
8	중간평가
9	지역연구와 탐구학습
10	도해력과 지도학습
11	사회문제와 의사결정학습
12	다중지능과 프로젝트 학습
13	범교과학습(국제이해교육, 환경교육, 한국정체성 교육 등)
14	수업평가
15	기말평가

(출처: 김재형 외, 2003, 68)

5. 민주시민교육 관련교과의 교사연수

이 부분에서는 교사연수를 위한 프로그램의 사례 세 가지를 소개하고, 교사연수의 문제와 과제에 관하여 일반적인 수준에서 간단히 논평하기로 한다.

5.1. 교사연수 프로그램: 사례 (1)

이 사례는 2004년도 중등사회과 1급 정교사 자격연수에서 활용한 연수프로그램이며, 프로그램의 계획 및 운영은 서울대학교 사범대학 사회교육과가 담당하였다. 주제별 강의에 할당된 시간은 대개 3시간이다(서울대학교 사회교육과 편, 2004 참조).

〈표 11-8〉 2004년 하계 중등사회과 1정 연수 일정표

월 일	담당과목(주제)
7.26(월)	o 사회과 법교육의 주요 내용과 변화 o 제7차 교육과정 사회과 지도와 고급사고력
27(화)	o 부패와 시민사회 윤리 o 사회과 정치교육의 이론과 실제
28(수)	o 사회참여교육의 방법과 실제 o 민주주의의 사회철학적 고찰
29(목)	o 사회과 수업에서 파워 포인트 활용의 실제 o 경제교육의 교수학습 모형
30(금)	o 정보화 시대의 청소년 문화 o 시민의 정치의식과 시민교육의 원리
8.2(월)	o 쟁점중심 교수학습 o 경제학의 올바른 이해와 경제교육
3(화)	o 평가 o 사회과 교육과정의 세계적 동향
4(수)	o 제7차 교육과정의 경제교육과 경제학의 구조 o 제7차 교육과정 사회과 법교육

5(목)	o 주제발표 수업모형을 활용한 '사회·문화' 수업의 실제 o 시민사회와 시민교육
6(금)	o 시민참여와 정치교육 o 사회과 통합교육의 소개 - 사회·문화 영역을 중심으로
9월)	o 사회과 교수학습의 이론과 실제 o 근대화 논의와 오늘의 세계
10(화)	o 일탈과 성 정체성, 어떻게 가르칠 것인가? o 다문화교육의 이론과 쟁점
11(수)	o 평가 o 사회교과에서의 경제교육
12(목)	o 자율 세미나

(출처: 서울대학교 사회교육과 편, 2004, 1)

5.2. 교사연수 프로그램: 사례 (2)

여기서 소개하는 연수프로그램은 위의 '자격연수'와 대비되는 소위 '직무연수'의 차원에서 이루어진 것이다. 이 프로그램은 2004년도에 충북대학교 사범대학 부설 중등교육연수원에서 실시하였으며, 중등교원 공통과목 직무연수 공통사회(역사·지리·일반사회)에 해당하는 것이다. 이 직무연수과정이 추구하는 주된 목표는 지리·역사·일반사회 교과의 통합적 접근을 지향하는 데 놓여 있다. 특히, 교사양성과정에서 전공과목으로 배운 것과 학교현장에서 실제로 가르쳐야 할 교과 사이의 격차 혹은 불일치 현상을 어느 정도 해소하기 위한 목적을 갖고 이와 같은 연수프로그램이 운영된 것이다(충북대학교 사범대학 부설 중등교육연수원 편, 2004 참조).

(1) 일반사회 전공 교사와 지리 전공 교사를 위한 공통사회(역사반) 프로그램의 주제(연수시간 총계 59시간)
　　o 세계사의 이해 - 기독교와 서양사의 변화

o 양반사회의 해체와 근대사회
o 역사교육론
o 한국 고·중세사의 쟁점
o 한국역사학의 방향
o 동양사 특강
o 지역답사

(2) 일반사회 전공 교사와 역사 전공 교사를 위한 공통사회(지리반) 프로그램의 주제(연수시간 총계 59시간)
o 지형학개론
o 기후학
o 도시지리학
o 경제지리학
o 정치·문화지리학
o 지역답사

(3) 지리 전공 교사와 역사 전공 교사를 위한 공통사회(일반사회반) 프로그램의 주제(연수시간 총계 59시간)
o 정치
o 사회학
o 경제
o 법
o 사회과교육론
o 지역답사

5.3. 교사연수 프로그램: 사례 (3)

이 사례는 2001년도에 충청북도단재교육연수원이 실시한 초등 1정 자격연수과정에 해당하는 프로그램으로서, 여기서는 사회과와 도덕과에 해당하는 부분을 소개한다. 중등교사를 대상으로 한 연수과정과는 달리 초등교사 대상 연수과정은 사회과 및 도덕과 이외에 당연히 다른 교과(국어과·수학과·과학과·체육과·음악과·미술과·실과·외국어(영어))도 역시 포함하고 있다. 사회과와 도덕과의 맥락에서 다루어진 각 주제에 할당된 시간은 3시간이다(충청북도단재교육연수원 편, 2001 참조).

(1) 사회과
　　o 사회과 수업모형
　　o 사회과 수업의 실제
　　o 사회과 탐구수업 지도방법

(2) 도덕과
　　o 도덕과 수업모형
　　o 실천위주의 인성교육

5.4. 해설

위에서 소개한 세 가지 사례에서 출발할 때, 교사연수 프로그램은 민주시민교육과 관련하여 내용적인 관점에서 대개 그 나름대로 상당히 폭 넓은 주제(영역)를 포함하거나 포괄하고 있으며, 그에 따라 교사연수는 다양한 관련내용과 측면을 다룰 수 있다고 추정할 수 있다.

그럼에도 불구하고 형식적 측면 혹은 실천적 측면에서 보면, 연수프로그램을 보다 더 많이 참여자지향 혹은 활동지향의 관점에서 실행에 옮기는 데 어려움이 따르고 있다는 점에 유의할 필요가 있다. 그 이유는 아마도 재정적·인적 조건을 포함하여 조직적인 측면에서 여러 가지 제한에 부닥치고 있다는 데에서 찾을 수 있을 것이다. 다시 말하면, 공식적인 연수과정은 많은 경우에 있어서 각 교과목이나 주제영역을 담당하고 있는 교수나 강사의 강의 위주로 이루어지고 있다는 문제점에 주의를 기울일 필요가 있다.

5. 결어

이 글에서 논의한 주요사항과 결론을 명제 형식으로 정리하면 다음과 같다.

(1) 초등교사양성에서는 교육대학교가 중심에 놓여 있고, 중등교사양성에서는 사범대학이 중심에 놓여 있다. 기존의 교사양성체제가 안고 있는 문제점은 특히 국가 수준에서의 질 관리, 교사양성 프로그램의 전문성, 예비교사의 공급과 수요 사이의 불균형, 교사임용고사의 측면에서 지적할 수 있으며, 이러한 배경에서 출발하여 교사양성체제의 재구조화와 종합적인 교사양성기관의 모색과 같은 개혁방안이 거론되고 있다.

(2) 민주시민교육 관련교과에서 교사교육의 경로와 가능성에 대해서 보면, 우선 직전교육과 현직교육의 두 가지 차원으로 구분할 수 있다. 또한 양성교육기관에서 이루어지는 교육방식은 직접적 방법과 간접적 방법으로 구분할 수 있다. 직접적인 방법은 사범대학의 사회교육과를 통해 양성하는 것을 말하며, 간접적인 방법은 사회과학대학의 사회학과·정외과·지리학과, 법과대학 법학과, 인문대학의 사학과 등에서 교직과정을 통하여 사회과교사 자격증

을 취득하는 과정을 가리킨다.
(3) 현직교육 차원에서 사회과교사가 계속교육을 받을 수 있는 가능성과 대안으로는 사범대학에 부설된 연수원이나 지역교육청 산하 연수원에서 실시하는 연수교육에의 참여, 교육대학원이나 그 밖의 대학원 학위과정 입학, 학회활동 참여, 사회과교육에 관한 현장연구 수행, 교과교육연구와 관련된 교시지원 프로그램의 활용방안 등을 들 수 있다.
(4) 민주시민교육 관련교과에서 양적인 측면에서는 특히 예비교사의 공급 과잉 문제가 거론되고 있으며, 질적인 측면에서는 민주시민교육 관련교과의 분리 문제가 지적되고 있다. 이러한 사정은 원칙적으로 추구해야 할 통합적 접근에 장애가 되는 것으로 간주할 수 있다.
(5) 최근에는 초등교사 양성과정에서 요구되는 교육과정의 표준화 방안이 부분적으로 강구되고 있으며, 이러한 맥락에서 초등 교사교육을 위한 사회과교육 필수과정 프로그램 개발과 같은 사업이 수행되고 있다. 그렇지만 현재로서는 하나의 대안으로 제안되고 있는 실정이며, 국가적인 수준에서 구속력을 갖고 관철시켜야 할 통일된 방안이라고 간주하기는 힘들다.
(6) 교사연수의 일부 사례를 통하여 한편으로는 내용적인 측면에서 상당히 폭넓은 범위에 걸쳐 관련된 주제영역이 다루어진다는 것을 확인할 수 있다. 하지만 다른 한편으로는 재정적·인적 제한을 포함하여 조직적인 측면에서 볼 때, 참여자지향 혹은 활동지향의 원칙에 따라 연수프로그램을 계획하고 운영하는 데 있어서 어려움이 따르고 있다.

참고문헌

강환국(2002), 사회과교육과 사회과교사교육, 서울: 학연사.
김명수(2004), "교원양성체제 개편의 쟁점과 방향", 한국교원교육학회 편, 교원양성체제 개편의 쟁점과 방향, 2004년도 한국교원교육학회 제42차 추계학술대회 자료 집, pp. 7-39.
김재형 외(2003), 초등 교사교육을 위한 사회과교육 프로그램 개발, 교사교육프로그램개발과제 2003-9-4.
서울대학교 사회교육과(2004), 사회교육 연수교재.
충북대학교 사범대학 부설 중등교육연수원 편(2004), 중등교원 공통과목 직무연수. 공통사회(역사·지리·일반사회), 연수교재.
충청북도단재교육연수원 편(2001), 연수교재 (Ⅰ). 초등 1정 자격 연수과정(교양, 교직, 전공필수), 연수교재.
Ackermann, Paul (2004), Die Politiklehrenden in den Schulen. Rollenerwartungen und -konflikte, Qualifikationsprofil, Ausbildungserfordernisse, in: Breit, Gotthard/Schiele, Siegfried (Hg.), Demokratie braucht politische Bildung, Bonn: BpB, S. 267-277.
Beer, Wolfgang (2004), Vielfaeltige berufliche Sozialisationsprofile. Aus- und Fortbildung der Multiplikatoren fuer die Jugend- und Erwachsenenbildung, in: Breit, Gotthard/Schiele, Siegfried (Hg.), Demokratie braucht politische Bildung, Bonn: BpB, S. 278-294.
Behrmann, Guenther C. (2004), Von Bologna nach Schilda? Lehrerbildung und Sozialwissenschaften im Bologna-Prozess, in: Politische Bildung, H. 3, S. 109-120.
Freie Universitaet Berlin/Soongsil Universitaet (Hg.)(2004), Deutschland und Korea am Anfang des 21. Jahrhunderts: Herausforderungen an die politische Bildung, Sammlung der Beitraege auf der 1. Deutsch-Koreanischen Konferenz fuer politische Bildung v. 19.09.2004-22.09.2004
George, Siegfried (1999), Lehrer/innenrolle, in: Richter, Dagmar/Weisseno, Georg (Hg.), Didaktik und Schule, Lexikon der politischen

Bildung, Bd. 1, S. 142-145.
GPJE (2004), Nationale Bildungsstandards fuer den Fachunterricht in der Politischen Bildung an Schulen. Ein Entwurf, Schwalbach/Ts.: Wochenschau.
Huh, Young-Sik (2001), Politische Bildung in Suedkorea, in: Koreanische Gesellschaft fuer Deutschlandstudien (Hg.), Korea und Deutschland an der Schwelle des 21. Jahrhunderts: Probleme und Perspektiven, Sammlung der Beitraege auf der 1. Deutsch-Koreanischen Konferenz v. 11.06.-12.06.2001, S. 75-105.
Muszynski, Bernhard (2002), Systemerhalt durch Strukturwandel: Bemerkungen zur Kontroverse um gestufte Lehramtsstudien, in: Politische Bildung, H. 1, S. 114-119.
Olberg, Hans-Joachim von (2002), Bachelor ⇨ Master ⇨ Lehrer der Politischen Bildung? Neue Struktur fuer die Lehrerbildung noch lange nicht serienreif!, in: Politische Bildung, H. 1, S. 120-127.

제12장 성인대상 정치교육의 입장

클라우스-페터 후퍼(피어젠 시민대학)

1. 서론

주최 측에서 원래 저에게 주문하였던 발표제목은 독일 성인교육의 논쟁점들이었다. 이번 국제회의에서 원래 계획된 의도에 필자는 완전히 순응하지 않고 이 분야에서 대표되고 있는 현실적인 제 입장들을 오히려 소개하고자 한다. 독일에서의 성인정치교육은 적어도 그 교육의 실행에 있어서 그의 생존과 관련이 있다. 때문에 독일의 성인정치교육이 도대체 어떤 문제를 취급하느냐보다 그것이 어디에 서있는가를 설명해 주는 것이 훨씬 더 중요하다고 생각한다.

성인정치교육은 전후 독일에 있어서 하나의 특징 즉, 다원성에 의해서 특징지어지고 있으며 이미 60년이라는 전통을 가지고 있다. 학교 밖 정치교육의 제 문제들을 이론적으로나 개념적으로 취급하고 있는 다양한 학자와 전문가 그룹은 정치적 다원성에 의거 다양한 교육기관이나 교육프로그램 제공에 부응하고 있다. 그들은 여러 종류의 학문과목으로 구성되어 있는바 정치학자, 사회학자, 인문학자, 신학자, 심리학자, 그리고 대부분 교육학자들로 구성되어 있다. 성인정치교육을 위한 연구나 교수는 독일대학에서 아직 정착되어 있지 않다. 다시 말해서 성인정치교육이 정기적으로 실시되고 있는 대학 강좌 혹은 연구소들이 존재하지는 않는다. 2002년 브레멘 대학에서 유일하게 성인교육과 관련된 교수직이 없어진 이래 성인정치교육은 오로지 다른 영역의 하위체계로서, 혹은 상호관련 속에서 연구되거나 교육되고 있다.

그러므로 학교 밖 정치교육에 있어서 어떠한 단일적인 학과문화나 모든 과목에 통용되는 의사소통구조를 가지고 있지 않다. 또한 학문과목이 발전될 수 있는 성인정치교육학자들을 위한 어떠한 학회도 구성되어 있지 않다. 성인정치교육을 위한 제 문제들이 취급되는 출판업계의 전망은 거의 불확실하다. 또한 논문집이나 학술지에 기고된 이 분야의 연구가 그렇게 많지 않다. 소위 학교 밖 성인정치교육은 사실 매우 제한되어 있다.

현재 학문적인 정립과 논의에 대한 이해를 얻기 위하여 우리들 즉, 케르시틴 폴(Kerstin Pohl), 임케 쇼이리히(Imke Scheurich), 그리고 나는 15분의 성인정치교육의 전문가들과 학교 밖 청소년교육의 두 사람의 전문가들과 인터뷰를 했다. 그들은 지난 해 동안 그리고 오랜 기간 동안 이 분야를 발전시키고 발간과 교육 그리고 연구에서 이 분야를 대변해 왔다. 우리들은 그들에게 그들의 이력; 이론과 실제에 있어서 성인정치교육이 처한 상황, 그리고 학문적이고 교육적인 전제조건들과 원칙들에 대해서 그들의 입장을 피력해줄 것을 요청했다. 모든 피면담자들이 동일한 질문을 받음으로써 하나의 비교를 가능하게 할 수 있었다. 본 논문은 그들과의 면담에서 얻어진 중요한 결과를 소개코자 한다. 본 논문은 본인이 두 사람의 청소년 교육자들을 포함시킴으로써 약간의 월경을 시도하고자 한다. 더 나아가서 본인은 본 논문의 뒷부분에서 성인정치교육을 위한 최초의 평가를 시작하고자 한다. 그리고 그 평가의 결과는 작년에 이미 공포되었다.

2. 전문과들과의 인터뷰

2.1. 도전과 전망

우리들은 면담에 응하는 자들에게 정치교육의 기본조건들에 대해 설명해 주시길 요청하였다. 그들은 정치교육에 관한 답변에서 정치교육의 여러 차원들을 언급하였다. 일반적인 사회·정치적인 기본조건들에 있어 특히 세계화의 과정은 그의 부정적, 그러나 또한 긍정적인 현상과 영향 속에서 매우 중요한 것으로 간주되고 있다. 예를 들면, 그 세계화로부터 문화상호간 그리고 간문화적 교육의 요구들이 나타나고 있다. 이러한 관련 속에서 제도화된 국민국가 정치의 의미상실 혹은 후퇴에 대해 더 많이 가르쳐지고 있다.

피면담자들의 대부분은 학교 밖 정치교육의 현황과 과제를 위해 특히 사회의 변혁이나 불확실성 속에서 사는 시대에 있어 앞으로의 전망을 매우 중요한 것으로 간주하고 있다. 그 이외에도 잠재적 내지 공개적인 우파과격주의와 반유태주의의 현상들이 지적되고 있다.

모든 저자들은 "신자유주의풍토"(Faulstich)를 지적하거나 "철저한 경영학적 이데올로기"(Negt) 혹은 모든 사회관계의 "자본주의화"(Zeuner)를 지배적인 사회구조의 특징으로 지적하고 있다. 때문에 학교 밖 정치교육도 이러한 특징들에 의해서 영향을 받고 있다.

학교교육을 운영하는 자나 그 기관을 위한 재정적 제반수단들은 항상 축소되고 전반적으로 불충분한 것으로 서술되고 있다면, 많은 교육 제공자들을 위한 수단의 감축은 두 방면에서 나타나고 있는바 그 하나는 공공기관에서 나오는 자금의 감축이고, 다른 하나는 노조나 교회와 같은 사회단체들에서 나오는 자금의 감축이다.

성인교육을 운영하는 자들에 대한 경제적 압박은 시간이 자나면서 더욱 증가되고 부분적으론 생존문제에까지 직면하게 되었다.

교육을 받는 자들의 입장에서 본 성인교육은 다음과 같은 현상들에 의해서 도전을 받고 있다.

첫째, 강력한 정치테마에 관련된 통념적인 이해에 따른 정치에 대한 관심의 부족.

둘째, 개인주의화의 과정.

셋째, 정치적 사회형성의 문제들과의 대결에 있어서 시간과 심리적 에너지의 부족현상.

넷째, 성인정치교육을 위한 강의시간 단축 선호.

다섯째, 시간과 사건에 관련된 정보의 전달과 오리엔테이션의 지지에 관한 증가된 관심.

학교 밖 정치교육 분야의 현재상황에 대한 평가에 있어서 학교 밖에서의 정치교육에게 "실제로 부차적 지위"(Gieseke), "하나의 장식품 역할"(Nuisse)과 "장식품과 같은 생존"(Scherr)을 증명하는 목소리들이 높다. 그리고 그 목소리들은 정치교육을 "희망 없는 상황"(Strunk) 혹은 "위기"(Ahlheim) 속에서 보고 있다. 사물에 대한 이러한 인식은 주로 적은 수의 수요와 교육참가자의 수에 그 원인을 찾고 있다. 그 이외에도 소위 교육기회제공의 축소 혹은 평생교육에 있어서 경제적인 실용주의 내지 직업적인 고려사항들의 절대적인 지배에 그 원인을 찾을 수 있다.

몇몇의 저자들은 성인정치교육의 상황을 물론 더 부정적으로 보지는 않고 있다. 예를 들어 볼프강 베어(Wolfgang Beer)는 성인정치교육의 위기라는 말에 대해 단호히 반대할 것을 요구하고 있다. 호르스트 지베르트(Horst Siebert)는 적어도 위기라는, 상투적 용어에 대해 회의적으로 언급하고 있다. 그는 학생들에게 아름답고 체험중심적으로 포스트모던적으로 만들지도 모르는 비관습적인 성인교육의 형태를 강조하고 있다. 클라우스-페터 후퍼(Klaus-Peter Hufer)는 성인정치교육의 상황을 애매모호하게 묘사하고 있다. 즉, 한편으로 이 상황은 의심의 여지없이 어려운 상황이지만 다른 한편으로 성인정치교육은 그것의 절대적 참여 숫자와 그것의 교육제공 프로필로부터 볼 것 같으면 그의 명성보다도 오히려 더 낫다는 것이다.

현재의 상황에 대한 평가에 부응하여 학교 밖 정치교육분야의 미래에 대한 많은 증언들은 방어적이고, 심지어 비판적이다. 성인정치교육은 상당히 "불확실한 것"(Scherr)으로 보이고 있다. 시장경제적으로 조직되어 있고, 이윤을 추구하지 않으면 안 되는 정치교육의 미래 전망과 관련하여 물론 성인정치교육은 매우 비관적이다.

정치교육을 지금까지 이해한 것으로부터 관찰해 본다면 많은 저자들이 정치교육에게 이러한 경우 더 이상 어떠한 기회도 주지 않고 있다. 이러한 분명한 입장들은 모든 저자들에 의해서 함께 공감하고 있지는 않지만 어느 한 점에 있어서는 모든 질문자들의 절대적인 합의가 지배적이다.

즉, 국가의 지원 없이 성인정치교육이나 학교 밖 청소년교육의 지금까지 사업분야의 일부는 실현될 수 없다는 것이다. 성인정치교육의 장차 역할에 대한 평가에 있어서 다음 세 가지 과제 설정이 지배적이다. 오리엔테이션의 기능의 존재이유가 오스카 네크트(Oskan Negt)가 언급한 것처럼 사회적 오리엔테이션의 부족이 엄청나게 커간다는 것을 통해서 증명되고 있다. 그는 이러한 사회적 오리엔테이션의 부족 때문에 정치교육의 필요성을 보고 있다. 성인교육의 상이한 제공자들, 교육장소와 교육상황의 네트워킹을 옹호하는 목소리가 여러 번 나오고 있다. 동반자적 서비스 제공기능은 시설과 교육주최자 그리고 체험이 풍부한 학교 밖 정치교육의 전문가들의 개입을 사회적, 정치적 혹은 교육학적 활동을 위한 자문적 동반자로 이해하고 있다. 성인정치교육은 시민사회의 영역에서 매개기능과 상호조정기능으로 생각해 볼 수도 있다. 과거나 앞으로나 성인정치교육 혹은 학교 밖 정치교육의 역할은 민주정치문화, 민주주의 정착과 지속적인 발전에 기여하는 데 있다. 또한, 청소년분야에 있어서 이는 시민참여를 촉진하고 이를 위한 프로젝트들과 극우세력을 반대하는 프로그램을 통해 민주적 정치문화의 정착과 발전에 특별히 기여하는데 있다.

2.2. 교육

학교 밖 영역에서 교육자와 연구자들 사이에서 성인정치교육 개념에 있어서 하나의 공통점을 찾는 것은 제약적이지만 자주 일어나고 있다.

교육의 개념정의에 대한 가장 광범위한 합의는 인성교육(Bildung)을 개인적 내지 주체의 발전으로 이해하고 계몽과 자율의 이념과 연계시키는 데 있다. 만약 교육이론과 이념의 대학자를 말하라면 그 첫 번째 인물이 임마누엘 칸트(Immenuel Kant)이다. 약간의 피면담자들은 인성교육(Bildung) 개념을 분명히 교육개념(Erziehung)과 구분하고 있는 바 교육개념(Erziehung)은 교육자와 피교육자간의 위계를 강조하고 있다 (Zeuner). 이는 특히 성인정치교육에는 맞지 않는 개념이다.

특별히 몇몇 저자들은 인성교육(Bildung)과 자격획득교육(Qualifizierung)을 구분하고 있다. 자격획득교육의 초점은 발전되고 적합한 능력 혹은 권한을 직업적으로 활용하는 데 있다. 그러나 인성교육(Bildung)은 이와는 관련이 없다. 더 나아가 지식과 인성교육(Wissen und Bildung)의 관계도 달리 이해되고 있다. Horst Siebert는 예를 들어 "모든 교육의 기초는 지식이다. 물론 활기 없고 사전에나 나오는 지식이 아니라 상황에 맞고 응용될 수 있으며 네트워크화 되는 지식을 말한다."는 것을 강조하고 있다. Klaus Ahlheim은 "이해하는 지식과 아는 이해"에 대해 구분하고 있다. 교육의 주체와 관련된 측면을 넘어 또한 한 사회를 변화시키는 측면을 강조하는 교육에 대한 이해는 이에 대하여 논쟁점이 있을 수도 있다. 인터뷰를 한 사람들 중에 단지 4사람이 이러한 입장을 분명히 드러내고 있다. 마지막으로 학교 밖 정치교육을 위하여 내용적으로 특정한 교육의 규칙과 같은 어떠한 것이 있어야 하는지에 대한 질문이 제기된다. 대부분의 인터뷰에 학자들은 이를 유보적으로 바라보고 있다. 모든 사람들에게 하나의 교육의 규칙을 구속적으로 확정짓는 것은 다양한 제 가치들과 생활방식 속에서 살고 있는 오늘날 불가능하다고 Horst Siebert는 보고 있다.

2.3. 정치개념

저자들의 과반수는 정치를 '구속력 있는 결정 혹은 공동의 업무의 형성 혹은 조직'으로 정의를 내리고 있다. 이러한 개념은 최근의 정치학에서 통상 엿볼 수 있는 개념정의이다. 많은 저자들(피면담자들)이 관심사, 갈등, 권력과 지배, 더 넓은 합의, 복지, 규칙들과 공동 결정과 같은 정치학에 있어 핵심개념들을 소개를 한다는 사실과 관련하여 이는 정치교육과 청소년교육이 정치학에 의해서 일정부문 구속되어 있음을 의미하는 것이다. 저자들(피면담자들)의 과반수가 정치학이 아닌 다른 학문을 전공하고 있음에도 불구하고 이처럼 정치학으로부터 완전히 벗어나지 못하고 있음을 보여주고 있다(16명의 피면담자들 중 5명만이 정치학자였음). 저자들(피면담자)이 그들의 교육사업에 기초를 둔 정치개념이 오히려 협의의 의미인가 광의의 의미인가에 대한 질문에 대한 답변들은 정치교육에서 오랫동안 끌어왔던 기본적인 토의와 관련하여 두 가지의 핵심 공통점들을 갖고 있음을 보여주고 있다.

그 첫째가 인터뷰를 받은 사람들 중에 단지 정치체제와 관련된 정치개념을 말하는 자는 없었다. 반대로 정치를 오로지 국가와 관련된 관계로 좁게 정의내리는 것도 단호히 반대하고 있다(Negt).

둘째로 "사적인 것도 정치이다."라는 여성운동의 슬로건의 지속적인 주장을 통해 정치개념을 포괄적으로 이해하려는 입장에 대해 대부분의 저자들은 정치개념에 대해 제한 없는 정의의 시도에는 반대하고 있다. 즉 "사적인 것과 정치적인 것은 서로 같지 않다."고 Martha Friedenthal-Hasse는 말하고 있다. "사적인 것과 정치적인 것의 차이를 단순히 동일시하는 것"이라고 경고하고 있다(Scherr). 왜냐하면 사적인 것과 정치적인 것을 동일시로 취급하는 것은 "생활에 응용할 수 있는 해명과 조언의 제공을 정치교육으로 선언"할 위험을 내포하고 있기 때문이다 (Scherr).

2.4. 목표

목표설정의 문제는 성인정치교육과 청소년교육의 영역에서 항상 논쟁이 되어왔다. 그것은 또한 오늘날에도 마찬가지이다. 물론 해방적 교육목표와 보수적 교육목표간의 대변자들 간의 논쟁들은 더 이상 힘을 얻지는 못하고 있다. 오늘날에는 오히려 현대화를 원하는 자들과 전통주의자들 간의 갈등이 으로 인한 논쟁들이 있다.

또한 규범적인 의도들을 성인정치교육에 포함시키는 것이 예를 들어 주체 내지 참가자 오리엔테이션의 신조들에 처하여 원칙적으로 정당한 것인지에 대한 질문이 문제가 되고 있다. 만약 그것이 정당화된다면 과연 그러한 신조들은 합법화 될 수 있는가에 대한 문제들이 제기될 수 있다. Horst Siebert는 정치교육을 담당하고 있는 자들의 수월성 요구들이 포함되어있는 목표들은 어떠한 이유든지 간에 정당화되어서는 안 된다고 강조하고 있다.

또한 Erhard Meueler는 교육을 받는 피교육자들의 주체적 지위를 인식의 관심의 중심으로부터 잃어버리고, 정치교육대신에 구직을 목표로 하는 정치교육을 정치적 주체발전으로 착각해서는 안 된다고 경고하고 있다. 사회·정치적 참여에 대해 포기할 수 없는 정치적 주체발전의 지원과 개인적인 정치적인 능력의 향상을 위하여 첨가적으로 말한다면 약간의 저자들은 "승인공간"과 자기 자신의 사회적 환경의 경계를 넘어 만남의 가능성을 만들거나 실질적인 행동압력으로부터 벗어날 수 있는 실천적 연습공간을 준비하는 데에서 민주주의를 위한 정치교육의 기여를 보고 있다. 제도로써의 정치교육은 논증적 이해관계의 조정의 장소를 제공한다고 Faulstich는 강조하고 있다. 또한 제도로서의 정치교육은

Hufer에 의하면 추리적으로 이해되는 여론형성을 위한 장소로 이해하고 있으며, Behrens에 의하면 정치교육은 민주적 정치문화의 일부로서 기능한다고 보고 있다. Albert Scherr는 정치교육은 "새로운 중도정치"가 이해하지 못하는 관심사를 갖고 있는 "근대화의 패배자"로 자처하는 그러한 사회집단들과의 대화를 하지 않으면 안 된다고 쓰고 있다.

2.5. 교수법적 원칙들과 방법

피면담자들은 그들 간에 이미 합의된 매우 인상적인 일련의 주요 교수법적 원칙들을 열거하고 있다. 가장 중요한 원칙은 교육 참가자 중심의 원칙으로서 분명히 아홉 사람의 피면담자들이 이에 대해 분명한 지지했을 뿐만 아니라 나머지 사람들도 학생중심 교육의 강조에 대해 의견을 같이하고 있다.

성인교육 참가자 중심교육이란 성인교육의 교육적인 측면에 있어서 전통적인 범주이며, 예나 지금이나 Behrens에 의할 것 같으면 가장 중요한 성인교육의 원칙이다. 매우 중요한 것으로 알려져 있는 교수법적 기타의 원칙들은 그 외에도 Oskar Negt에 의하면 시범교육, 전기를 쓰는 방법 내지 생활중심교육과 세상중심교육 등이다. 개개의 원칙들은 결코 상호 배척되지 않고 그들은 상황에 따라 선택되어 질수 있다는 것이 여러 번 강조되고 있다. 성인정치교육에 있어서 정열적으로 토론된 실천 중심교육은 단지 피면담자 중 세 사람의 피면담자에 의해서 강조되고 있다는 것이 눈에 띈다. 정치교육에 있어서 즐겁게 교육을 받는 원칙, 즐거움의 요인 그리고 놀이의 즐거움을 우선적으로 하는 것을 탈피하려는 경향을 보이고 있다. Wiltrud Gieseke는 "나의 견해로는 그것은 너무 지나쳤었다."라는 의견을 갖고 있으며, Hafeneger는 여러 번 정치교육에 있어서 긴장과 재미가 서로 결합되어야 한다고 주장하고 있다. 그래서 매력적이고 진지하게 되기 위해서 성공적인 습득과정을 위한 최선의 전제조건들이 제공되어야 한다고 그는 말하고 있다.

2.6. 논쟁점들

이 성인정치교육의 과목의 가장 중요한 논쟁점들에 대한 질문에 대한 대답들 속에 피면담자들의 약 1/3은 정치교육의 과거에 문제되었던 경제화 즉, 이윤중심교육을 지적하고 있다. 그렇지만 상기 논쟁점들 가운데에는 인식론적 토대로서 정치교육의 규범성과 건설주의에 대한 양자의 상호 밀접한 논쟁들이 행해지고 있다. 무엇보다도 정반대 내지 모순적으로 성인정치교육의 규범적 목표를 어느 정도 결정하고, 활발한 습득문화를 가능케 하는 그런 의도가 성인교육의 동일한 목표로써 설정되어 질 수 있는지 아니면 없는지에 대한 문제들이 남게 된다. 피면담자들 중 3명은 정치적인 계속교육과 직업적 교육 간의 관계에서 하나의 쟁점을 보고 있다. 성인정치교육에 관한 책에서가 아니라 다른 서적들에서 고무되어 자주 신경질적이며 매우 어렵게 정치교육이 직업교육과 어느 정도 서로 연계되어야 하는가에 대해 논의가 계속되었다. 그 배경에는 정치교육의 현대화에 대한 질문 혹은 경제우선에 대한 정치교육의 적응이 도사리고 있다. Rolf Arnold에 의해서 대표되는 한 학파는 정치교육의 이론이 거의 오로지 한계선 개념에 의해서 각인되어 있다고 비판하고 있다. 그리고 한계개념들은 복합적이며 과거 지향적이다. 한계개념들과 함께 세계는 흑백논리 속에서 주조되어 있다(Arnold, 2003, 327). 그와 반대로 인간의 능력향상을 위한 경영의 특별한 역할이 강조되고 있다(상동). 정치교육에 대한 어떠한 새로운 이해가 이로부터 형성될 수 있는가를 알아내는 것이 중요하다(상동, 329). Klaus Ahlheim으로 대변되는 다른 학파는 그와 반대로 경제적 유용성에 대한 정치교육의 적응에서 중대한 패러다임의 변화를 보고 있다(Ahlheim, 2004, 10). 이러한 변화로 사람들은 계몽적 정치교육에 작별을 고하고저 한다

(Ahlheim, 2001, 10p). 정치교육을 받고자 하는 자는 직업적, 경제적으로 직접 유용한 것들을 경험하지 않으면 안 된다(상동, 11).

2.7. 학문과 실제 사이의 정치교육

성인정치교육의 이론과 실제의 질문에 대한 우리들에 의해서 면담을 받은 자의 대답들은 상당히 투명하였다고 본다. 즉, 모든 질문을 받은 성인정치교육자들은 분명히 잘못된 관계, "상호간에 서로 영역의 소모전"(Beer), "숙명적이라고 평가된 분열 내지 분리과정"(Negt)을 형성하고 있다. Strunk에 의하면 "이론과 실제는 두 개의 적대적인 형제와 같이 보인다."는 것이다.

모든 성인교육자들은 이론과 실제 간의 잘못된 관계를 유감으로 생각하고 있다. 그러나 위에서 열거된 이유들은 서로 다르다.

이론가와 실천가는 별도로 나누어진 영역에서 작용하고 상이한 교육정책적인 책임성을 갖고 있다(Behrens)

"이론과 실제는 항상 상호보완적이 아닌 상이한 기능들을 받아들이고 있다"(C Zeuner).

이론과 실제는 상이한 관심사를 추구하고 있다. 학자들은 인식에 관심을 갖는 데 반하여 실제 행동하는 자들은 오히려 형성적 행위에 더 관심을 갖고 있다(Nuissl). 그에 대하여 Ahlheim은 이론가들이 자기만족적이며 그들은 실천 내지 행동을 원치 않는다고 말하고 있다. 그리고 Meueler는 "성인정치교육 연구는 오로지 아카데믹적인 자기재생산의 위험이 없는 일만을 추구 한다."라고 불평을 털어놓고 있다.

모든 성인정치교육 학자들은 이론과 실제 관계의 하나의 향상을 주문하고 있다. 왜냐하면 이 두 가지 영역 즉, 이론과 실제는 상호작용할 수 있기 때문이다(Siebert). Gieseke는 성인교육자나 학자들이 함께 보다 구체적으로 보다 경험적으로 이 분야에 있어서 배움과 가르침 그리고 프로그램의 개발을 위해서는 복잡한 전제조건을 충족시킬 것을 요구하고 있다.

피면담자가 어떠한 학문을 전공했는가에 따라서 이들은 맨 먼저 성인교육학과 성인교육 실제의 관계를 주의 깊게 관찰하는 것이 그렇게 놀랄 일은 아니다. 정치학자인 Bodo Zeuner는 정치학과 정치교육의 관계를 다음과 같이 묘사하고 있다. "이론과 실제는 그 때문에 자주 서로를 무시하게 된다. 왜냐하면 정치학은 내용적으로 정치교육을 외면해 왔기 때문이다." 학교 밖 정치교육을 위한 경험적 연구의 현 수준은 만족스럽지 못하다는 평가에 대해서 모두가 공감하고 있다. 학교 밖 정치교육의 취약점들이란 무엇보다도 습득과정 내지 입장과 의견형성 과정의 연구에 있어서 나타나고 있다.

2.8. 성인 정치교육의 평가

정치교육의 평가는 경험적 연구부족의 부분을 제거해야 한다. 이 평가는 정치교육의 성과에 실질적인 평가를 높인다는 의미에서 독일연방정부의 교육과 연구성(우리나라의 교육부에 해당)에 의해서 재정지원되었다(최종보고 2004, 8). 본 연구를 맡은 분들은 드레스덴 공과대학의 사회사업 그리고 복지학연구소의 Lotha Böhnisch, Karsten Fritz 그리고 Katharina Maier 등이다. 풍자가나 혹은 냉소자도 이러한 평가에 있어서 하나의 좋은 아이디어를 창출할 수 있다.

정치교육이 '복지'와 관련을 갖게 된다는 것이 마지막일수도 있다. 왜냐하면 탈국가화, 비규제화 시대에서 하나의 강력한 바람이 국가의 보조금에 의존해 온 정치교육의 얼굴에 강력히 불고 있기 때문이다. 드레스덴 공과대학의 연구팀은 하나의 중차대한 과제를 갖고 경험적인 새로운 나라에 발을 들여놓았다. 왜냐하면 그 누구도 성인정치교육의 앞을 내다 볼 수 없는 풍경을 보려고 시도한 적이 없었기 때문이다. 본 연구의 네 개의 평가팀은 제도적 주제의 다양성과 그의 발전추세에 있어서 정치교육의 풍경의 다원성을 파악하려고 시도하였다(상기책, 40). 첫째, 제도화된 학교 밖 정치교육의 현황과 성과. 둘째, 정치교육자들의 자기 이해. 셋째, 성인교육 참가자들의 기대. 넷째, 새로운 사회운동에 의한 정치교육 등을 조사했다. 분량이 많은 이 보고서의 개개의 결과들은 여기서 보고할 수 없지만, 내 견해로 가장 주목할 만한 결과들을 간단히 소개하면 다음과 같다.

지금까지 생각했던 것 보다 훨씬 성인정치교육의 무대는 더 컸다. 드레스덴 조사팀의 조사에 의할 것 같으면 1350개의 조직체들이 성인정치교육을 실시하고 있다. 998개의 국민대학 중 단지 3백 개 대학에서 성인정치교육에 대한 강좌를 개설하고 있음이 증명되었다. 조사를 받은 조직들의 1/5이 정규직 인사를 사용하지 않고 있고, 인사 면에서 늙은 사람들이 주로 일을 하고 젊은 청·장년들은 발견할 수 없었다. 교육 참가자들에 있어서는 지식의 습득이 우선시되고 동시에 교육의 제공은 흥미로워야 했다(상기책, 157). 성인정치교육에 참가하는 참가자들은 상당한 교육을 받은 자로서 43.3%가 공부를 마쳤고, 특히 19.3%가 대학시험 합격자들이다. 본 성인정치교육의 참가자들은 주로 중산층으로 판명되고 있다(상동, 177). 협의 및 광의의 정치개념에 대한 과거의 엄청난 논쟁은 거의 사라져버렸다. 정치학에는 여러 부문에서 수용된 관련 학문이 빠져있다(상동, 61). 직업교육과 정치교육의 협력 혹은 통합은 이루어질 수 없다. 정치교육이 유연하게 상상력이 풍부한 유인책들을 개발하고 또 이를 정치교육 참가들에게 제시할 수는 있지만 거기에는 정치교육 프로그램 제공과 실제의 수요 간의 엄연한 차이가 존재하고 있다(상동, 285). 피면담자들은 그들의 소견서로부터 그들의 전략적인 조망과 교육정책적인 진술들을 끌어내고 있다. 그래서 그들은 정치교육의 기관들이 경제적 국고압박에 처해있어 상호경쟁이 전개될 수 있다는 것을 확신하고 있다(상동, 285). 그러나 이러한 상황은 불가피한 네트워크 교육들을 방해하고 있다(상동). 그러나 바로 여기에서 본 보고서는 성인정치교육의 장래에 대한 대안을 찾고 있다. 즉, 지방의 학습과정과 교육과정의 틀 속에서 미디어간의 기능들을 수용하고 지방의 네트워크를 촉진시키며 지금보다 훨씬 더 강력하게 직무기능들을 인지한다는 대안인 것이다(상동, 287).

시민사회가 잘 운영되지 못하고 있는 정치교육을 위한 구제앵커와 같이 나타나고 있다. 여러 장소에서 시민사회는 새로운 과제영역으로 출현하고 있다. 저의 견해로는 드레스덴의 학자들이 범한 하나의 커다란 실수는 사회사업 내지 사회교육학에 있어서의 그들의 위치를 정한 것이다. 그들이 사회교육학의 경계선을 아주 물 흐르듯 바라보고 있다는 것은 분명하다. 정치교육을 스스로 조정하는 습득과정에서 조정자 혹은 충격을 주는 자로써 이해하는 구분되지 않은 묘사가 한편으로 조력을 하지만 다른 한편으로 정치교육과 사적인 교육 내지 교육과 자격증을 위한 교육 사이의 부족한 능력 혹은 준비태세를 구분하려고 한다. 그러나 이것이 훌륭한 정치교육인가? 이러한 질문은 우리의 면담집 속에서 그 답을 얻어 보자.

3. 좋은 정치교육자 - 좋은 정치교육

우리의 피면담자들은 정치교육자들의 자격과 인격을 지나치게 요구하고 있다. Gerhard Strunk는 이와 관련하여 정치교육자들에게 전문적인 요구들을 특징으로 하는 과도한 요구증후에 대해서 언급하고 있다. 필요한 자격들과 인격의 특징에 대한 카탈로그로부터 하나의 확고한 전문지식이 특히 자주 언급된다는 것은 놀라운 일이 아니다. 그러나 피면담자들 중 어떠한 사람도 성인정치교육이나 청소년교육자들이 정치학을 배워야한다는 것에 지지를 표명하고 있지 않다. 정치교육자들을 특징짓는 개인적인 특징의 다수와 폭을 언급할 필요가 있다. 즉 박자, 인간을 위한 관심사, 용기, 기동성, 상상력의 풍부함, 자기성찰, 신뢰성 그리고 유머 등이다. 이러한 성품들의 열거는 학교에서 소개되는 정치교수법과 현저한 차이를 나타내고 있다. 여하튼 전문적인 자기이해에 대한 그러한 토의 속에서 상응하는 성격들은 훨씬 적은 역할, 유머처럼 전혀 어떠한 역할도 하지 못하고 있다(Pohl, 2004). 학교 밖 정치교육 영역에서 이러한 성품들을 강조하는 데 있어서는 2가지 이유를 생각해 볼 수가 있겠다. 첫째로, 학교 밖 정치교육자들은 상이한 성장과정과 학문적인 관계 및 교육에 의해서 특징지어지고 있고 즉 정치교수법적인 전문적 이해가 여기에는 존재하지 않는다. 둘째로, 성인정치교육자나 청소년교육자는 학습자를 자유롭게 자기의사에 따른 참여에로 끌어들이는 데 항상 노력하지 않으면 안 된다. 성인정치교육은 통상 자유로운 시간, 과외시간에 이루어지고 있다. 즉 학교교육으로부터 자유롭고 관심을 일으키는 배움의 장치가 기대될 뿐만 아니라 동기를 유도하는 교육학적인 참가자들이 다시 와서 배워야 하기 때문이다. 훌륭한 정치교육자의 특징은 결과적으로 대화에 대한 능력이다. 이는 교육참가자 중심의 교수법원칙과 유사하게 훌륭한 정치교육의 핵심적인 특징인 것이다.

참고문헌

Abschlussbericht Evaluation der Bildung im Auftrag des Bundesministeriums für Bildung und Forschung, verfasst von Lothar Böhnisch/Karsten Fritz/Katharina Maier, helktographierte Ausgabe, Technische Universität Dresden 2004.

Ahlheim, Klaus: Mehr als Qualifikation. Profil und Chancen Öffentlich verantworteter Weiterbildung, in: Erwachsenenbildung 4/2001, S. 184-188.

Ahlheim, Klaus: Scheingefechte. Zur Theoriediskussion in der politischen

Erwachsenenbildung 2/2002. S. 79-81.
Arnold, Rolf: Bildung ist Stärkung des Subjektes. Anmerkungen zum Paradigmenwechsel politischer Bildung, in: „PÄD Forum: unterrichten, erziehen 6/2003, S. 327-329.
Arnod Rolf/Nuissl von Rein, Ekkehard: Ein Briefwechsel zur Replik 몇 die Ahlheim-Anord-Kontroverse von Klaus-Peter Huifer und Ulrich Klemm, in: Erwachsenenbildung 1/2003, S. 29-31.
Borinski, Fritz: Der Weg zum MitbÜrger, DÜsseldorf und Koln 1954.
Hufer, Klaus-Peter: für ein emanzipatorische politiche Bildung. Konturen einer Theorie für die Praxis, Schwalbach/Ts 2001.
Hufer, Klaus-Peter/Klemm, Ulrich: Attacke statt Diskurs. Überlegungen zur Kontroverse Ahlheim/Anord, in: Ewachsenenbildung 4/2002, S. 189f.
Hufer, Klaus-Peter/Klemm, Ulrich: Attacke statt Diskurs. Überlegungen zur Kontroverse Ahlheim-Anord, in: Ewachsenenbildung EB 1/2003, S. 189-190.
Hufer, Klaus-Peter/Pohl, Kerstin/Scheurich, Imke (Hrsg): Positionen der politischen Bildung 2. Ein Interviewbuch zur außerschulischen Jugend-und Erwachsenenbildung, Schwalbach/Ts. 2004.
Körber, Klaus(Hrsg): Politische Weiterbildung zwischen Gesellschafts - und Subjektorientierung. Dokumentation einer bildungspolitischen und wissenschaftlichen Fachtagung vom 24. bis 26. September 1992 an der Universität Bremen (Bremer Texte zur Ewachsenen-Bildungsforschung), Bremen 1994.
Nuisl, Ekkehard: Politische Bildung und Ewachsenenbildung, in : PÄD Forum: unterrichten, erziehen 6/2003, S. 331f.
Pohl, Kerstin (Hrsg) Positionen der politischen Bildung 1. Ein Interviewbuch zur Politikdidaktik, Schwalbach/Ts. 2004.
Strunk, Gerhard: von Umdeutung und Vereinnahmung. Anmerkungen zum Beitrag von Rolf, Arnold,, Mehr als Öknomie. Eine Replik auf Klaus Ahlheim", in: Ewachsenenbildung 1/2003, S.27-32.

제13장 한국 경제교육과 민주시민교육의 현황과 발전 방향

유임수(이화여대)

1. 문제의 제기

한국은 올해로 일제로부터 해방된 지 60주년을 맞이하고 있다. 미국 등의 연합국이 제2차 세계대전을 종결시킴으로써 한반도는 일본으로부터의 광복을 맞이했지만, 이념분쟁으로 남북한이 분단되고 전쟁을 치르게 되었으며, 지금도 여전히 통일국가를 이룩하지 못하고 있다. 지금 시점에서 남북한의 통일은 여전히 달성하기 어려운 과제일지도 모른다. 북한은 정치적으로 여전히 사회주의 국가로서 일당 독재체제를 유지하고 있고, 경제적으로는 중앙계획경제에서 벗어나려 하지만 어려움이 계속되고 있으며, 여기에서 벗어나기 위해서는 북한의 체제전환 즉, 개혁과 개방이 불가피하다. 이에 비해 남한은 자유 민주주의의 가치를 토대로 현대적인 공업국가로 성장하였으며, 민주적인 정치체제, 시장경제제도, 그리고 인권이라는 보편적 가치를 누리면서 성숙되어 왔다. 물론 이는 국민의 숱한 희생과 노력이 있었기에 가능했다. 한국은 엄청난 민주화 투쟁을 통하여 군사독재를 극복하고 민주적인 체제를 갖출 수 있었고 이러한 과정을 통하여 국민은 성취감과 자신감을 얻어가고 있다. 또한 민주주의는 더욱 공고화될 것으로 보인다. 왜냐하면 민주주의를 뒷받침할 수 있는 힘은 경제적인 뒷받침에 있기 때문이다. 한국은 앞으로 민주주의가 경제, 사회, 문화 전부분에 확산되어 민주주의를 더욱 발전시키고 국민에게 더 가까워가는 생산적인 정치 즉, 민주인권시대의 도래를 가져와 선진국으로 진입할 것이다.
 선진국은 법과 제도가 확립되고 운영이 민주적이어야 하지만, 중요한 것은 사회 구성원의 민주적인 질서 의식이 함양되고 성숙되는 것이다. 이는 국민들을 계몽시키거나 교육을 통해서 향상시킬 수 있으며 공공재인 교육은 민주주의와 시장경제의 중요한 가치이다. 그리고 시민 교육의 필요성은 이를 강조하는 것으로 정부와 국민, 생산자와 소비자의 관계를 이루어 결국 공급자와 수요자의 입장을 보는 것이다. 즉 좋은 민주시민교육은 최선의 경제적 토대를 가져야 한다는 것이다.
 자유주의적 시장경제제도는 시장원리가 더 활용되어야 하고 경제주체인 정부 기업 가계가 모두 하나의 조화로운 합의인 경제정책이 이루어질 때만 가능하다. 과거 한국경제는 관주도 경제로 압축되었지만 앞으로는 민간주도형 경제로 나아가 국민 일자리 창출과 소득증가, 그리고 개방경제하의 새로운 패러다임을 찾아야만 한다. 그리고 이를 위해서는 친시장적인 원리, 기업가 정신의 고양, 건전한 노사문화, 소비자 주권이 마련되어야 한다. 급속한 대외환경 변화와 세계화는 기존 패러다임의 끊임없는 변화와 수정을 요구하고 있으며, 이는 곧 선진국 경제로 가는 길이라고 할 수 있다.
 한국이 민주화와 산업화가 이루었다 할지라도 여전히 선진국이라고 할 수 없는 것은 사회 구성원의 사회적 성숙도와 문화적 가치를 재고하지 않기 때문이다. 이러한 정신문화적인 면에서 경쟁력을 키우는 것은 민주 시민교육을 통해서 가능한 것인데 이는 정치교육과 경제교육을 통해서 원숙한 시민으로 성숙해가는 것이다.
 민주시민교육은 과거와는 달리 지식정보화산업 시대의 도래로 지식화, 정보화, 세계화 등 대외환경의 변화로 모든 국가경영과 기업경영 등의 교육이 절대적으로 필요하다. 한국의 미래는 전통적인 산업분야뿐만 아니라 인터넷과 디지털의 토대 위에서 이루어지는 산업분야에서의 인적자원 개발에 달려있으며 이 기회를 모든 이에게 제공하는 국가만이 성공할 수 있다.

　이 논문은 이러한 배경 하에 다음과 같이 4장으로 구분한다. 우선 문제제기에 이어 제2장에서는 민주시민교육의 내용, 민주시민교육과 경제교육의 상호성을 언급하고 그 특징을 검토한다. 제3장에서는 경제교육이 왜 중요한가를 설명하고 이를 수행할 수 있는 수단과 그 내용을 상세히 살펴본다. 그리고 제4장에서는 한국 경제가 앞으로 기여하게 될 경제교육의 과제와 그 육성방안에 대하여 검토하고, 제5장에서는 한국 경제교육의 발전 가능성과 그 한계에 대하여 다루면서 결론을 도출한다.

2. 민주시민교육과 경제교육의 상호관계

　인류의 미래와 평화는 자유와 민주주의가 보장될 때 가능하다. 선진국은 민주주의를 스스로 쟁취했지만 후진국이나 개도국은 그 과정에 있다. 따라서 그들 스스로가 민주주의를 공고히 하여 민주화를 쟁취해야 하겠지만 그런 상황에 있지 못할 경우에는 외부에서 민주주의로 갈 수 있도록 자극을 주는 것이 현실이다. 그런데 선진국형 민주주의가 모든 나라에 동일하게 적용되어질 수는 없다. 민주주의의 발전은 그 나라의 전통과 새로운 변화를 가미시켜 자기 토양에 맞는 민주주의가 이루어져야 되는 것이다. 그리고 이러한 원리는 일국의 경제발전에도 동일하게 적용되는데, 특히 냉전체제 이후 공산주의의 붕괴가 민주주의로 체제로, 중앙계획경제에서 시장경제로 체제를 전환하는 과정에서 더욱 그러하며, 국경 없는 경제활동인 세계화의 경우에도 마찬가지이다.

　일반적으로 교육의 가치는 인간의 존엄성을 높이며, 자신의 부족함 또는 불합리를 스스로 고쳐 자기완성을 향해 나가는 일련의 과정으로, 개인의 능력과 잠재력의 가치를 높여 사회에 기여할 수 있도록 하는 중요한 요소이다. 또한 공공재로서 교육은 생산성을 높여 성장하기 위해서는 무엇보다 중요하며 경제발전을 위한 핵심적인 요소이다. 더욱이 과거와 달리 지식・정보화 시대로의 변화라는 관점에서 볼 때 혁신적인 변화를 추구하기 위해 교육의 역할이 더욱 중시된다. 한국은 현재 교육의 양과 질을 높이는 교육개혁이 국가발전에 새로운 이슈로 떠오르고 있다. 한국은 선진국의 교육제도를 벤치마크하여 우리 현실에 맞는 교육을 적용할 필요가 있는데, 여기에는 일반 교육뿐만 아니라 민주시민 교육의 개념, 발전방향, 육성대책의 경우에도 중요하다.

민주주의가 발전한 국가에서는 민주시민교육이 보편적으로 발전되어 있지만 전체주의 국가나 후진국의 경우에는 민주시민 교육이 각국의 상황에 따라 차이를 보이고 있다. 제2차 대전 후 미국과 연합국들은 패전한 전체국가들에게 민주주의를 도입, 발전시켜 왔다. 그 대표적인 국가로는 독일의 경우를 들 수 있다. 독일은 여타 서방국가들에 비해 민주주의 역사가 짧지만 이를 국내적으로 잘 발전시켜 오늘날 민주시민 교육의 모델을 만들었는데, 소위 보이텔바하 최소합의라는 모델을 만들어 발전시키고 있다. 이는 하나의 성숙된 모델로 제3세계에 제공할 수 있는 형태로 발전되었다. 이러한 독일의 모델은 한국에도 하나의 발전 모델로 이루어지고 있는데, 한국은 지방자치제도의 도입 이후 민주시민 교육의 필요성이 더욱 강조되고 있기 때문에 이것이 우리에게도 도움이 되고 있다.

독일의 경우 민주시민교육은 헌법에 기초하여 최소한의 합의도출을 이루는 것이며, 소위 보이텔바하 원칙에 따라 중앙정부와 지방정부의가 역할을 분담하면서 정치적 민주주의를 전파시켜 내각제 제도를 잘 운영하는 대표적인 예가 되었다. 한편 사회적 시장경제의 기본을 위해서 시장의 원칙을 준수하면서 정부는 시장실패가 초래하는 부분에 적극적으로 개입하여 사회보장제도를 이룩한 바 있다. 이는 민주시민교육과 자유시장경제 체제에서 국민들을 잘 훈련시켜서 발전된 것이다. 냉전체제의 붕괴로 독일은 통일을 이룩하면서 국내여건의 변화를 세계화 시대에 적응시키지 못해 경제의 잠재력을 잃어가고 있다. 그러나 민주주의의 퇴보는 유럽연합의 틀, 즉 유럽적 가치 안에서 이루어지고 있기 때문에 민주주의의 퇴보는 불가능하다. 따라서 독일은 통일독일이 하나의 국가로 융합하는 데에는 민주주의의 새로운 시민교육이라는 과제를 안고 있는 것이다.

이에 비해 한국은 민주화와 산업화를 이룩하여 어느 정도의 토대를 마련했지만, 이 토대가 내외부의 변화를 수용하면서 새로운 단계에 이르는 데에는 사회적 문화적 질서가 여전히 미숙하다. 또한 한반도 분단이라는 상황을 극복하기 위해서는 양 체제의 틀 안에서 이를 극복해나갈 수 있는 노력이 요구되는데, 여기에는 민주주의 시민교육이 반드시 필요하며 이는 통일을 준비할 수 있는 원동력이 되기도 한다.

오랜 독재기간 동안에 민주주의를 쟁취한 한국의 민주주의 경험은 민주주의가 남이 가져다주는 것이 아닌, 올바른 민주주의를 국민들이 몸소 배우고 겪고 수행해야 하는 것임을 말해준다. 또한 이러한 한국의 경험은 다른 아시아 국가의 민주주의 전파에 도움이 되었는데, 이는 일국의 민주주의화는 타국의 민주주의화에도 영향을 미친다는 상호보완작용을 의미한다. 한국의 민주주의 경험은 국민 스스로가 적극적으로 민주주의를 배워나가야 하는 것임을 말해주었으며, 이것은 민주시민교육을 통해서 가능하다. 현재 민주시민교육은 민주주의의 중요한 축이라는 인식이 계속해서 확장되고 있다.

서양식 민주주의를 그대로 받아들여 한국에 적용시키는 것은 정치적, 제국적 그리고 문화적 장벽에 부딪치는 결과를 초래한다. 한국은 민주주의 역사가 일천하고 경험이 적기 때문에 수입된 선진국의 획일적인 법과 제도가 그대로 유지되어 많은 마찰을 가져왔다. 때문에 민주주의적 사고가 우리정치에 맞도록 고쳐나가는 노력이 경주되어야 하는데, 그 예로 권력구조, 선거제도, 대통령중심제와 내각제, 지역주의 등에 대한 방향을 제시하면 다음과 같다.

의회, 정당들은 이념분쟁보다는 지속적인 입법을 통해 국민들의 어려움을 해결할 수 있도록 시스템을 만드는 것이 중요하다. 정치개혁은 제도 개선뿐만 아니라 바람직한 국회운영을 위한 정당의 역할을 강조해야 한다. 민추협은 정치제도 변화 인터넷과 모바일을 이용한 선거행태 등의 변화를 배경으로 지적하면서 정당이 국민의 시뢰를 받는 사회중심세력이 돼야한다고 방향을 제시했다.

중앙정부와 지방정부는 새로운 체제로 돌입되었기 때문에 시민들에 대한 서비스가 우선시되는 경쟁사회로 진입하게 되었다. 또한 행정시스템과 공무원의 교육은 실질적으로 중요한 요인으로 작용되고 있고, 공부원의 경쟁력 강화를 위한 훈련이 중시되고 있다. 공무원채용시험이나 연수제도 등을 어떻게 해야만 경쟁력을 강화시키는지가 국가경쟁력을 강화시키는 것이다.

국가운영과 정책결정에 있어서 모든 핵심은 정치논리보다는 경쟁논리인 시장원리와 경쟁원리로 전환해 국가 경쟁력을 갖춰 나가야 한다. 이를 위해서는 정치권 및 관료계급들이 구퇴를 벗어나 국민의 공복이 되어야만 조세부담자의 욕구를 충족시킬 수 있다. 중앙이나 지방정부의 모든 정책이 경제논리를 무시한 채 정치권이 국민을 위한 정책이 아닌 인기 영합주의에 빠지거나 정경유착을 해결하지 않는다면 시장경제에 대한 위협요소가 생기며 더 나아가 세계화에 역행하는 정책이 된다.

한국은 과거 중앙집권적 정치구조 하에서는 정치인들의 정경유착이 심화되고 관료들이 부패하였으며, 특히 인허가권이 너무 남발하여 국민들에게 부담이 되어왔다. 기업가는 정부 관료와 정치인들에게 정치자금을 제공하고 그 반대급부로 사업권을 받아서 정경유착을 심화시키기 때문에 경제보다는 경제외적 요인에 의해서 사업의 성패가 결정되었던 것이다. 따라서 경제 발전을 위해서는 기업이 혁신기능을 발휘할 수 있는 기업가정신이 강조되어야 한다. 정치행태가 바뀌어야만 경제도 안정될 수 있다.

경제교육은 경제주체인 정부, 기업, 가계가 생산, 소비, 분배 등의 경제활동에 대한 의사결정을 내리는데 매우 중요한 역할을 한다. 정부는 우선적으로 시장실패를 보완하기 위한 역할을 중시해야 하고 기업은 기업가 정신을 함양할 수 있어야 하고 가계는 합리적 소비선택을 할 수 있어야 한다. 복잡하고 다원화되고 세계화된 대외여건에서 국민들이 경제에 대한 관심과 이해를 높이기 위해서는 민주시민교육 가운데 경제교육을 통해서 경제의 흐름을 파악할 수 있어야만 한국경제를 높은 수준으로 이끌어갈 수 있는 것이다.

시장경제의 핵심인 기업은 생산요소를 투입하여 생산과정에서 국부창출을 이루기 때문에 기업가정신이 중요하다. 기업의 역할과 기업가 정신이 적자생존의 기업 경영의 중심이기 때문에 이윤 추구가 전제되어야 하고 또한 반 기업정서가 확대되면 안 된다. 이 반 기업정서는 기업이 윤리적이지 못하기 때문에 생기는 경우가 많으며 이로 인해 경제에 대한 신뢰를 잃게 된다.

한국경제는 개발기에 외국인 투자가 경제성장에 기여해 왔다는 긍정적인 의미를 가졌지만 또한 외자에 대한 부정적인 시각이 만연되어 왔다. 특히 1997년 IMF 금융위기 이후에 외국인 투자가 은행, 주식, 자본시장 등의 투자로 확대되면서 외국 자본은 한국에서 매우 긍정적 역할을 했지만 외국인 투자자들이 지나친 한국경제에 대한 지배력 강화로 인해 한국기업이 외국인 손에 들어갈지도 모른다는 우려를 낳게 되었고 또한 외국인 투자자들은 한국 정부가 외국 자본의 한국 내 투자활동을 제약하는 쪽으로 정책 방향을 바꾼 것이 아니냐고 의심하고 있다. 외국인들은 한국정부의 조치가 외국자본에 대한 배타적인 태도라고 하면서 이를 비판한다. 반면 한국인들은 외국자본이 국내시장에서 얻어지는 이익을 챙겨 타국으로 빼돌린다는 비판을 하는데, 이러한 반외국인 정서는 한국의 경제발전에 도움이 되지 않는다.

한국사회에서는 대내적, 대외적인 경제활동에 대한 인식에 많은 차이를 보이고 있다. 경제활동에서 개인들은 이윤추구를 목적으로 하고 있기 때문에 자기 이익을 위해서 경제활동을 한다. 따라서 보호적인 태도만으로는 이것이 가능할 수 없다. 경제에 대한 이해가 소극적인 까닭에 대부분 국민들은 폐쇄경제에서 가지는 경제적 보호로 인한 혜택이 개방경제에서 갖는 혜택보다 크다는 잘못된 생각을 하고 있다. 따라서 소규모 경제체제 하에서 국민이 얻을 수 있었던 경제적 혜택이 대규모 경제와 개방경제 체제하에서 자국경제가 얻을 수 있는 혜택이 크다는 사실을 알 수 있게끔 하기 위해서는 경제교육이 필요하다.

경제교육의 목표는 국민들에게 시장경제에 대한 이해를 증진시키고 이들이 시장경제 원리의 중요성과 행동원리를 터득함으로써 경제적 삶을 풍요롭게 할 수 있도록 하는 것이다. 다시 말하면 경제주체들이 경제활동에서 필요한 경제적 지식을 올바르게 활용하고 실천할 수 있도록 올바른 태도를 갖게 하는 것이다. 시장경제에 대한 이해가 부족하거나 왜곡된다면 이는 인간이 합리적 선택의 사고를 할 수 있는 경제적인 시각 혹은 생각이 어려워질 것이다. 경제교육이 강조되고 경제학적인 지식과 소양이 필요한 이유는 지식화, 세계화로 급격하게 변화하는 현대사회에서 이제 경제지식은 필수교양이 되었기 때문이다. 경제학이 오로지 돈을 벌기위한 학문으로 이용되는 수단이 아니라는 사실을 국민들은 이해시키는 것이 필요하다.

기업은 생산 활동을 통해 고용창출과 소득증대를 이루는 국민경제의 주체이다. 여기서 기업소득은 기업가의 이익이며, 기업은 재투자 및 확대투자를 통해서 국민경제를 확대시킨다. 이를 위해서는 기업가 정신을 발휘할 수 있는 여건이 조성되어야만 한다. 기업의 투자 활성화를 위해서는 내부적인 요소뿐만 아니라 정부의 기업에 대한 각종 규제, 수도권 규제완화, 출자총액규제와 반 기업정서를 해소시키는 일이 무엇보다 중요하다. 이는 기업들이 기업가 정신을 발휘할 수 있는 도전적 의식을 재고시킬 수 있도록 해야 하는 것이다. 즉 기업은 노동자와 소비자들에 대한 사회적 책임을 원활하게 수행하고 기업문화를 발전시킬 수 있도록 해야 한다. 기업은 사회 전체로부터 분리될 수 없으므로 사회로부터 얻은 이익을 사회적으로 환원될 수 있도록 하는 것이 자본주의 사회에서 기업이 올바른 주체가 되는 기업문화이며, 이 문화가 확산됨으로써 자본주의는 지속적으로 발전을 거듭할 수 있게 된다. 과거 한국 국내시장이 외국 투자자들에게 개방이 덜 되었을 당시에는 국내 기업이 여러 가지 이점을 누릴 수 있었지만, 현재는 국내시장에서 외국기업과의 경쟁이 불가피해졌기 때문에 국내시장에 대한 우위를 차지하기 위해서는 엄청난 사고의 전환이 필요하게 되었다. 외국의 금융자본이 도입됨으로써 외국기업들이 국내시장에서 엄청난 주주이익을 실현하여 많은 국내자본의 유출이 강화되고 있는 현실에서 우리는 이를 비판만 할 수 있는 처지가 아니다.

한국경제는 세계화로 인해서 개방의 이익과 혜택을 누리고 있지만, 다른 한편으로는 국내시장의 개방화가 국내 기업의 국제 경쟁력을 약화시키고 더 나아가서 산업별, 부문별, 계층별 불균형이 심화되어 어려움을 겪고 있다. 산업경쟁력의 저하, 기술부족, 빈부격차가 커짐으로써 이 과정에서 진정 우리가 세계화의 혜택이란 무엇인지를 엄격하게 논의하여 대응책을 마련하는 일이 시급하다. 세계화로 인한 경제적 어려움이 심화될수록 정치적인 불안이 고조될 수 있기 때문에 이를 대비할 수 있는 방법을 모색하는 것이 필요한데, 한 방법으로는 국내기업이 변화를 수용하지 못해서 발생한 IMF의 경제위기를 거울삼을 필요가 있다.

경제주체로서의 기업은 생산자 계획으로의 중요성이 강조되고 있지만 이는 한편으로는 정부의 경제정책의 일관성과 지속성에 의해서 영향을 받고 있다. 다른 한편 기업은 생산요소의 제공자인 노동자와 가계의 주인인 소비자계획 등에 미치는 영향이 크기 때문에 기업 중심 정책인 경영정책이 폭넓게 이루어져야만 경제가 발전할 수 있다. 기업은 생산요소를 투입하여 산출을 극대화시키는데, 중요한 것은 기술로써 기술 혁신 없이는 기업과 국가와 사회의 발전을 기대할 수 없다. 기업의 발전은 경제를 발전시키고 더 나아가 국가와 사회를 발전시켜서 1만 4천달러인 국민소득을 2만 달러 이상으로 높일 수 있는 지름길이다. 여기에서 경제 교육의 중요성이 강조되는데, 국민들에 대한 경제교육이 제대로 이루어진다면 한국 경제의 개혁과 개방은 원활히 추진되고 한국경제를 한 단계 더 높일 수 있는 계기를 마련할 수 있을 것이다.

학교는 교육의 공급자로서 학생들에게 사회과목으로 경제학을 선택하여 공부시키고 있다. 이는 물론 대학진학을 위한 치열한 경쟁에서 선택할 수 있는 과목 중 하나이다. 그러나 학생들이 학교에서 경제과목을 학습하는 것은 올바른 경제지식을 갖추어 사회인으로서의 교양을 갖추기보다는 입시위주의 수업에 치중하는 경향이 있다. 중고등학교에서 경제학 과목에 대한 학습이 제대로 이루어지지 않으면 잘못된 경제 지식이나 치우친 경제관을 가지게 되어 학생들이 기업의 역할과 기능을 과소평가하고 적대시할 수 있다. 시장경제에 대한 올바른 이해와 관심을 갖도록 하기 위해서는 학생들에게 경제적 지식과 논리적 사고를 함양시킬 수 있도록 교과과목의 내용과 학습방법을 혁격히 고쳐나가야 한다.

경제교과서는 학생들에게 경제에 대한 기본적인 인식을 제공하는 것이기 때문에 전통적인 이론만 주입시키는 것이 아닌 대외환경의 변화와 새로운 문제들에 대한 현실적인 인식을 줄 수 있도록 교과과정의 대폭적인 개정과 수정이 이루어져야 한다. 또한 중고등학생들에게 시장경제에 대한 확고한 인식을 심어주기 위해서는 경제에 대한 지식을 넓히고 흥미를 가질 수 있도록 하는 학습방법의 변화를 가져와야 한다. 입시를 위한 단순한 암기식 공부보다는 실생활에 밀접한 주제를 많이 포함한 학습방법으로 개선시키는 것이 필요하다. 이를 위해서는 합리적인 선택의 문제를 다룰 수 있고, 경제적 사고의 힘을 배양할 수 있는 것은 경제신문 혹은 경제책자 등이 좋은 학습 자료가 되는데, 이는 적은 비용으로 높은 교육효과를 기대할 수 있다. 또한 학생, 대학생뿐만이 아닌 일반인까지도 경제현상에 대한 올바른 이해와 합리적인 의사결정능력을 높임으로써 경제정책의 유효성을 제고시킬 수 있다.

　지난 50년간 한국은 민주주의와 시장경제의 완성을 위해 시행착오를 겪어왔으나 이를 극복하여 오늘날 경제 성장과 민주화를 달성한 경험을 가지고 있다. 그러나 현재까지 이룩한 업적에 새로운 변화를 모색하고 튼튼한 체제 마련을 위해서는 보다 많은 노력을 쏟아야 하며, 통일 이후의 한국경제 발전을 위한 토대 또한 마련해야 한다. 한국의 발전을 위해서는 정치와 경제의 상호의존성을 잘 발휘할 수 있도록 국가시스템을 구축할 필요가 있으며 이를 위해서는 민주시민교육이 필요하다.

　민주시민교육은 사회구성원들이 정치적 민주성과 경제적 효율성, 형평성을 같은 수준으로 동시에 유지시킬 수 있도록 교육시켜야 한다. 따라서 정치교육과 경제교육은 자전거의 두 바퀴와 같은 역할을 한다. 정치가 잘되고 안정되어야만 경제가 발전할 수 있는 것은 자명한 일로 정치적 정체성과 경제적 시장구조가 잘 이루어져야만 마찰이 적어진다. 정치가 경제발전을 촉진시키는 시스템으로 가야지 기업의 지속적인 성장을 방해하는 짐이 되어서는 안 된다. 하지만 많은 국가에서는 정치자금에 대한 기업의 기여가 필수적인데, 여기에서 정경유착이 발생하고, 이것은 결국 시스템을 약화시키는 예가 되는 것이다.

　정치가는 정책수행을 위해서 많은 운영자금이 필요한데 이는 합법적인 공급으로 투명하게 관리되어야 한다. 기업들이 음성자금을 불법적인 방법으로 조달하면 기업은 그만큼 분식회계를 통해 처리해야함으로 정치인이 자유로울 수 없다. 기업들이 제공하는 정치자금을 얻어 쓰면 정치가들은 정경유착의 고리를 끊을 수 없다. 한국의 경우 지난 수십 년간 압축 성장을 통해 경제성장은 이룩하였으나 이 과정에서 정경유착이 고질화되어 있어 기업경영도 안되고 정치제도도 정경유착으로부터 자유로울 수 없어서 선거를 통한 정권교체를 할 때마다 정치 스캔들이 일상화되어 있다. 새로 당선된 대통령은 전임 대통령과 그를 지지했던 경제인들에 대한 사법처리를 거듭해온 것이 현실인 것이다. 따라서 정치개혁은 선거비용을 줄이는 공영체제로의 전환을 모색하고 비용이 적게 드는 정치를 강구함으로써 정경유착의 고리를 끊어 기업들이 정치자금 공급보다는 기술발전에 투자할 재원을 마련하도록 하며, 새로 탄생하는 정부와 국민들의 지배관계를 효율적으로 이끌어갈 수 있는 체제를 마련하는 한편 기업은 기업과 소비자와 투자자들의 관계인 기업 지배구조를 개선시켜 나가고 있다.

전자의 정치적인 경우에는 국민인 투표자는 자신이 선출한 정부가 훌륭한 정책을 관철시키지 못할 경우에는 다음 대통령을 뽑을 때까지 기다려서 자신의 선호정당을 지지함으로써 정권교체를 기대할 수 있다. 이를 위해서 세금납부자인 투표자는 언론, 여론, 옵스만 등을 통해 간접적인 방법으로 정부에 영향을 끼쳐 향상된 민주주의를 지향하고 있다. 하지만 후자인 경제의 경우에는 국민인 소비자나 투자자가 기업이 제공하는 서비스와 용역 및 주식배당이익에 만족하지 못한다면 시장에서 즉각적인 반응을 취할 수 있다. 따라서 시장의 역할이 핵심이므로 기업은 공정성과 투명성 등의 기업지배구조를 변화시켜 기업을 발전시키게 되는 것이다. 그러나 이러한 정치변화와 경제개혁은 많은 어려움이 있고 오랜 시간을 요하는 것이다. 여기에서 우리는 한국적 상황에 맞는 모델을 찾는데 있어서 선진국의 것만이 최선이 아닌 우리의 문화와 정서를 반영할 수 있는 시스템을 만드는 일이 급선무라는 것을 깨달아야 한다.

3. 한국경제교육의 현황

부족한 자원을 가진 한국의 경우 인적자원의 개발, 육성만이 경제가 발전할 수 있는 원동력이다. 따라서 인적자원의 양성은 개개인의 삶과 직결되는 것이다. 우리나라 헌법에 따르면 국민은 누구나 교육기회를 가진다. 일반 교육은 국가가 교육을 수행하는 주체로서 한국의 경우, 정부가 그 역할을 하며 정부의 재정으로 그 뒷받침 하는 것이다. 학교 교육의 운영은 교육법에 따르며 국립학교는 정부가 지원하고, 9학년까지는 의무교육이지만 대부분 수익자 부담으로 운영되고 있다. 이에 비해서 사립학교는 사학재단에서 운영을 맡지만 역시 수익자 부담에 크게 의존하고 있다. 이에 대한 우리나라 현행 교육법은 점차 개선되어 교육을 공공재적 기능으로 반영하고 있는데 이 같은 계획의 핵심은 예산 개혁이므로 예산을 어떻게 쓸 것인지 처음부터 다시 논의할 필요가 있다.

교육투자에 필요한 재원이 정부 예산에서 차지하는 비용이 늘고 있지만 증가율이 저조하며, 경제 교육을 수행하는 연구 단체는 확대되어 가고 있지만 재정 지원은 그 한계에 달하고 있다. 한국 교육은 공교육에 절대적으로 의존해야 하나 공교육이 부실하므로 저효율이 되어 사교육에 의존하고 있는 것이 현실이다. 사교육에 의존한다는 것은 사교육비가 증가하는 것을 의미한다. 공교육의 질이 높아지면 사교육에 들어가는 비용이 줄어들 뿐만 아니라 그 금액을 공교육으로 돌리는 기회가 될 수 있다.

경제교육은 여타 교육과 분리할 수는 없지만 가정교육 등을 포함하여 학교 교육(초, 중, 고, 대학), 성인교육으로 나누어 볼 수 있다. 학교 외에도 사회단체나 언론, 기업계, 금융계에서 일반인들의 경제 지식을 확대시키기 위해서 경제교육이 이루어지고 있다. 최근에는 사이버 교육도 경제교육에 일익을 담당하고 있으며 중, 고등학교 사회과목 범위 내에서 가르치고 있다. 고등학교에서는 일반 사회로 대학입시에 반영되고 있다. 사회 구성원들은 경제교육을 통해 금융생활, 조세, 소비자, 노동자, 환경, 공해와 그 외에도 글로벌 시대에 세계 시민으로서의 경제적 활동을 배울 수 있다. 이를 통해 소비자, 기업가, 정부 등의 경제주체가 국경을 넘어서 이루어지는 모든 활동에 대한 안목을 기를 수 있다.

경쟁력의 원천은 교육과 지식으로부터 비롯되는데 이러한 지식을 전파하는 교육은 공공재적 성격을 갖고 있다. 우리나라의 공교육은 9학년까지 의무 교육제도를 채택하고 있는데, 학교의 정규교육이 주도적이지만 학교 이외의 평생교육의 중요성이 점차 강조되어 민주시민 교육의 핵심을 이루고 있다. 제도적인 학교정규교육은 중요한 기능을 발휘하고 있다. 학교에 진입하고 있는 모든 교육을 받는 대상은 가정교육에서 출발된다. 이 시기는 인간성격형성에 중요한 기점이며 부모로부터 어린아이들은 생활절약, 저축, 돈에 대한 사용법 등 소비 행태 등을 배움으로서 일상생활에 밀접한 관련성과 훗날 성인이 되었을 때의 소비를 결정하게 된다. 가정교육은 정규기본교육을 받기 전에 필수적인 것으로 주로 어머니로부터 가르침을 받으므로 여성의 역할이 중요하다. 그리고 초중등학교 정규교육에의 사회과목에서 가르치는 정치경제교육 역시 많은 성과를 거둘 수 있다. 이에는 학교경제교육이 우선적으로 강조되어야하고 교육에서 가장 중요한 것은 청소년에게 스스로 생각하는 것을 가르치는 것이다. 학교경제교육이 성과를 거두기 위해서는 학교경제교육이 우선적으로 강조되어야하고 학생들에게 큰 영향력을 가진 인터넷이나 언론매체들이 올바른 정보나 경제지식을 제공하기 위해 힘을 쏟아야 할 것이다. 또한 미래 한국 경제의 주인공인 청소년들에게 시장경제를 제대로 알려 이들에게 시장경제가 무엇인지 접할 수 있게 해야 한다. 중고등학교 학생들을 위하여 학교 교육에서 접할 기회가 많지 않은 시장경제 원리와 실물경제 흐름, 기업의 역할 등을 배울 수 있는 기회를 제공한다.

고교 실업교육 활성화는 교육과 사회 수요 간 격차를 해소하는 유력한 방안이다. 실업계 교육의 질이 높아지면 기업이 실업고 졸업생을 선호하게 되고, 실업계 졸업생들이 대학에 가지 않더라도 인생을 설계할 수 있다면 이들이 대학문으로 몰려드는 현상은 개선될 수 있다. 그렇게 되면 학생들도 대학 간판보다는 자신의 재능과 적성을 살릴 수 있는 실업고를 찾을 것이고, 우리 교육의 학력 과잉 현상도 풀리게 될 것이다. 하지만 현행 입시 제도는 학교의 인성교육까지 말살하고 있는 것 같다. 많은 학생들이 1년 동안 제대로 된 책을 한권도 읽지 않는다는 현실이

지적됐다. 교육 공급자인 정부가 교육 소비자인 학생과 학부모들에게 교육정보를 제공하는 것은 당연한 의무이다. 그러나 우리나라에서는 매년 시행되는 수학능력시험과 학업성취도평가 등 지극히 기술적인 자료조차 공개되지 않고 있다. 우리는 세계의 대학과 경쟁해야 하며 경쟁시대에 기업이 필요로 하는 인적 자원을 양성해야 한다. 무한 경쟁 시대에 성공적으로 살아남기 위해서는 대학과 기업이 협력해 국가 경쟁력을 높일 수 있는 인재상을 확인하고 교과과정에 이를 적극 반영해야 할 것이다.

성인교육인 비학교교육은 국가 기관은 물론 언론사, 사회단체, 엔지오, 소비자 생산자단체 연구소 등에서 광범위하게 실시되고 있다. 이외에도 경제교육센터 신설, 경제교육교재 개발, 국민경제교실 홈페이지 등이 운영되고 있다. 이러한 많은 단체들이 오늘날 민주시민교육의 주역으로 떠오르고 있다. 언론 또한 관심을 가지고 신문을 통해 일반인들에게 시경제흐름을 파악할 수 있게 하는 정보를 제공하고 있으며, 경제신문들이 일반인들에게 금융세제, 노사관계, 소비자의 주권 등에 대한 교재를 제공하고 있다. 신문 이외에도 인터넷 등이 국민들에게 경제정보를 제공하고 있다. 또한 사회단체에서도 참여연대 정의사회실현을 위한 비정부조직단체를 운영하고 있다. 이는 소비자보호 단체적 성격을 가지고 활발히 움직이고 있다.

민주시민교육에서 가장 중요한 것은 국민들에게 정치의식과 경제적 사고를 심어주는 것이다. 이는 내용뿐만이 아닌 교수법의 회복과 같은 방법론의 개발 및 활용이 중요하다. 참여 민주주의적 방법은 목표그룹의 교육선호도를 높이기 위한 방법으로 국민에 대한 수월성 위주의 방법과 평등적 방법이 있다. 그러나 시민교육은 다수의 시민들에게 전파해야 한다는 특성 때문에 평등적 방법에 입각하여야 한다. 우리나라의 경우에는 유교적 전통에 뿌리박고 있기 때문에 개인주의와 창의성이 강조되는 선진국의 경우와는 달리 차이를 보이고 있기에 이를 극복하고 민주주의의 성숙성과 시장경제의 중요성과 행동원리를 받아들여 우리의 상황을 개선해나가야 한다. 이를 위해서는 정부가 정규교육뿐만이 아닌 시민교육에서도 장기적인 투자활동을 통해 교육의 시설 확충과 교육내용의 컨텐츠를 충족시킴으로써 학습의욕을 증진시켜야 한다. 또한 교육현장의 아이디어를 정책수립과 교육자료 개발에 적극 활용하려는 자세도 필요하다. 이것이 민주시민교육을 넓은 범위로 확대시킬 수 있는 길이다.

경제교육과정을 통해서 젊은이들이 경제지식과 소양을 전수받을 뿐만 아니라 이것이 기업의 요구에 응할 수 있도록 활용되어야 한다. 하지만 교과과정은 이론중심에 치우치면 현장에서 실용성을 발휘할 수 없게 되어 생산기술, 금융운영, 합리적인 소비 등을 포함한 모든 경제활동에서 뒤질 수밖에 없다. 기업이 필요로 하는 인재를 얻기 위해서는 대학교과과정에 기업이 직접 참여, 지원함으로써 보다 우수한 인재를 육성할 수 있어야 한다. 기업의 경영진들이 교육에 참여하는 산악 협력 프로그램이 개발되어 보다 효과적인 주문식 교육이 이루어져야 한다. 또한 경제교육에 대한 정부와 기업의 인식을 전환하고 기업 활동과 연계한 지원을 확대해야 한다. 경제교육에 있어서는 모든 경제주체들이 경쟁하려는 의지를 만들어줄 필요가 있다. 이를 위해서는 각 기관이 교육 서비스의 내용과 형식을 다양화하고 전문화하는 방안을 강구해야 한다. 경제 교과서를 통해 이론적으로 이해하고 언론 미디어 등의 매체를 적절히 활용하면 보다 확고한 경제 지식 즉, 합리적인 선택과 효율성의 문제를 다룰 수 있어 실제 국민경제생활에 도움을 줄 수 있다. 따라서 국민들이 경제에 대한 지식을 넓히고 흥미를 느낄 수 있도록 하여 경제적 사고의 수준을 높여줌으로써 소위 사회적 인적자본의 토대를 축적시켜 경제발전을 할 수 있게 하는 것으로 이것이 이루어져야만 민주시민교육은 보다 발전할 수 있는 것이다.

4. 한국경제교육의 내용과 체계

한국사회는 역사적으로 볼 때 농업에서 산업사회로 변천되었고 제조업을 중심으로 발전되어 왔다. 해방이후 이념분쟁으로 인한 남북분열로 전쟁을 치루고 그 후 전쟁 폐허에서 재건을 위한 노력과 60년대 이후에는 장기경제개발을 통해 산업공업사회로 진입했다. 세계 최빈국이었던 한국은 반세기만에 현재 10위권의 무역대국으로 올라서 선진국의 문턱에 진입하였다. 현재 우리를 둘러싼 환경은 빠르게 변화하고 있다. 선진국으로 도약하기 위해서는 필요한 미래의 성장 동력을 발전시켜 나아가야 한다. 과거의 NICS국가에서 새로운 BRIS국가로의 전환이 예상되기 때문에 이러한 대외환경의 변화가 불가피하다.

따라서 한국은 산업구조의 변화를 촉진시켜야만 한다. 그 일환으로 현재의 제조업 중심에서 앞으로 전개될 지식정보화 사회에 맞는 산업구조로의 변화의 필요성을 들 수 있다. 지식정보 서비스 산업으로 넘어가는 과정에서 생겨나는 불확실성이 한국의 위축되는 제조업을 대체할 수 있는 하이테크, ICT 등의 신 성장산업으로의 구조개편이 이루어져야 한다. 기술혁신이 빠르기 때문에 이를 여기에 맞추어 기업의 투자활동이 지속되어야 한다. 더 나아가서 한국은 정보화 사회로 진입하기 때문에 금융 서비스 산업, 문화, 교육, 의료, 법률 등의 부가가치가 높은 서비스 산업의 중요성이 높아지고 있고 신용사회의 도래가 앞당겨지기 때문에 이에 적응키 위해서는 산업구조의 변화와 재편과정에서 정부의 일관된 경제정책, 규제완화정책과 기업의 투자와 경영정책 및 국민의 뒷받침 즉, 개인이 자기 혁신을 통해 시장 내에 적응력을 가지고 있어야만 이것이 가능하며 더불어 국가 간의 협력의 필요성 또한 강조되기 때문에 경제주체들의 개방된 안목과 협력이 절실하다. 그러나 한국경제의 구조재편 과정에서 발생할 수 있는 문제는 정부가 시장실패 차원에서 사회보장제도나 사회적 네트워크를 확충해야만 부작용을 해소시킬 수 있는 것이다. 이것을 가능하게하기 위해서는 한국의 경제교육을 강화시켜 경쟁과 시장의 원리가 도입될 수 있도록 각종 교육을 철저히 시켜야 한다.

첫째, 정부의 경제정책은 가장 주요한 정책으로 기업의 경영정책과 소비자계획에 직접적인 영향을 주기 때문에 안정적으로 운영되어야 한다. 따라서 정부는 경제활동에 올바른 정책을 제시하고 이를 지속적으로 유지할 수 있도록 운영되어야 한다. 정부는 시장실패에 대해서는 개입과 보완이 불가피하지만 경제논리가 배제되어 정치논리가 너무 강조되면 경제정책의 실패가 초래된다. 따라서 민간주도의 경제논리가 우선하는 정책을 수행시켜야 한다. 기업과 국민들이 인내심과 신뢰를 가지고 시장을 통한 원리가 이루어질 수 잇도록 일관성 있는 정책이 필요하다. 이에 정부는 경제정책을 통해서 국가의 자원을 기업이 경쟁 환경을 조성하고 생산성을 높일 수 있는 방향으로 재정을 집중투자하고 소비자들에게도 고용의 주체, 사회보험 제도를 강화하여 계몽된 소비자들이 될 수 있도록 해야 한다. 또한 노사관계의 안정이 산업평화를 유지할 수 있도록 해 주어야 한다. 정부의 경제정책이 국민들에게 일시적인 혜택을 제시하는 인기 영합적으로 흐른다면 일관성을 유지할 수 없게 된다.

정부의 경제정책을 수행하는데 있어서 정부는 공공재의 생산자이다. 이 생산은 공무원 등의 관료들이 정책입안과 수행 및 감독의 기능을 하고 있기 때문에 공무원들의 자질과 교육, 그리고 통제가 중요하다. 공무원은 국가의 정부활동을 추진하면서 정부의 기능과 역할을 수행하기 때문에 제대로 활용해야만 낭비를 줄일 수 있으며 새로운 변화에 적응하여 국가발전에 기여할 수 있다. 국가 공무원이 똑똑하지 못하면 자체교육 예산의 낭비로 인해 걷잡을 수 없는 상태를 가져온다. 이는 중앙공무원이나 지방공무원의 경우에도 마찬가지로 경제교육은 필수적이다.

둘째, 정부의 경제정책은 민간경제의 주체인 기업과 가계에 영향을 미치기 때문에 중요하다. 그 동안 관주도 경제정책으로 한국은 후진국에서 중진국까지 왔지만 앞으로 선진국으로의 도약과 발전은 과거의 보호에 안주되어 왔던 기업의 경영정책에서 벗어나 민간주도의 시장원리에 적용시켜야한다. 이는 곧 기업의 역할이 시장주의 원칙에 입각하여 기업의 국제 경쟁력을 강화하고 윤리, 책임경영에 입각한 기업경영을 의미한다. 기업은 최대한의 자율과 책임 위에서 기업가 정신을 발휘할 수 있도록 기업환경을 마련하는 일이 필요하며, 여기에는 기업가 정신을 고취시키고 이를 방해하는 반기업 정서를 해소시키는 일이 중요하다. 우리가 기업의 경영활동을 잘 파악하고, 기업과 기업인이 능력을 발휘할 수 있도록 힘을 북돋워 주는 것이 국민소득 2만 달러 시대로 들어가는 길이다.

한국이 오늘의 선진경제로 성장하는 데에는 대기업과 중소기업들이 중요한 역할을 수행했다. 그러나 대기업은 정부의 경제정책을 통해 지원과 보호 등의 혜택을 많이 받고 성장한 반면 경제의 토대인 중소기업들은 불균형성장으로 기대만큼의 성장을 이루지 못해 이중구조를 이루어 한국경제발전의 장애요인이 되고 있다. 이에 대응하는 중소기업 정책은 이제는 대기업의 동반자가 될 수 있을 정도로 국가 경쟁력과 기술력을 갖춘 기업을 골라내는 것이 되어야한다. 이는 곧 선택과 집중이 있어야 한다는 것이다. 경쟁력을 잃는 기업은 퇴출되고, 그보다 더 많은 기업이 새로 탄생하는 활발한 신진대사가 이루어져야 국가 경제가 활력을 Elf 수 있다. 이것이 시장원리인 것이다. 이 과정에서 대기업은 정부로부터 혜택을 받고 그 반대급부로 제공하는 정치자금은 기업의 연구개발에 투자되어야 할 몫을 정치자금으로 제공해서 정경유착에 가려져 제대로 평가받지 못하고 있다. 자유주의 시장경제 하에서 기업 간의 경쟁은 기술혁신과 경제사회 발전의 원동력이지만 기업의 경쟁을 회피하기 위해서 손쉬운 방법으로 기업 간의 담합과 정부와의 정경유착이 이루어져 경제력 집중이 강화되고 있다. 담합이 쉽게 적발되지 않거나 적발된다 하더라도 처벌의 수위가 약하면 더 증가한다. 따라서 정부는 기업

집중력의 영향력을 해소시켜 공정한 거래를 제고시키기 위해서 공정거래위원회가 여러 가지 제도와 개혁을 마련하고 있지만 보호에 안주되어 왔던 대기업들의 저항이 크기 때문에 경제개혁의 차원에서 어려움이 있다.

경제개혁은 경제주체들 가운데 기업이 보다 효율적인 의사선택을 실행할 수 있게 하는 것이다. 기업의 경쟁력을 강화시키는 일은 국제경쟁력을 키우는 길이고 선진국 진입의 핵심이다. 이것은 도전적인 기업가 정신을 발휘시키는 것으로 반기업 정서를 해소하고 기업하기 좋은 환경을 만드는 것이다. 또한 정부의 규제를 줄이고 노사협력을 통해 국내외 기업들이 경영활동에서 개방적인 시각이 이루어질 수 있도록 기업문화를 갖는 것이다. 따라서 중요한 문제는 반시장경제의 논란인데 이는 기업들에게 정부의 경제정책이 기업인들에게 지나친 공개를 요구하는 것은 시장적인 논란이 있으며, 국민들의 기업에 대한 적대심이 노사문제 또는 구매거부 등의 형태로 나타나고 있다. 이에 대해 기업은 반기업 정서의 해소가 기업환경을 개선하는데 중요한 과제라고 생각한다. 이것은 기업들의 국제경쟁력 강화를 위해서도 개선되어야 할 것이다.

이러한 과정에서 기업은 한국경제가 어디로 가느냐에 의문을 가졌고, 이런 불신이 국내기업의 탈한국 및 개인 자금의 해외 유출을 가속화시킬 염려가 있다. 또 정부의 규제개혁과 조세감축 노사협력 외국기업을 동반자로 생각하는 개방적인 시각이 이루어지지 않으면 기업의 발전은 기대하기 어렵다. 국내 외국 기업들이 한국 국내 총 생산의 8%를 담당할 정도로 성장하고 있으며, 한국이 높은 소득수준을 유지하기 위해서는 이들의 활동이 더욱 증가되어야 함으로 외국 기업에 대한 부정적인 인식의 전환이 필요하다. 외국기업에 대한 시각은 외국인 투자에 대한 비판보다는 장기적인 안목을 가지고 외국기업의 우리경제에 대한 기여도를 생각해야 한다. 물론 자본시장의 개방으로 국내 증권시장에서 단기 차익을 노리는 외국계 투기성 자본이 우리 증시와 경제에 다소 부정적인 요인이 되고 있다는 점에서 외국자본을 비판하는 목소리가 있다. 그러나 한국정부는 외국인 투자에 대한 개방적인 태도를 가질 필요가 있다. 이는 외국인 투자 기업에 대한 규제보다는 그들이 한국 내에서 적대적 인수합병에 대한 효율적인 경영권 방어와 자력적인 기반을 잃지 않도록 효과적인 방법을 국제수준의 맞추어 나가서 우리의 법과 제도를 강화하여 이들에게 공평한 기업환경을 조성하도록 해 나가야 한다. 이를 통해 한국정부와 금융 감독 당국은 외국인 투자자나 기업가들에게 그들의 투자활동이 한국에서도 잘 이루어질 수 있다는 믿음을 갖도록 해주어야 한다.

셋째, 경제주체로서의 가계는 기업에 대한 요소 공급자로서 노동을 제공하고 기업의 재화를 소비하는 계층이다. 따라서 기업의 경영은 노사관계의 안정이 절대 필요하며 안정된 노동조건과 공평한 노동정책의 실천이 이루어져야만 산업평화가 가능하다. 한국의 노사관계는 경제 개발기에는 노동3권이 부분적으로 제한을 받았으나 1987년 민주화 이후 노동시장은 3권 보장은 물론 저임금 국가로부터 벗어났으며, 고임금 현상과 주5일 근무제 등은 한국의 경쟁력을 유리하게 할 수 없게 되었다. 고용불안의 해소를 위해서는 정규직 보호를 완화하고 비정규직을 강화하는 것만이 노동시장의 안정화를 위한 최선의 방법은 아니다. 더 나아가서 정부는 노동시장의 유연성 제고를 위해서 노동법규를 고치고 사회안전망을 늘려가면서 고임금을 대체하기 위해 기술개발과 혁신기능이 이루어져야만 노동시장의 문제를 해결할 수 있다.

경제활동 인구에서 여성인력이 1,000만 명을 돌파하고 있다. 이는 여성인구자체가 늘어난 탓도 있겠지만 여성들의 교육수준이 올라가 경제활동을 하려는 여성들이 갈수록 늘고 있기 때문이다. 이렇게 급증한 여성 경제활동 인력은 노동시장의 또 다른 압박요인이 되고 있으나 이를 잘 활용한다면 사회간접자본의 확충을 충족시킬 수 있다. 선진국 여성의 경제참여인구와 비교해 볼 때 한국의 경우는 낮기 때문에 이를 높일 수 있는 방법은 경제교육을 통해서 가능하다.

  넷째, 산업구조의 고도화가 선행되어야한다 한국의 노동시장은 고성장에서 저성장으로 가고 고용창출을 위해서 노동시장의 유연성을 확보해야만 하는데 이는 고도기술 산업이 일자리 창출에 도움이 안 되기 때문에 대기업과 중소기업을 연결시키는 것에서 고용창출을 찾아야 한다. 여기에는 산업구조의 개편이 불가피하다. 산업구조는 성장촉진산업과 전통산업을 연계시켜 발전할 수 있도록 해야 한다. 정부주도형 시장 중심형 경제로 경제운영의 큰 틀을 바꾸어 나가야 하는데 산업구조 정책은 전통산업과 첨단산업을 병합하여 고용을 흡수할 수 있는 미래 산업구조로 바꾸어나가야 한다. 전통산업과 첨단산업을 연계하는 산업을 육성하는 데는 국가가 기업들의 공동기술연구를 지원해주어야 한다. 이를 위해서 정부의 정책은 생산성 없는 이념 논쟁이 아니라 효율적 적용에 관한 생산적인 쪽으로 발전해 나가야 한다. 경제는 심리적이 현상이 중요하기 때문에 IMF 외환위기 때보다 더욱 산업구조개편을 철저히 해 나가야 된다. 이것이 기업과 가계에 소비와 투자심리를 극복하고 설비투자를 증가시킬 수 있는 길이다.

  산업구조의 개편은 기업들의 투자설비를 증가시킴으로써 더욱 촉진시킬 수 있다. 정부는 기업의 지원과 보조금을 통해서 경쟁력을 확보하여 왔는데 이러한 투자는 정부의 조세감면을 통해서 지원되지만 조세감면은 결국 재정적자를 유발하여 기업의 부담이 될 수 있다. 따라서 선택과 집중을 통하여 기업의 지원을 줄이고 자생력을 발휘할 수 있도록 조세정책을 마련해야 한다. 1997년 IMF 외환위기를 극복했던 것은 재정의 건전성이 유지되었기 때문이다. 그러나 IMF 극복 과정에서 정부의 재정은 채무를 증가시켰고 최근에 형평중심의 분배복지정책이 이를 더 가속시켰다.

  재정정책은 금융정책과 조화를 이룰 때 경제가 발전하게 된다. 경제정책은 저금리에서 벗어나면서 IMF 극복과정에서 정부는 통화금융정책을 통해 통화량을 증대시켰고 이를 파산기업과 소비자들에게 공급하였으나 기업은 이 공적자본을 제대로 활용하지 못해서 기업구조조정이 제대로 이루어지지 못했을 뿐만 아니라 공적자금의 회수 또한 불가능해지게 되었다. 이는 기업의 부실로 이어졌고 대출사기나 개인 비리적인 횡령성격이 강하기 때문에 결국 도덕적 해이가 생기게 되어 결국 개혁은 절반의 성공이 되었다.

　IMF의 구조조정은 소비자들에게 국가부채를 개인부채로 전환하는 결과를 초래한 것이다. 결국 무자격자들을 포함한 개인들이 신용카드를 사용함으로서 개인부채가 증가되었다. 이는 정부나 기업이 가진 부채가 개인들에게 이전된 것이 된다. 결국 신용불량자 360만 명, 가계부채 450조원에 이르게 되어 국민 일인당 평균 부채는 늘어났다. 이에는 소비뿐만이 아닌 개인들의 부동산 대출 증가 또한 큰 역할을 하였다. 이러한 카드연채율의 급증은 카드사들의 생존을 위협하고 있음은 물론 한국경제 전체의 불안을 가중시키고 있다. 이는 곧 신용카드가 한국경제의 시한폭탄이 될 수 있다는 것을 의미한다. 정부가 이들을 구제하기 위해서 신용회복제도를 취하고 있으나, 이는 혜택을 받는 계층과 그렇지 못한 계층 사이에 도덕적 해이가 발생하여 신용사회가 흔들리게 되어 경제발전의 장애요인으로 오늘의 한국가계자화상과 같은 것이다. 그럼에도 불구하고 한국은 2003년에 성장률이 3.1%, 2004년 4.7%의 성장을 기록하면서 금융위기와 카드채 위기를 안정시키고 신용불량자문제를 점차 해소해 나감으로서 어려움을 극복하는 과정에 놓여있다.

　개방경제 하에서 소비자는 생산자로부터 제공되는 제품에 대한 정확한 정보를 이해할 수 있도록 계몽된 소비자가 되어야 하는데 이는 합리적인 소비활동을 할 수 있는 주체가 되어야 하는 것을 의미한다. 오늘날 소비자는 기업의 광고, 불공정 약관 등이 초래하는데서 벗어나 소비자 주권을 행사할 수 있도록 제도적으로 뒷받침을 해야 된다. 최근 소비자 보호원은 소비자주권을 강화시키는 것으로 정책을 마련하고 있다.

여기에는 국내외적으로 관심이 고조되고 있는 **환경규제강화, 환경오염 배제**, 생태주의 운동 등에 대한 인식이 점차 높아지고 **환경의 보존과 인간의 생활이 조화를 이루어야** 하는데 이는 국민들에게 지속적인 **교육**을 통해 즉, 민주시민교육의 과정을 통해 이루어질 수 있는 것이다.

대외의존도가 높은 한국은 개방경제가 불가피하다. 이는 원자재를 수입하여 이를 국내에서 가공하는 산업구조로 수출에 의존하는 것이 높기 때문이다. 외국기업들이 한국국민총생산(GDP)에서 차지하는 비중이 점차 높아지고 있어서 개방은 불가피하다. 또한 현재 우리나라의 서비스업은 비교우위가 있음에도 불구하고 폐쇄적인 장벽에 막혀 잠재능력을 발휘하지 못하고 있는데 한국의 수출증대를 위해서는 외국인들에게 국내시장을 개방해야 한다. 이는 국내기업이 외국인들과 국내시장에서 경쟁을 해야 함을 의미한다. 특히 국내 서비스 시장이 외국인들에게 개방됨으로서 국내기업의 경쟁수준을 향상시킬 수 있지만 WTO/DDA의 개방이 확대됨으로써 교육, 의료, 법률, 서비스업의 과감한 개방이 불가피하다.

한국경제에 있어서 외국기업의 투자활동은 거의 자유화가 이루어진 반면 자본시장의 자유화는 한창 진행 중이기 때문에 세계자본 흐름에 대한 철저한 관리 없이는 실물경제에서 얻은 국부를 자본시장에서 잃을 우려가 있다. 더욱이 수출을 통한 외환보유고의 흑자가 지속됨으로서 자본시장의 개방 및 자유화의 수준이 높아지고 있다. 최근 외국인 투자자들이 한국기업의 자본투자를 강화하고 있다. 외국인의 투자비율은 한국의 자본시장의 약 41%를 차지하고 있다. 이들은 단순한 자본참여가 아닌 경영권 획득을 위한 적대적 M&A를 통해서 한국기업의 인수합병 움직임이 높아지고 있다. 영국계 금융기업인 소버린이 SK그룹에 2대주주 역할을 하였으나 경영권 분쟁에서 패배한 경험을 가지고 있다. 따라서 한국의 금융당국은 외국인 투자에 대한 경각심을 높이고 있는 것이다.

세계는 하나의 경제 생활권으로 편성되어가고 있어서 세계주의와 지역주의가 혼합되고 있다. 세계화는 신자유주의 원칙 하에 이루어지기 때문에 이를 잘 활용하는 국가의 경우에는 세계화가 국가발전을 위해서 도움이 되지만 이를 잘 활용하지 못하는 국가의 경우에는 이것이 빈부의 격차를 가져와 국가뿐만이 아닌 국내에서도 빈부격차가 커질 수밖에 없다. 세계화를 잘 추진하지 못하는 국가는 취약한 경제구조를 가지고 선진국과의 경쟁에서 낙후되어 빈곤의 악순환으로 갈 수밖에 없다. 결국 경제적 남북문제가 심화되는 것이다. 이를 극복하기 위해서는 선진국의 일방적인 후진국에 대한 지원은 단기적으로는 도움이 될 수 있으나 궁극적인 해결책은 아니다. 글로벌 시대에 선후진국간 문제 해결의 방법은 국제교육의 이해가 이루어져야만 역사인식의 불균형뿐만 아니라 현재의 어려움을 제거할 수 있는 것이다. 현재의 어려움으로는 빈부격차, 교육기회, 에이즈, 에너지 환경, 기후환경 등으로 이들을 극복하기 위한 국제적인 노력이 불가피하다. 최근에 동아시아의 쓰나미의 사태를 해결하려는 노력이 국제협력의 좋은 예를 제공해주었다. 민주시민교육은 사회 모든 구성원들에게 국내외 문제를 바로 정확히 이해하는 노력이 필요하며 국민경제와 세계경제의 상호보완성을 파악하여 감각있게 사고하고 인식하는 노력이 필요하다. 여기에는 각 국가가 처해있는 문화의 다양성과 세계주의를 함께 인식하는 틀 안에서 균형적인 사고와 인식을 가지도록 해야 하는데 이는 경제교육을 통해서 강화될 수 있다.

5. 경제교육의 발전가능성과 한계

한국경제의 성패를 좌우하는 주요 요인은 경제교육의 성공 여부에 달려있다. 경제교육이 제대로 이루어지면 경제는 발전을 가능케 하지만 이것이 제대로 이루어지지 못한다면 한계에 봉착하게 된다. 한국경제의 선진화를 위해서는 양적, 질적인 면과 문화적 정신적인 면이 같이 고려되어야 한다. 이것은 기존 패러다임의 급격한 변화를 의미한다. 한국경제는 정치 경제적인 면에서 권위주의를 불식시키고 민주주의와 성과주의를 정착시켜나가야만 한다. 이는 기업이 자율경영과 책임경영을 이룩하고 그에 따르는 보상을 받을 수 있는 체제를 의미한다. 이 과정에서 정치와 정치인들이 정경유착의 고리를 잘라낼 수 있는 제도와 운영을 강화하여 정치가 경제발전에 부정적인 요소로 작용하지 않도록 해 주어야 한다. 정부가 개입하면 기업이 경영력으로 운영되기보다는 정치력이 더 중요해지고 지시, 간섭주의, 권위주의를 극복하기 힘들다는 지적도 빼놓을 수 없다. 게다가 왜곡된 정치로비 활동이 판치고 집단주의가 설쳐서 평등보다는 차별, 성과보다는 연고가 앞서서는 안 된다. 이는 국가의 청렴도가 재고될 수 있도록 모든 노력을 해야 함을 의미한다. 따라서 기업은 최대한의 자율과 책임 위에서 기업가정신을 살리고 정부는 기업이 국부창출의 원천이라는 것을 인식해 기업하기 좋은 환경을 조성하는데 앞장서야 한다.

한국의 경제교육이 잘 이루어진다면 경제발전에 긍정적인 면이 발생하는 반면, 제대로 이루어지지 못한다면 경제발전에 부정적인 영향을 미칠 수 있다. 다음에서 이를 자세히 살펴보자.

경제발전이 이루어지려면 국민에 대한 경제교육은 필수적이며 이를 효과적으로 달성하기 위해서는 교육기회의 확대를 통해서 교육의 양과 질을 높여가야 한다. 이를 달성하기 위해학교교육, 성인교육이 최대로 이루어져야 한다. 학교교육과 성인교육 즉 평생교육에 대한 국민들의 욕구증가로 인한 공급의 확대로 국민들의 교육수준을 높여주고 전문성을 갖추게끔 해야 한다. 그밖에 교육 수단으로서는 텔레비전 혹은 인터넷을 통하여 달성할 수 있는 것이 있다. 이러한 욕구를 충족시키기 위해서 정부나 기업들은 지속적인 연구 개발, 설비 투자를 확대하여 경쟁력 있는 교육공급체제를 강화시켜 국민교육기회를 확대시킬 수 있는 계기를 마련해야 한다. 정부는 정보통신시대에 부흥하기 위해서 e-정부,

e-비지니스, e-교육, e-문화 등의 제도를 마련하고 있는데 이 또한 긍정적으로 평가할 수 있다. 하드웨어의 발전은 그것을 충족시킬 수 있는 소프트적인 콘텐츠를 활용해야만 이를 발전시킬 수 있는 것이다.

개방화 시대에는 국내외 시장이 열리기 때문에 소비자의 주권이 강화되어 소비선택의 폭이 늘어난다. 따라서 계몽적인 소비자의 역할이 강조된다. 소비자의 생활패턴과 제품에 대한 수요가 개방화 이전보다 높아지면서 교육에 대한 잠재적 수요가 늘어나고 있는 것이다. 또한 한국의 문화적 유산과 역동적인 생활패턴이 중심이 되고 있는 소위 한류열풍이 동남아 인근국가로부터 시작되어 세계적으로 번지는 결과를 초래하여 한국의 생활패턴이 전 세계로 전파될 수 있다. 이는 곧 한국 국민들에게 제공되는 경제교육의 효과와 맞물린다.

한국경제의 개방화는 결국 시장개방과 경제의 자유화가 그 초점이 된다. 한국경제가 수출입과 외국인투자에 의존하는 소규모개방경제이기 때문이다. 대외적으로도 개방을 가속화시켜야 하고 우리경제의 공급능력을 담당하는 기업들에게 기업하기 좋은 환경으로 만들어 세계수준에 걸맞게 해야 한다. 한국의 수출이 경제성장의 핵심적인 요인이기 때문에 수출이 잘 이루어져야만 우리 경제가 발전할 수 있다. 따라서 외국에 대한 일방적인 수출만으로는 경제의 발전을 기할 수 없기 때문에 국내 시장의 외국에 대한 개방은 불가피한 것이다. 따라서 국내시장에서 외국기업의 제품과 경쟁을 통해서 한국제품의 질을 높일 수 있는 계기를 가져야 한다. 이것이 곧 한국기업이 국제경쟁력을 갖는 길이다. 최근 WTO/DDA 체제하에서는 다자간 무역협정과 지역주의, FTA 등 세계화의 중요성이 강조된다. 여기에서 수입은 물론 경쟁을 통한 한국의 서비스 시장의 개방 또한 불가피하다. 따라서 개방화에 적극 대응을 모색하는 한국은 여러 국가들과 자유무역지대(FTA)를 체결함으로써 새로운 개방의 혜택을 누릴 수 있는 기반을 마련하고 있다.

한편 한국은 금융자본의 발달이 늦어져 국내시장은 물론 외국자본시장에서도 활발한 경제활동을 통한 이익창출을 하지 못하고 있는 반면, 자본자유화 물결에 따라 외국인 자본, 외국인 직접투자, 자본투자 등이 한국경제에 영향을 미치고 있는데 그 효과가 긍정적인 면과 부정적인 면을 동시에 갖고 있다. 따라서 한국은 긍정적인 면은 더욱 활용하고 부정적인 면은 최소화하려는 노력이 이루어져야 한다. 한국은 국내외 기업들에게 차별적인 태도를 주지 않으면서 IMF외환위기를 넘겼지만 그 자본의 영향력이 금융전반에 점차 커져 현재 주식시장의 시가총액기준 41%선을 넘어서고 있다. 이처럼 외국자본의 한국주식시장 점유 속도가 너무 빠른 것은 불안요인으로 작용하여 국민들의 우려를 낳고 있다. 이러한 객관적 시각은 경제교육을 통한 국민의 수준향상을 통해서만이 가능한 것이다. 우리가 이러한 추세를 잘 활용하지 못해 성장세를 보이지 못하면 국제경제사회에서 뒤떨어지게 된다.

국민경제교육은 한국경제발전을 위한 전제조건이다. 그렇다면 어떤 장애요인이 이 조건을 방해하고 있는가? 한국의 경제교육의 무엇이 잘 못되어 있고, 어떻게 고쳐나가야 하는가?

한국은 식민지 지배와 이념분쟁에 의한 분단, 오랜 국사독재체제하에서 지배를 받아왔다. 따라서 국민들의 자립적 의지와 창의성이 발휘되지 못하고 민주화 훈련을 통해서 달성되는 사회적 연대를 육성시킬 수 있는 기회를 많이 놓쳤다. 이러한 민주적인 훈련과 사회적인 연대는 하루아침에 이루어지는 것이 아닌 오랜 시간과 노력을 통해서 이루어져야 하는 것이다. 그렇기 때문에 이것의 정비 없이는 민주시민교육이 제대로 이루어지기 어렵다. 이러한 장애를 극복하기 위해서는 영미 식 신자유주의적 사고와 유럽적 사회시장경제 사고를 잘 혼합해서 민주 시민교육을 강조하는 서구의 교육 제도로부터 우리에게 적합한 새로운 모델을 발전시켜가야 한다. 법과 제도의 개선뿐만이 아니라 중요한 것은 사회적 질서를 우리 스스로 만들어 나아가야 하는 것이 민주시민교육을 달성시킬 수 있는 것이다.

한국은 동아시아의 정신적인 세계인 유교적인 사상이 지배적인 한자문화권으로 전통을 중시하며 변화를 수용하되 그 속도에 있어 서구와 비교할 때 차이를 보이고 있다. 이는 국민들을 교육시키는데 지배계급인 관이 우선시되고 피지배계급인 국민은 경시하는 경향이 많다. 따라서 국민들의 입신출세의 교육이 사농공상에 많이 집중되어 있기 때문에 정신적인 세계를 주도하는 인문사회학의 발전을 실용적인 분야인 과학기술과 산업응용분야보다 중시하는 경향이 있었다. 국민들은 자식들을 교육을 통한 입신출세를 지향하는데 기술적인 분야보다는 인문사회학적인 공부를 시키는 경향이 있었다. 이러한 풍조가 오늘날까지도 국민에게 만연되어 있어서 여전히 학부모들은 자식들이 대학에서 사회적 지배계급에 속하는 분야인 법률, 경제경영, 의학 등을 전공하기를 바라며, 그 외의 교육 즉 기술, 기초과학, 응용과학 등의 분야의 공부를 등한시하기 때문에 대학에서도 이중구조의 현상이 일어나고 있다. 이러한 현상에서 벗어나기 위해서는 정부와 기업의 연구개발을 확대시키고 기술위주의 이공계 기피현상을 벗어나도록 해야 한다.

오늘날 산업사회의 특징은 과거의 획일적인 사고보다는 복잡성이 더욱더 지배적이기 때문에 어느 일방적인 것만으로는 반영할 수 없다. 한국의 발전모델은 서구의 일방적인 제도를 그대로 받아들이기보다는 우리에 맞는 정치제도, 경제체제, 문화적인 것들이 한국의 사정에 맞는 제도의 수립이 필요하다. 이는 체계적인 시스템이 구축되어야함을 의미한다. 이 시스템은 정치적 민주화의 고착화라는 토양을 만드는 일이고, 지배계급과 피지배계급간의 원활한 의사소통이 이루어지고 그 피드백이 정책으로 반영되어 국민에게 되돌아오는 안정된 정치를 구현하는 것이다. 경제적으로도 선진경제의 시스템이 마련되어야만 잠재력을 확충시키고 체질개선을 통한 지속적인 성장을 통해 경기를 안정적으로 운영해야 한다. 경제성장이 지속적으로 이루어져야만 훌륭한 사회정책을 이룰 수 있어 국민의 복지수준이 향상될 수 있다. 결국 좋은 경제정책이 취고의 사회정책이며, 민주시민교육을 통해서만이 이를 달성할 수 있다.

반세기 이상의 남북분단은 상이한 경제체제로 그 성과인 경제발전의 수준차이를 가져오기 때문에 이를 극복하는 문제가 앞으로 한국경제가 해결해야 할 과제가 아닐 수 없다. 한국은 자유주의 경제의 토대 위에서 발전되어 세계 10위 경제권에 진입하고 있는 반면 북한은 중앙계획경제의 실패로 경제난을 겪고 있으며 이를 극복하기 위해서 시장체제로의 전환을 모색하고 있지만 그 어려움을 극복하는 데는 외부적 지원이 불가피하다. 그러나 이러한 통합이 상당한 시간과 노력을 요한다는 것은 독일의 경험을 통해서 알 수 있다. 현재 북한은 핵무기의 보유가 체제유지에 직접적인 방편으로 되어있기 때문에 남한을 포함한 국제사회는 북한의 핵폐기를 이루어 한반도의 평화적 체제를 보장할 수 있도록 노력하고 있다.

2001년 6.15의 남북한정상회담 이후 한국은 남북한의 해빙무드를 지속시키기 위한 노력을 계속하고 있다. 그 일환으로 한반도의 전쟁방지를 위해 평화정착을 구축하고 북한경제를 위해서는 경제적인 지원을 강화하여 남북경제협력의 장을 넓혀가고 있는 것이다. 남북협력은 한국의 경제적 지원이 이루어짐으로서 국제사회의 지원을 이끌어낼 수 있는 촉매제가 되기 때문에 우리의 경제력을 강화시켜 한반도 전체의 경제력으로 커버시킬 수 있어야 한다. 결국 남북한은 통일의 단계를 향해 경제적인 협력의 공동체를 이루어나가야 한다. 여기에는 물론 체제상의 어려움이 있으나 미래에 대한 준비와 평화를 동반한 남북협력의 발전을 위한 네트워크를 꾸준히 구축해나가서 쉬운 것부터 차례로 해결해 나갈 수 있는 예지가 필요한 것이다. 이러한 상태에 도달하기 위한 교육이 앞으로 한반도의 통일과 동아시아의 통합의 핵심이 될 수 있고 이를 교사, 언론, 정치인, 근로자, 여성들에게 폭넓게 보급시키는 것이 민주시민교육의 과제가 아닐 수 없다.

6. 결론

　민주시민교육은 사회의 정신적인 지도이념으로 모든 법과 제도와 운영의 중심이며 이것이 잘 이루어져야 민주주의 발전을 위한 토대를 마련되는 것이다. 이러한 정신적 질서는 교육을 통해서 상호간의 이익을 증대시키고 국가와 국민, 기업인과 소비자, 근로자, 국내인과 세계인들이 하나의 틀 안에서 움직일 수 있도록 성숙되는 것을 의미한다. 이에 대한 체제의 내용과 수단은 교육을 통해 더욱더 강화되어지는 것이고 국제교육을 통해서 합의를 유출해서 그것을 널리 전파하는 것이 결국 인간의 보편적인 가치인 정치 민주주의, 시장경제, 인권의 지속적인 발전을 높일 수 있는 길이다.

　우리경제는 중대한 기로에 있다. 후발개도국의 굴레를 벗고 좀 더 윤택한 삶이 보장되는 선진국으로 진입하는가, 아니면 그대로 여기에 주저앉고 마는가의 선택이 우리 앞에 놓여있다. 따라서 지속적인 성장을 도모하는 경제정책을 펴는데 우선순위를 두어야 한다. 또한 우리나라 국민이 인간답게 살기 위해서는 한반도의 평화가 유지되어야 하며, 이를 위해서는 남북한이 협력과 대화를 통해서 어려운 문제를 극복할 수 있어야 하는데 여기에는 쉬운 일에서부터 어려운 일을 해결하는 점진적인 과정이 필요하다.

　민주시민교육의 목적은 그 내용이 국내외의 변화된 사회 환경에 적응할 수 있는 시대적인 과제를 포함해야 하고, 이러한 내용이 전 국민들에게 효과적으로 전달할 수 있어야만 계몽된 국민이 되는 것이다. 또한 정치적으로 민주주의를 성숙시키고 국민이 안정된 사회에서 정치적 역량을 발휘할 수 있어야 한다. 경제활동은 시장경제의 이점을 잘 활용하여 발전할 수 있는데 이는 하루아침에 이루어지는 것이 아니기에 끊임없는 교육이 이루어져야 하며, 국민들이 이를 잘 활용할 수 있도록 여러 가지 제도를 잘 마련해야 한다.

제14장 독일에서 정치행위의 새로운 실천형태

한스 메르켄스(베를린자유대)

현대사회는 많은 경우에 있어서 국민의 상당부분이 정치적인 사안에 대하여 별다른 흥미와 관심을 기울이고 있지 않다는 문제점을 안고 있다. 예를 들면, 미국과 독일에서 선거참여율이 낮게 나타나고 있는데, 이것은 이러한 종류의 평가를 정당화하는 하나의 지표에 불과하다. 여론조사의 결과에 관해서 말한다면, 정치에 대한 싫증이나 혐오를 측정하는 평정척도에 있어서도 점점 더 그 크기가 늘어나는 경향을 보이고 있다. 그래서 정치 혹은 정치에 대한 취급과 관여가 대부분 사람들의 초점에 놓여 있지 않다는 인상을 받게 된다. 이와 같은 맥락에서 현대사회의 미디어, 특히 텔레비전은 프로그램을 통하여 사람들로 하여금 정치를 깊이 있게 다루지 못하게 하거나 정치에 관여하지 못하도록 한다는 점이 지적되고 있다. 신문과 잡지의 시장에 있어서도 역시 정치적인 주제를 회피하거나 매우 피상적인 수준에서 취급하는 출판물이 매우 많다.

1. 정치체제와 정치참여

통치자의 편에서 보면, 국가의 가장 중요한 사안을 책임 있게 다루고, 따라서 국민은 이러한 행위에 대하여 신뢰할 수 있다는 인상을 계속해서 만들어내려고 한다. 그렇게 되면 반대파의 입장을 정책추진에 방해가 되는 것으로 묘사하며, 동시에 정부나 정부의 통치행위를 승인하는 방향으로 가능하면 정보를 끌고 가려고 한다. 이렇게 하다보면 결국 공공적인 정보를 보기 흉하게 조작할 수도 있는데, 이것을 극명하게 보여주는 최근의 사례는 이라크전쟁의 경우 미국과 영국 정부가 취한 행위이다. 그러나 오늘 필자가 다루고자 하는 맥락에서 중요한 사항은 이러한 종류의 정부행동이 아니라, 통치자를 안내하는 정치에 대한 이해인 것이다. 정치에 대한 이러한 이해를 요약해서 설명하자면, 민주사회에서 정부 그 자체 혹은 정부를 지탱하는 정당은 애초부터 이해관계의 대변자로서 선출이 되었음에도 불구하고, 여론조사의 압력을 받고 거기에 대하여 반작용하면서도 정부는 그때그때 행위를 공익에 지향을 둔다고 하며, 정치행위에서 자신들의 이해관계를 추구한다는 점을 부인한다는 것이다. 이러한 모순은 무시할 수 없는 결과를 수반하고 있다.

예를 들어 정치체제에 대한 청소년의 태도와 행위를 보면, 선거와 정치에 대한 관심이 떨어지고, 청소년의 정치적 이해관계가 거의 다루어지지 않고 있으며, 정당에 대한 선호도 측면에 있어서도 청소년은 성인에 비해 극단적인 정당에 쏠리는 경우가 더 많다.

공적인 논의에 있어서 이와 관련하여 종종 어떻게 할 수 없다는 무력감에 빠지곤 하는데, 이러한 무력감은 제도적인 면과도 관련이 있다. 연방정치교육원의 일반적인 과제는 제2세대에 대한 민주시민교육을 촉진하고 장려하는 일이다. 이러한 과제와 목표를 고려한다면, 특히 정치제도와 정치행위, 사회구성원의 참여가능성과 참여에 대한 기대, 그리고 현대사회에서 정치행위의 가능성과 한계 등을 다루어야 한다.

그런데 여기서 결정적으로 중요한 문제는 정치행위의 새로운 형태를 관찰하다보면 우선 정치체제가 외관상 가정하고 있는 기본합의에서 일단 거리를 두어야 한다는 것이다.

2. 정치와 공론장

정치적인 것의 개념은 어원상 공적인 것이라는 의미를 지니고 있다.

고대 그리스의 직접민주주의를 되돌아보면, 정치적인 것을 공적인 것과 동일하게 간주했다는 점, 그리고 대표선출모형을 제시했다는 점이 특히 흥미를 끄는 일이다. 그런데 역사를 거치면서 공적인 것에 대한 이해가 변화하였다. 예를 들면, 옛날에는 노동이 사적인 영역에 속하였는데, 오늘날에는 공적인 영역에도 속하게 되었으며, 대표선출모형도 오늘날에는 대의민주주의라는 형태를 취하게 되었다. 그런데 대의민주주의가 기초로 삼고 있는 가정은 시민이 영속적으로 정치적 사안에 대하여 관심을 갖고, 선거에서 그들의 의견이나 이해관계를 표출한다는 것이다.

그런데 오늘날 문제가 되는 것은 다름 아니라 국민의 선거를 통하여 일단 권력을 잡은 자들은 많은 세부적인 질문과 관련하여 이 국민이 의사결정을 내릴 수 있는 능력이 부족하다고 간주하며, 근본적으로 중요한 질문에 관하여 국민이 결정하는 것을 막는다는 것이다. 다시 말하면, 정치계급은 그들의 일부가 그때그때 권력을 잡는 데 도움을 준 소위 주권자, 즉 국민보다 더 많은 합리성을 갖고 있다고 주장하거나 더 많은 합리성을 요구하고 나선다.

한나 아렌트가 지적하고 있는 바와 같이, 정치적 공간의 확대를 거치면서 오늘날 사적인 것이 점점 더 박탈당하고 거꾸로 공적인 것이 생활에서 점점 많은 비중을 차지하게 되었다. 그러나 이것과 연결된 것이지만 정치적인 것의 성격이 변화하였다. 국민 전체의 이익을 위한 공공적인 행위 중 상당부분이 이제 종종 특수한 것임에도 불구하고 일반적인 것이라고 선언되는 이해관계를 옹호하고 대변하는 데 의존하게 되었으며, 이해집단의 연합 혹은 연정을 만들어내는 데 의존하게 되었다. 바로 이런 점 때문에 국민의 일부가 정치에 등을 돌리거나 관심을 기울이지 않게 되었으며, 그러한 맥락 속에서 공적이고 정치적인 행위의 새로운 형태가 등장하게 된 것이다.

3. 국가의 정치행위 형태를 넘어서

현대국가에서는 국가행위에 저항하는 공적인 형태를 종종 관찰할 수 있다. 성인과 청소년 세계에서 서로 다른 형식을 기술할 수 있는데, 여기에는 정치적 파업, 특정한 유형의 시위, 국가 혹은 국가의 책임에 놓여 있는 규율에 대한 폭력적인 반항 등이 속한다. 대표적인 사례를 들자면, 1968년 유럽 여러 나라에서 발생한 저항운동이 있다. 또한 많은 나라에서는 다수집단과 사회적으로 혜택을 받지 못하거나 피해를 보는 소수집단 사이에서 여러 가지 양상으로 갈등이 벌어지고 있다. 여기서 흥미로운 사실은 많은 경우에 있어서 운동은 그때그때의 상황적 구조를 갖고 있다는 점이다. 대표적인 사례를 들자면, 구동독에서 '월요일시위'라는 키워드를 갖고 일어난 공공적 행위의 형태가 있다.

서독에서는 1968년 이래 공공영역에서 말하자면 대항공론장이 수립되었으며, 이것은 스스로 대안적인 공론장이라고 특징을 부여하였다. 이 대항공론장은 이해관계를 조직하면서 시간이 얼마 지나자 나름대로 제도화를 하게 되었으며, 그 결과 제도권으로 들어가 공공영역에서 작용하는 행위주체가 되었다. 제도화를 통한 이와 같은 기존체제로의 통합은 오늘날까지 계속되고 있다. 그동안 저항운동에서 발생했던 정당이 여당이 되었으며, 이제 와서 공적인 저항의 새로운 형태를 수용하고 통합시키는 데 있어서 제대로 능력을 발휘하지 못한다는 지적을 받고 있다. 어쨌든 순응(혹은 적응)에의 잠재력과 불충(不忠) 사이의 긴장관계라고 지칭할 수 있는 것을 공공적인 저항의 특성으로 파악할 수 있다. 필자가 여기서 특히 녹색당을 보기로 하여 예시하고 있는 사항이지만, 그러한 저항의 여러 가지 형태를 통하여 현대 정치체제에서 필요한 동력이 발생한다고 본다. 다시 말하면, 처음에는 지배적인 체제에 저항하거나 반대한 것이 결국 거꾸로 이 체제의 생존에 큰 기여를 할 수 있다는 것이다. 저항의 이러한 기능을 간과해서는 안 되는데, 그 까닭은 또 하나의 저항 형태가 체제의 생존을 위해 지닌 의미와 중요성을 과소평가해서는 안 되기 때문이다. 즉, 사회적으로 불이익을 당하고 있다고 느끼는 집단이 저항을 하는 경우가 있는데, 이러한 정치행위의 형태도 역시 정치체제에 대한 변화를 요구하거나 변화의 필요성을 제기하기 때문이다.

4. 대안적인 정치행위의 발생에 있어서 청소년의 역할

오늘날 세계사회에서 청소년과 청년이 점점 더 많이 활동을 한다는 점에 유의할 필요가 있다. 특히 이제까지 정치적 행위와 동일시되지는 않았지만 결국 정치에 방향을 둔 공공행위의 새로운 형태가 나타나고 있다. 이를 예증하는 대표적인 사례를 들자면, 2002년 독일에서 엘베강 유역의 홍수사태가 발생했을 때 청소년과 청년이 대거 능동적으로 그리고 자발적으로 참여한 일, 개신교와 가톨릭교의 교무(敎務)회의에서 특히 교회의 개혁을 위해 적극적으로 참여한 일 등이 있다. 그런데 이 두 가지 사례의 공통점은 이벤트이며, 젊은이의 참여를 이끌어내는 것은 다름 아니라 바로 이 이벤트의 성격이라는 것이다. 이러한 이벤트를 계기로 하여 청소년은 같은 생각을 갖고 있거나 비슷한 신념을 지닌 동료를 알 수 있는 가능성과 기회를 얻게 된다.

교무회의에의 참여와 녹색당의 발생과정을 볼 때, 청소년이 이벤트에 적극적으로 참여할 가능성을 높이는 또 하나의 측면이 있다. 대안운동은 특히 전쟁과 평화, 사회정의와 자원의 공정한 분배, 환경문제 등의 주제 혹은 문제제기와 밀접한 관련이 있다. 이 세 가지 주제에 공통적인 사항은 그 속에 이미 바람직한 사회와 세상을 내다보는 비전(전망)이 깃들어 있다는 점이다. 적어도 독일에서 청소년운동의 시작을 특징 지었던 무엇인가를 여기서 볼 수 있다. 청소년운동의 주된 관심은 세계의 재조정을 지향하고 있다. 기존의 세계는 불완전하고 요구와 주장에

미흡한 것으로 관찰된다. 기존의 정치적 상태를 이렇게 특징짓는 데에서 왜 청소년이 성인의 정치적 일상사에 대한 참여에 별 관심이 없는가를 확인할 수 있다.

이와 관련하여 또 하나의 문제에 주의를 기울이게 된다. 공공영역에서 청소년의 참여에 대하여 말할 때 일단 먼저 눈에 띄는 청소년과 관련되는 것이 많다. 예를 들면, 펑크족, 스킨헤드 혹은 이와 유사한 집단이 많이 거론되곤 한다. 그런데 필자는 다른 또 하나의 측면이 더 핵심적이라고 본다. 일자리가 없는 청소년에게 있어서는 공공적인 표출의 다른 형태가 존재하는데, 이것은 원칙적으로 볼 때 공공적으로 연출한 비참여의 형태라고 해석할 수 있다. 도시의 공공장소에서 만나거나 함께 맥주를 마시거나 지나가는 사람들에게 야비한 언동을 하거나 구걸을 하는 청소년이 여기에 속한다. 이들은 사회적으로 배제되어 있다는 것을 공공적으로 연출하는 것이다. 이러한 정치참여의 형태는 엄밀히 말한다면 공공적으로 참여하지 않는다고 할 수 있거나 혹은 참여하지 않는다는 것을 공공적으로 보여주는 행위라고 할 수 있다.

5. 새로운 공공영역 – 사이버공간

인터넷을 통하여 공론장의 새로운 형태가 등장하였다. 그런데 이것이 기존의 공공적인 형태를 단지 보완하는 것인지 아니면 정치적인 것의 의미에서 지속적으로 새로운 가능성을 열어주는 것인지에 관하여 아직까지 정확하게 평가할 수는 없다. 현대의 정보기술이 저항적인 태도를 먼저 공개적으로 알리고 이어서 저항행위를 조직하는 데 이용되고 있다는 지적을 고려한다면, 이제까지 논의한 세 가지의 형태, 즉 ① 참여, ② 변화, ③ 비참여의 가시화 측면과 관련시켜 볼 때, 정치체제에 대한 귀결은 사정에 따라서는 새로운 차원에 도달했다는 것을 인식할 수 있다. 다시 말하면, 이제까지 정치적 행위의 형태를 특징지었던 것이 이제

가상적인 변종에 의해 보완되거나 아니면 이 가상적이 변종에 의해 대체되고 있다는 것이다. 특히 청소년은 이 새로운 가능성을 이용하고 있으며, 새로운 공간에서 능동적으로 활동하고 있다. 하지만 이용의 범위와 주제, 가상적 정치공간과 공공영역에서의 행위 사이의 관계 등에 관한 연구는 아직 본격적으로 이루어지지 못한 것 같다.

6. 결어

정치적인 것은 공공적인 것이라고 하는 단어의 의미에서 출발한다면, 정치적인 것의 새로운 형태를 관찰한 결과, 우리가 일상생활에서 종종 정치적인 것과 연결시키는 좁은 의미의 이해는 명료성이 떨어지게 된다. 왜냐하면 공공영역에서는 매우 넓은 의미에서 정치적인 성질을 부여하지 않으면 안 되는 여러 가지 서로 다른 행위형태가 있다는 것을 확인할 수 있기 때문이다. 이것은 민주시민교육(정치교육)에 대해서도 새로운 요구사항을 제기하고 있다. 이제까지 학교 민주시민교육은 종종 체제에 관한 지식이나 지배적인 체제에 대한 능동적인 취급 혹은 논의에 국한되어 있었다. 그러나 특히 사회적 배제현상을 보이게 하고 드러내는 새로운 형태는 이제 민주시민교육이 더 많은 것을 포함시켜야 한다는 점을 보여주고 있다. 민주시민교육은 원칙적으로 공공영역의 이용이 지닌 가능성과 한계를 주제로 삼아야 하는데, 이때 취해야 할 관점 혹은 조망은 공공영역을 이용하는 자들의 공간은 정도의 차이는 있지만 어쨌든 다소 분명하게 자기 자신의 이해관계와 생활상태 혹은 처지와 상황을 공적으로 표명하고 알리는 데 이용되고 있다는 것이다. 하지만 이 측면에 관해서는 따로 더 자세하게 다루어야 하기 때문에, 여기서는 일단 이상과 같은 언급으로 그치고자 한다.

제15장 경제발전, 가치변동과 민주주의의 안정: 사회과학적 논의와 독일의 경험

베르너 페트(베를린자유대)

변혁의 시대에 놓여 있는 사회는 개념규정상 이미 불안정하다고 볼 수 있다. 이것은 현재 공산주의 몰락 이후 중부유럽과 동부유럽의 사회에게 특별히 해당하는 이야기이다. 그래서 이를 가리키는 용어로서 그 동안 '전환사회(혹은 변형사회)'라는 개념이 사용되기에 이르렀다. 그러나 이것은 예를 들면 아시아와 남미의 다른 사회에도 역시 적용되는 사항이다. 변혁 혹은 전환의 양상은 심각한 경제적 변동과정으로 나타날 수도 있고, 정치적 정권교체와도 관련이 될 수 있다.

본고에서는 특히 다음과 같은 질문에 초점을 맞추어 논의하고자 한다.

(1) 민주주의의 안정은 어디에 기초하고 있는가?
(2) 일반적인 경제적 안정과 민주적 안정은 어떻게 관련을 맺고 있는가?
(3) 수십 년 동안 독재체제의 지배를 받았던 나라에서 어떻게 안정된 민주적 체제와 민주적 문화가 발달할 수 있는가?

첫째 부분에서는 일반적인 고려사항과 비교적 최근의 경험적 연구결과를 소개한다. 둘째 부분에서는 독일의 사례를 다루게 되는데, 여기서는 먼저 1950년대 이래 독일 민주주의의 안정화를 위한 선제조선을 분석하고, 그 다음에 특히 1990년 통일된 이래의 상황을 분석하고자 한다.

1. 세계적 규모의 민주화과정

지난 25년 동안 사회적·정치적 전개과정을 관찰한다면, '민주화의 물결'이 지구 전체를 돌았다고 할 수 있다. 이러한 발달사의 경향과 관련하여 정치적으로 그리고 학문적으로 핵심적인 질문은 다음과 같다.

(1) 세계적 규모에서 민주주의를 향한 경향이 어디서 연유하는 것인가?
(2) 이러한 지구적 경향에서 국가별 차이는 어떻게 설명할 수 있는가?

미국의 사화과학자 헌팅턴은 지난 20년 동안의 민주화과정을 설명하기 위하여 '제3의 민주화 물결'이라는 개념을 사용하였다. 제1의 민주화 물결은 제1차 세계대전 이후, 제2의 물결은 제2차 세계대전 이후에 일어났으며, 1970년대부터 시작된 제3의 물결은 이제까지 가장 포괄적이고 대규모적인 것이다.

1950년대의 근대화이론도 이미 경제적 부(혹은 복지)의 발전과 민주주의 사이의 인과관계를 수립하였다. 그러나 최근의 연구는 좀더 엄밀하게 복지의 발전, 가치변동, 민주화의 3단계 모형을 제시하고 있다. 민주적 시민사회를 향한 도정에 있는 사회는 우선 견실한 경제적 발전역학을 필요로 하고, 두 번째 단계에서 사회적 가치변동을 거치며, 그 다음 정치적 자유권의 보장과 헌정에 따른 제도가 중요한 요인으로 등장한다는 것이다.

시민사회의 형성을 지향한 발달과정을 가정한다면, 이제까지의 분석에 기초할 때 다음과 같이 두 가지 점에서 예측이 가능하다.

(1) 민주화과정은 점점 더 세계의 여러 지역으로 영향을 미칠 것이다.

그 결과 이제까지 이러한 발전과정에 포함되지 않았던 지역, 특히 중국, 이슬람 세계의 대부분과 아프리카의 여러 나라에서도 민주화가 이루어질 것이다. 그러나 그 정도와 속도는 위에서 설정한 발전모형에 비추어 볼 때 경제발전의 수준과 여기에 부응하는 가치변동의 역학에 달려 있을 것이다.

(2) 이미 민주화된 나라에서는 민주주의의 내적 성장이라고 지칭할 수 있는 과정을 기대할 수 있다. 즉, 국민의 참여요구가 늘어나고, 자유의 행동범위도 점점 더 많이 요구될 것이며, 결국 이제까지 차별을 받거나 불이익을 받은 국민도 역시 포함하여 모두가 민주적인 능동적 시민이 될 것이다. 이것을 민주주의 이해의 시민중심 변동이라고 지칭할 수 있다.

민주적 시민사회를 향한 기회는 계속해서 진행되는 가치변동, 지식사회의 형성, 그리고 국제적인 수준에서 이루어지는 자유시민사회의 지구적 네트워크 형성에 놓여 있다.

2. 독일에서 경제적 안정과 민주적 안정

이 부분에서는 '독일 사례'를 관찰할 것인데, 특히 1990년의 통일을 위에서 제시한 개념에 비추어 고찰할 것이다. 여기서 분명하게 드러나는 사항이지만, 독일의 통일과정은 제3의 민주화 물결 내에서 특별한 경우로 바라볼 수 있다는 것이다.

2.1. '구' 독일연방공화국

독일이 제2차 세계대전 이후 이룩한 '경제기적'과 경제적 발전경향은 그 자체로서만 묘사해서는 안 되고, 경제발전-가치변동-민주화의 연관성을 이루는 구성요소라는 점에 유의할 필요가 있다.

많은 국민이 전통적인 사고방식과 습관에서 벗어나고, 새로운 민주주의를 상당부분 수동적으로 받아들이는 국면을 거쳐, 결국 새로운 것을 승인하고 능동적으로 구성하려는 자세를 갖추는 데 대략 15년 내지 20년이 소요되었다. 시민사회의 유형, 즉 경제적 부와 복지의 확보, 민주적 가치와 신념의 보급과 확산, 폭넓은 시민권 및 인권의 보장을 포함하여 제대로 기능을 수행하는 민주적 제도의 확립, 이 세 가지 요인이 조화를 이룬 시민사회 유형은 서독에서 1980년대 말에 의심할 바 없이 현존하였으며 정착이 되었다. 이러한 상황에서 독일의 재통일이 일어났던 것이다.

2.2. 통일독일

오늘날 독일 전체의 상황을 간단히 소개하자면, 세계화, 즉 세계시장에서 경쟁의 증가로 인하여 그리고 이와 더불어 '스스로 불러들인' 국내적인 문제로 인하여 지난 몇 년 동안에 경제성장률은 비교적 낮은 상태에 머물러 있다. 그리고 서독지역에 비해 동독지역에서 실업률이 훨씬 더 높게 나타나고 있다.

통일 이래 동독지역에서 발생한 경제적 변화에 눈을 돌리면, 처음부터 서독지역에서 동독지역으로 재정적 이전이 상당히 많은 규모로 이루어졌다는 것이 괄목할 만한 현상이다. 1991년부터 2003년까지 총 1조9천억 유로가 신연방주로 흘러들어갔다. 2003년에는 '동독재건'을 위한 비용이 약 1천1백6십억 유로에 달했는데, 이것은 서독지역 국내총생산의 4,5% 혹은 동독지역 국내총생산의 33%에 해당하는 것이다. 이전비용의 절반 이상이 소비영역으로 흘러들어가고, 약 3분의 1이 투자영역으로 흘러들어갔다. 그래서 지출구조는 특히 콜(Kohl) 정부가 선택한 '소비지향 통일방안'의 노선을 여전히 따르고 있다.

인프라와 환경개선의 부문에서는 그동안 상당한 성과를 확인할 수 있는데, 이를테면 원격통신 분야에서는 동독지역이 그동안 서독지역을 따라왔으며, 부분적으로는 심지어 앞선 것도 있다. 소비지향 통일방안은 지난 13년 동안 대부분의 동독인 가계에 최근 거의 유례가 없는 물질적 생활수준의 발전을 가져왔다. 이러한 발전경향은 한편에서 보면 '풍요의 폭발' 현상으로 지칭할 수 있지만, 그러나 다른 한편에서 보면 동독지역에서 자립적인 경제적 기반이 그러한 풍요의 증가에 따라가지 못하고 있다는 문제점을 지적할 수 있다.

통일 이후 서독지역과 동독지역 사이의 격차와 관련된 문제가 심각한 것으로 거론되곤 한다. 민주주의에 대한 이해에 있어서 어디에 차이가 놓여 있는가 하는 물음에 주의를 기울인다면, 자유와 평등의 차원에서 가장 큰 격차를 발견할 수 있다. 민주주의에서 자유와 평등 중 어느 것이 더 중요한가 하는 질문에 대하여, 1990년에 서독인의 64%와 동독인의 46%가 자유를 선택하였는데, 이와는 대조적으로 2004년에는 서독인의 49%가 그리고 동독인의 30%만이 자유가 더 중요하다고 대답하였다. 민주사회에서 살고 있는 것을 얼마나 중요한 것으로 받아들이고 있는가 하는 질문에 대한 답변은 더욱 현격한 차이를 보여주고 있다. 1990년에 동독지역 주민의 54%가 '매우 중요하다'로 답을 한 반면, 2003년에는 단지 22%만이 그런 대답을 하였다.

물론 자유와 평등의 가치에 대한 생각은 동독지역과 서독지역 모두에서 원칙적 수준에서 같은 양상을 보이고 있다. 하지만 '자유'의 가치에 대한 선호도가 동독지역과 비교해 볼 때 서독지역에서 평균 20% 정도 높게 나타나고 있다. 그에 비해서 '평등'의 가치는 동독지역에서 20% 정도 더 높게 나타나고 있다. 그리고 변화양상을 경제적 상황과 비교해 보면, 이 경제상황이 가치에서 분명하게 반영되고 있다. 경제적으로 어려운 시기에는 평등에 대한 가치평가가 올라가는 경향이 있으며, 사유에 대한 가치평가는 내려가는 경향이 있다. 경제적으로 번영하거나 풍요로운 국면에서는 그 반대의 현상이 나타나는 경향이 있다. 이렇게 볼 때, 결국 추론할 수 있는 사항은 1950년대의 서독과 유사하게 이제 신연방주에서도 역시 소위 '좋은 날씨 지향 민주주의' 혹은 '관객민주주의'에 대해서 말할 수 있다는 것이다.

약간 과장하여 단적으로 표현하자면, 동독지역 주민의 다수가 사회주의적 민주주의 모형을 선호하는 반면, 서독지역 주민은 자유주의 모형을 선호한다. 쟁점적인 요소를 좀더 줄여서 정식화한다면, 신연방주에서는 서독의 유형에 따른 민주주의 이해에서 상당한 차이가 형성되었다고 할 수 있다. 신연방주에서는 모든 생활영역에서 사회복지국가의 보호에 대한 소망이 두드러지게 나타나고 있는데, 이런 현상은 국제적으로 대세를 이루고 있는 전개과정과 대조되는 것으로 보인다. 즉, 국가가 생활의 위험부담으로부터 국민을 포괄적으로 보호해 주는 것을 철회하고 자기주도성과 자기책임을 보다 더 많이 강조하는 경향과는 어긋나는 것이다. 그래서 동독지역과 서독지역 사이에서 갈등의 잠재성이 등장한 것이다.

이렇게 본다면 마치 독일 사람들은 '하나의' 국가에서 살고, 통치형태로서 민주주의도 역시 추상적인 수준에서 승인하지만, 그러나 민주적인 통치를 어떤 목적을 위해 기여하도록 하고 어떻게 행사해야 할 것인가에 대해서는 근본적으로 차이가 있는 것처럼 여길 수 있다.

이와 같은 것은 이제 경제발전, 민주적 가치, 그리고 민주적 제도와 과정 사이의 연관성에 대한 우리의 문제제기에 대하여 무엇을 의미하는가? 통일로 인하여 독일의 민주주의가 불안정한 요소를 포함하고 있다고 해야 할 것인가?

좋게 생각하는 사람들은 전화위복이 되도록 하는 입장에서 민주주의에 대한 불만을 민주주의를 위한 '건전한 자극'으로 설명하면서, 바로 그렇기 때문에 위협적인 요인으로 간주하지 않아도 된다고 한다. 이미 잘 확립된 민주주의에 대해서도 그렇고 역사가 미천한 민주주의에 대해서도 그렇게 위험한 요인은 아니라는 것이다. 그 근거를 대자면, 현존하는 가능성과 민주적 기제(메커니즘)의 '틀 속에서' 그러한 불만이 표출되기 때문이라는 것이다.

3. 결어

민주적 시민사회 모형의 틀 속에서 이제 결론을 어떻게 정식화해야 할 것인가? 외부적인 지표는 맞는 것처럼 보인다. 동독지역과 서독지역 모두 경제적 부가 지배적이다. 높은 실업률의 경우와 같이 문제가 있는 곳에서는 사회복지국가 차원에서 취한 조치가 효과가 있을 것이다. 자유민주주의 헌정은 동독과 서독 모두에게 제한 없이 유효한 것이다.

문제는 존재한다. 그리고 여기서 정치교육에 관한 토론이 필요하게 되는데, 문제는 '단지' 민주적 가치표상의 영역에서만 존재한다. 물론 민주주의의 원리에 대해서는 동서독 모두 마찬가지로 긍정적인 반응을 보인다. 그러나 구체적인 구성 혹은 형성을 어떻게 할 것인가의 물음에서는 상당한 차이가 있다. 여러 연구결과에 따르면, 그동안 자주적이며 안정된 동독정체성이 형성되었다고 한다. 동독정체성의 중심에는 사회적 안전 및 사회정의와 같은 평등주의적 가치가 놓여 있다. 그에 비해서 민주주의와 정치적·경제적 자유의 가치는 별로 중요한 역할을 수행하지 못한다. 그렇다면 이제 시민사회의 3단계 모형, 즉 경제적 복지, 널리 보급된 민주적 신념, 그리고 보장된 자유권과 민주적 과정 및 제도의 3단계 모형은 중단이 되고 위험에 처한 것인가?

적지 않은 회의적 관찰자들은 그동안 이 질문에 대한 답을 '하나의 국가 - 두개의 사회'라는 공식으로 표현하려고 하였다. 이것은 두개의 국가로 분단된 시절 유행하던 '하나의 민족 - 두개의 국가'라는 공식을 연장시켜 기술하는 것 같으며 별로 기분 좋은 일은 아니다. 하지만 필자는 이 물음에 대하여 다음과 같이 답변하고자 한다. 아니다. 왜냐하면 독일은 전체적으로 안정된 민주주의이기 때문이다. 민주주의 개념에 있어서 차이는 적어도 이제까지 독일 내부의 문제로 남아 있다. 이를테면 1950년대와 1960년대에 서독에서 이루어진 민주적 태도의 발달과 유사한 것이지만, 여러 가지 증거와 근거에 입각할 때 시간이 가면서 동독지역에서도 역시 구체적인 민주주의 형태에 대한 동일시가 더 높게 나타날 것이다. 이러한 예측을 상당히 뒷받침하는 것은 동독지역에서 민주주의에 대한 가치평가가 명백하게 연령에 의존하고 있다는 사실이다. 신연방주에서 25세 미만의 사람들 중 43%는 자기 자신을 동등한 권리를 가진 연방시민이라고 간주한다. 이러한 사실은 독일의 민주주의 안으로 젊은 세대가 '들어가면서 성장한다.'는 명제를 뒷받침하는 것이다. 이러한 진단을 입증하는 또 하나의 연구에 따르면, 30세 미만의 동독지역 주민 사이에서 민주주의의 일차적인 가치로서 자유의 가치가 바야흐로 부흥기를 맞고 있다.

민주적 시민사회의 형성과 관련된 기본유형은 동독지역에 있어서도 역시 나타나고 있다. 나중에 출발한 민주화의 전형적인 경우를 보여주고 있는 것이다. 그래서 역사적으로 다른 전개유형으로 인하여 서독의 전개과정과 차이가 있다는 점도 역시 인식할 수 있으며 또한 설명할 수 있다. 그럼에도 불구하고 독일의 민주주의는 통일 이래 어떤 시점에서도 안정을 상실하지 않았다. 그런 점에서, 이제 다시 출발점으로 되돌아가자면, 이 경우에 있어서도 역시 복지의 발전, 시민사회의 가치와 신념의 형성, 그리고 민주적 제도와 과정의 안정된 기능수행이라고 하는 3요소 모형은 원칙적으로 입증된 것으로 간주할 수 있다.

참고문헌

Fuchs, D. 1999: The Democratic Culture of United Germany. In: Norris, P. (ed.) Critical Citizens – Global Support for Democratic Government. Oxford.

Glabbb, M. 1999: Einstellungen zur deutschen Einheit. In: Weidenfeld/Korte: Handbuch zur deutschen Einheit.

Hofferbert, R. I./Klingemann, H.-D. 2001: Democracy and its Discontents in Post-Wall Germany. In: The Dynamics of Democratic Satisfaction. International Political Science Review, vol. 22, No. 4, October.

Institut für Demoskopie Allensbach 2004: Der Wert der Freiheit.

Kaase, M./Schmid, G. (Hg.) 1999: Eine lernende Demokratie. 50 Jahre Bundesrepublik Deutschland. WZB-Jahrbuch. Berlin.

Kaase, M. 1999: Innere Einheit. In: Weidenfeld/Korte: Handbuch zur deutschen Einheit.

März, P. (Koordination) 2001: Die zweite gesamtdeutsche Demokratie. Fragen und Fundamente, Bd. 1. Bayerische LpB (Hg.), München.

Niedermayer, O./Westle, B. (Hg.) 2000: Demokratie und Partizipation. Wiesbaden.

Noelle, E. 2004: Eine Aufgabe der Geschichte. Institut für Demoskopie Allensbach.

Schroeder, K. 2000: Der Preis der Einheit. Eine Bilanz. Bayerische LpB (Hg.), München/Wien.

Schroeder, K. 2001: Zehn Ja h re deutsche Einheit – eine Bilanz. In: März, P. (Koordination): Die zweite gesamtdeutsche Demokratie. Fragen und Fundamente, Bd. 1. Bayerische LpB (Hg.), München.

Welzel, C. 2002: Fluchtpunkt Humanentwicklung. Über die Grundlagen der demokratie und die Ursachen ihrer Ausbreitung. 1. Aufl.. Wiesbaden.

Winkler, G. (Hg.) 2004: Sozialreport 2004. Berlin.

Zapf, W. 2000: Wie kann man die deutsche Vereinigung bilanzieren? In: Niedermayer, O./Westle, B. (Hg.): Demokratie und Partizipation. Wiesbaden.

Zapf, W./Habich, R. 1999: Die Wohlfahrtsentwicklung in der Bundesrepublik Deutschland 1949 bis 1999. In: Kaase, M./Schmid, G. (Hg.): Eine lernende Demokratie. 50 Jahre Bundesrepublik Deutschland. Berlin.

제16장 SWOT분석을 통한 민주시민교육의 문제점 분석과 조직모형 구축 방안

정창화(단국대)

1. 서론

1.1. 문제제기 및 연구목적

오늘날 민주주의는 시민의 성숙한 민주의식, 사회문제의 자발적인 참여 및 능동적인 법적 실천을 전제로 한다. 민주시민사회는 민주적인 자질과 합리적이고 주체적인 법적 실천능력을 지닌 시민을 기초로 한다. 이런 측면에서 민주시민으로서의 자질과 능력을 갖추기 위해서 민주시민교육은 지속가능한 민주주의 체제를 존속시키기 위한 전제조건이 되는 것이다.[2]

그러나 한국에서는 민주시민교육의 비체계성 때문에, 시민교육은 체계적인 조직과 구조화된 교육활동에 기반을 두지 못했으며, 정치적 상황에 따라 주로 일시적인 활동중심으로 진행되어 왔다(심익섭, 2004: 29).

---

[2] 원래 서구에서 민주시민교육은 1662년에까지 소급된다. 당시 계몽군주에 의해 실시된 '국민교육'은 국왕 자신은 물론, 국민 그리고 국가에 유용한 존재로 간주되었다. 특히, 프러시아에서는 국민들에게 "애국자"로서 가치와 규범을 갖도록 가르쳐 졌다. 즉, 민주시민교육은 계몽적인 측면과 함께 체계유지 측면에서의 국민들을 체제에 순응시키는 국민교육이라는 두 개의 흐름 속에서 강조되어 왔다. 이러한 이원적인 민주시민교육의 개념이 독일의 경우 바이마르 공화국시기와 나치정권의 시기를 거쳐, 1945년 이후 제도화되고, 정착되어 민주주의 확립에 핵심적인 역할을 하였다(심익섭, 1998: 293).

따라서 본고는 민주주의의 기초가 되는 민주시민교육이 제도적으로 착근될 수 있는 방안을 탐색하는데 그 목적이 있다. 이를 위해 그동안의 민주시민교육의 전개과정을 살펴보고, 이에 대한 SWOT분석을 통하여 기존의 문제점을 분석한다(II). 제3장에서는 민주시민교육의 제도화 방안을 제도화의 기본방향, 장치개발, 주체기관 등을 우선적으로 파악하고 이것이 착근될 수 있는 단계를 기술하였다(III). 마지막 제4장에서는 (가칭) 한국민주시민교육원의 조직모형을 변수와 이론에 근거하여 설계하였다.

1.2. 연구범위 및 방법

본 연구는 우선 민주시민교육을 개관하고 SWOT분석을 통하여 문제점분석, 민주시민교육의 제도화 방법 및 조직설계를 위한 방안 마련에 그 범위를 한정한다. 따라서 민주시민교육의 기본이념 및 목표 등에 대한 상술은 본 연구에서 제한될 것이다.

본 연구의 방법은 주로 현재까지 출간된 민주시민교육관련 자료 및 논문을 중심으로 분석된다. 특히, 방법론상으로 SWOT분석과 Mintzberg 조직이론을 활용하여 한국민주시민교육원 조직을 설계하고자 한다.

2. 민주시민교육의 개관 및 문제점 분석

2.1. 민주시민교육의 필요성 및 전개과정

2.1.1 민주시민교육의 필요성

Schiele에 의하면, 민주시민교육은 개개인의 다양성을 존중해 주는 자유민주주의 사회의 건설과 성숙된 시민의식의 고양에서 출발하여야 한다는 것이다. 따라서 민주시민교육은 시민들에게 정치·사회적 상황을 올바르게 인식 및 판단할 수 있도록 하기 위해 필요한 정보를 제공하는 한편, 사회발전을 촉진시키거나 가능하게 하는 의식, 행동방식, 태도 등을 형성·발전시키는 것을 의미한다(황병덕, 1997: 272).

특히, 민주시민교육의 목표개념으로서 "성숙된 인간", "성숙된 시민" 그리고 "정치의 성숙성"을 제시하고 있다. 여기서 "성숙된 인간"이란 민주시민교육의 철학적·인간학적인 지도이념으로서, 그것은 스스로 책임을 지고 어떤 근거에서 행동을 하는 인간의 모습을 가정하고 있다. 그 특징으로는 세계에 대한 정신의 개방성, 인지적인 거리유지 그리고 합리적인 통찰을 언급하고 있다(허영식, 1987: 116).

이러한 민주시민교육은 또한 인간의 존엄성, 인권, 민주적·사회적 법치국가, 국가의 통치구조 등 헌법에서 규정된 기본원칙을 존중한다. 따라서 민주시민교육은 무엇보다도 시민의 민주적 태도 함양과 사회질서 및 준법정신의 고양을 위한 토대를 마련하여 민주주의와 법치주의의 기반을 확립하기 위한 구체적 대안으로 이해할 수 있다. 즉, 민주적 의식개혁을 통한 국제사회에서의 경쟁력을 향상시키고, 권위주의 정권에서 실시했던 것처럼 정권획득이나 정권연장의 수단으로 전락했던 "국민운동적 정치교육"을 극복하기 위한 수단이 바로 민주시민교육인 것이다. 특히, 출생에서 사망까지 시민사회에서 민주주의와 법치주의를 배울 수 있는 민주시민의 평생교육화를 추진함으로써, 새로운 미래지향적 시민사회 건설과 국가발전 그리고 민족의 통일을 대비한다는 차원에서 우리에게 민주시민교육은 더욱 그 필요성이 증대되고 있다(심익섭, 2004: 15).

2.1.2 민주시민교육의 전개과정

한국에서의 민주시민교육은 전개과정은 다음과 같이 4단계의 시기로 구분할 수 있다. 첫째, 제1기(1945-1960년대 초)로 민주시민교육의 태동기로 나타낼 수 있다. 이 시기에는 국민의 민주주의에 대한 열망과 미국식 민주주의가 우리의 민족적 교육이념에 접목되었다. 민주시민교육은 바로 이러한 접목의 시도로부터 출발하였다. 특히, 이 시기의 민주시민교육은 국가에 대한 충성심 함양이 목적이었으며, 국민 개개인을 민주시민으로 육성하기 보다는 체제유지를 강화에 초점이 맞추어졌었다 (심익섭, 2004: 23).

두 번째 시기(1960년대 초-1980년대 후반)는 민주시민교육의 갈등기로 표현할 수 있다. 특히, 이 시기는 4·19혁명을 통하여 독재정권을 타도, 5·16 군사쿠데타, 1972년 10월 유신, 1979년 유신정권 붕괴와 신군부의 등장 및 권위주의 정권의 재등장을 반복하면서 다시 획일적인 국가주의적 '정치교육'이 강화되었다. 그러나 이러한 민주주의의 위기 내지 정치적 갈등상태 하에서도 재야 지식인과 민족학교, 청년학교 및 각종 재야 단체를 중심으로 새로운 민주시민교육의 계기가 마련되었다. 한마디로 이 시기는 관주도의 "국민교육"과 민주도의 자율적인 "시민교육"이 동시에 공존하고 갈등했던 시기였다.

세 번째(1990년대-2002년)는 민주시민교육이 제도화를 추진하던 시기였다. 90년대는 학문적인 시민사회의 논쟁과 더불어 많은 시민단체들이 추진한 각종 민주시민교육(환경교육, 소비자교육, 민주주의교육, 경제교육 등)이 본격화 되는 시기였다(심익섭, 2004: 24). 또한 한국민주시민교육학회가 설립되고, 민주시민교육에 대한 열정을 가진 학자들과 시민단체들이 도출한 민주시민교육관련법안3)을 제도화하려는 노력이 눈물겹게 시도되던 시기였다. 그러나 이후 학회 및 시민단체들간의 단일법안 및 제도화 방안 수립에 합의를 하지 못하였다.

---

3) 1997년 10월 31일 학자들이 중심이 되어 「민주시민교육지원법안」을 여야 의원(박명환, 이건개, 양성철, 이양희, 이신범, 이석현, 권오을, 이상배 의원 등) 52명이 의원발의로 국회운영위원회에 상정하였으나, 15대 국회의 임기만료로 자동폐기되었다(서준원, 2000: 143; 신두철, 2004: 122).

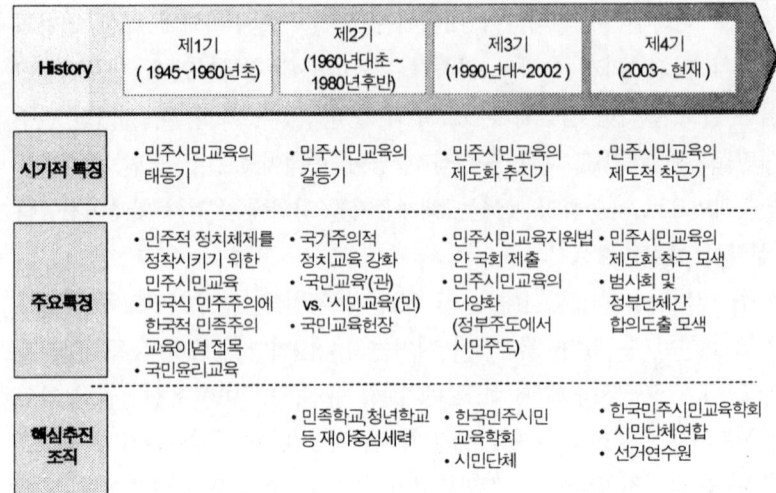

〈그림 16-1〉 민주시민교육의 전개과정

마지막 네 번째 시기(2003-현재)는 민주시민교육의 제도적 착근을 추진하는 단계이다. 이 시기에 주목할만한 특징은 ①중앙선거관리위원회 선거연수원이 민주시민교육을 위한 중심축 역할을 담당하고자 하는 것이다. 이에 따라 제도화를 위한 '민주시민교육지원에 관한 법률'을 비공식적으로 준비한 상태이다. 여기에 내부적으로 장기발전계획을 수립하여 추진 중에 있으며, 최근에는 독일연방정치교육원과 교류협력을 위한 협정서 체결과 민주시민교육관련 각종 심포지움을 개최하는 등 공식적인 활동을 강화하고 있는 중이다(신두철, 2004: 122). ② 한국민주시민교육학회가 시민단체-정치권-행정부 등을 포함하여 이해관계자 영역을 초월하는 포괄적 합의도출을 유도하고 있다. 이것은 다원화된 민주사회에서 민주시민교육에 대한 갈등과 논쟁의 해결방식을 공동의 가치에 두는 소위 최소합의에 두는 것으로 해석할 수 있다.[4]

---

[4] 독일의 경우 민주시민교육의 합의기초를 보이텔스바흐 합의(Beutelsbacher Konsens)에서 찾는다. 보이텔스바흐 합의는 민주시민교육에서의 정치적 갈등과 논쟁의 접근방식과 민주시민교육을 위한 근본적인 공통의 토대를 마련할 필요가 있다는 인식에서 나온 최소한의

2.2. SWOT 분석을 통한 문제점 분석

그동안 학계, 정치권 그리고 시민단체 등에서 민주시민교육의 필요성에는 동의하면서도 민주시민교육의 제도화, 교육추진의 지원체계 및 주체선정 그리고 교육지원 및 교수방법 등을 둘러싼 논의가 계속되어 왔다(서준원, 2000: 142). 물론 이러한 현상은 정부의 개입을 최대한 배제하면서 효율적인 지원을 획득하겠다는 시민단체들의 의도가 깔려 있는 것이다. 그러나 아직 민주시민교육의 체제 및 지원조직 등 제도적 장치구축을 위한 체계적인 분석이 이루어지지 않은 현실을 감안하여 이하에서는 SWOT분석을 통하여 그동안의 문제점을 분석하고자 한다.

〈그림 16-2〉 SWOT분석의 프로세스

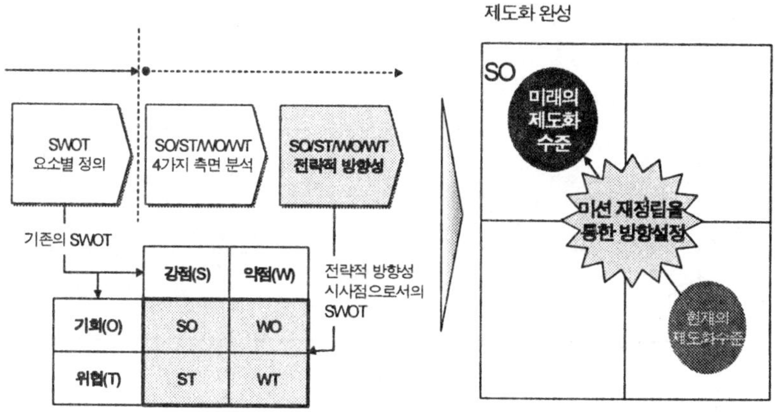

SWOT 분석은 민주시민교육의 제도화를 위한 내외적인 환경에 대한 사정을 통하여 제도화의 강점(strength), 약점(weakness), 기회(opportunity)와 위협(threats) 등을 식별해 내는 단계를 말한다. 이러한 분석은 제도

합의(minimales Konsens)인 것이다(자세한 내용은 신두철, 2004: 106-107).

화의 강점과 약점에 대한 목록을 작성하고 평가하며 그들의 전략적 함의가 무엇인가를 밝혀낸다. 특히 SWOT 분석의 최종산출물은 4가지 요소간의 매트릭스 분석을 통하여 SO/ST/WO/WT별 전략 방향성을 수립하는 것임을 감안하여 제도화라는 새로운 변화가 민주시민교육에 주는 기회와 위협을 탐색하여 그들의 전략적 함의를 파악한다(그림 16-2참조).

〈그림 16-3〉 SWOT분석을 통한 민주시민교육의 문제점 분석

	강점(S)	약점(W)
기회(O)	· 민주시민교육의 명분과 비전을 바탕으로 지속적인 전략 수립 · 민주시민교육에 대한 민관네트워크 구성을 통한 새로운 수요에의 대응 · 민주시민교육의 내실화 및 교육방법의 혁신(심익섭) · 내부의 좋은 인적역량을 지속적으로 유지할 수 있는 민주시민교육 리더십의 개발 · 민주시민교육 과정의 표준화 · 다양한 의견수렴을 통한 기획단계를 통하여 실제 교육단계에서의 실행력 및 효율성 제고	· 독립적·전문적으로 민주시민교육을 전담할 기관의 부재로 인하여 다원적이면서 통합적인 교육 미실시(신두철) · 민주시민교육에 대한 불일치 개선(허영식) · 민주시민교육을 위한 사회교육체제 미비(홍득표) · 핵심교육기능을 중심으로 한 조직설계 방향 유도 · 교육전문성 강화를 위한 구성원의 역량 개발 프로그램이 필요 · 민주시민교육을 위한 제도적 장치마련에 대한 합의의 지연(서준원) · 기존의 민주시민교육에 대한 성공경험의 공유 등으로 추진기관의 활력 제고
위협(T)	· 민주시민교육에 대한 원칙 수립 및 투명한 실행절차로 외부환경을 우호적, 긍정적 분위기로 적극적인 개선 · 민주시민교육에 대한 인식과 의식 개선(허영식) · 새로운 교육수요에 대응하여 국민에게 지속적으로 새로운 민주적 가치를 제공함으로써 민주시민교육의 통합화 유도 · 학교교과 사회교육, 가정·학교·사회수준에서 행해지는 민주시민교육의 유기적인 연계성 확보를 위한 제도적 조건 요청 · 임파워먼트 등을 통한 적극적 참여 분위기 조성 · 제도화를 위한 추진단 설치	· 민주시민교육의 미실시는 장기적으로 시민정치문화 형성과 민주주의의 공고화에 치명적임(신두철) · 권위주의적인 정치문화(허영식) · 민주시민교육의 정치적 도구화(허영식) · 한국민주시민교육학회 연구지원 기능의 미활용 · 전문성을 확보할 수 있는 인사시스템의 미개발 · 의사결정시스템 부재 · 민주시민교육에 대한 이해관계자 참여 프로그램 미개발

(그림 16-3)은 그동안 학계에서 발표된 논문[5]을 중심 민주시민교육의 문제점 및 개선점을 SWOT분석을 통해 재구성하였다. 이러한 분석결과는 (그림 16-4)의 프로세스를 거쳐 다음과 같은 결과를 도출하였다.

---

5) SWOT분석을 위해 심익섭(2004), 허영식(2004), 신두철(2004), 서준원(2000), 홍득표(1997)의 논문을 활용하였음(참고문헌 참조).

〈그림 16-4〉 SWOT분석의 결과와 전략적 함의

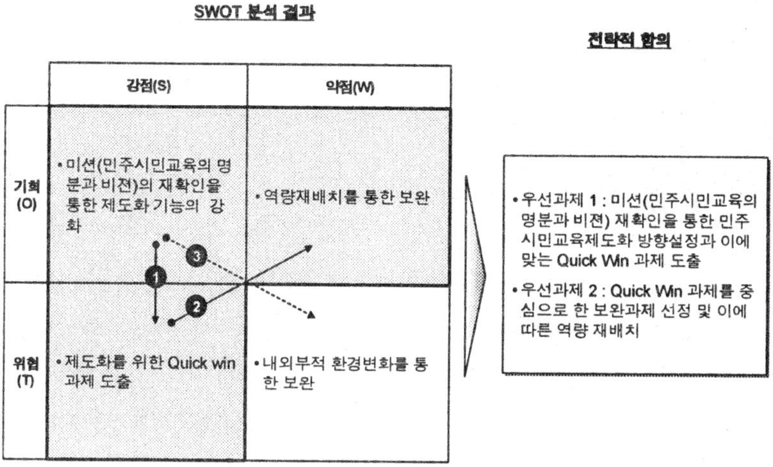

SWOT 분석 결과

	강점(S)	약점(W)
기회(O)	• 미션(민주시민교육의 명분과 비젼)의 재확인을 통한 제도화기능의 강화	• 역량재배치를 통한 보완
위험(T)	• 제도화를 위한 Quick win 과제 도출	• 내외부적 환경변화를 통한 보완

전략적 함의

• 우선과제 1 : 미션(민주시민교육의 명분과 비젼) 재확인을 통한 민주시민교육제도화 방향설정과 이에 맞는 Quick Win 과제 도출
• 우선과제 2 : Quick Win 과제를 중심으로 한 보완과제 선정 및 이에 따른 역량 재배치

우선과제 1은 민주시민교육의 명분과 비젼을 재확인하여 이를 제도화하기 위한 범단체적인 방향설정과 이를 착근시킬 수 있는 Quick Win 과제를 선정하여 추진해야 할 것이다. Quick Win 과제는 다음과 같은 것을 상정할 수 있다.
  - 민주시민교육 제도화를 위한 범단체적인 합의(독일의 Beutelsbach 합의와 같은 수준)
  - 민주시민교육 제도화를 위한 단일 법안 마련
  - 민주시민교육의 기본원칙 및 정책 수립
  - 민주시민교육기관에 대한 원칙적 합의

우선과제 2는 상기한 Quick Win 과제를 중심으로 한 보완과제 선정 및 이에 따른 역량 재배치에 관한 것이다. 보완과제는 다음과 같은 것을 제시할 수 있다.
  - 제도화추진을 위한 '민주시민교육 제도화추진단'(가칭)의 설치

- 민주시민교육법안의 작성 및 검토를 위한 법단체적 대표를 '추진단'내에서 상설화
- 민주시민교육기관의 일원화 방안 모색6)
- 민주시민교육의 대국민 홍보방안 강화

3. 민주시민교육의 제도화 방안

민주시민교육이 안고 있는 일반적인 문제점을 해결하기 위한 방법 중에 하나는 민주시민교육의 제도화이다. 제도화 및 체계화는 안정 내지 균형(equilibrium)을 가져다 줄 수 있다. 특히, 민주시민교육의 운영체계가 국가기구, 비정부기구 그리고 각종 사회단체 등을 통한 포괄적이고 다원적인 형태로 제도화 된다면, 민주정치발전은 물론 참다운 민주주의 정착에 기여 할 것이다. 이하는 민주시민교육의 제도화를 위하여, 제도화의 기본방향, 제도적 장치개발, 제도화의 주체기관 그리고 제도적 착근을 위한 단계를 살펴본다.

3.1. 제도화의 기본방향 - 4원칙

한국에서 민주시민교육의 제도화를 위한 기본방향으로서 다음과 같은 4원칙을 제시하고자 한다.

첫째, 정치적 중립성의 원칙이다. 그동안 한국에서 민주시민교육이 제대로 착근될 수 없었던 이유는 역대정권의 정치적 비중립성 때문이다.

---

6) 현재 민주시민교육은 다양한 기관에서 다양한 방식으로 실시되고 있다. 우선 국가기관 중에는 국회의정연수원(국회의원·지방의원연수), 국정홍보처(공명선거캠페인 등), 통일교육원(통일교육 등), 한국교육개발원(교육방송을 이용한 정치교육프로그램 방송 등), 중앙선거관리위원회 선거연수원(선거관련 정치교육 등) 등과 각 정당의 연수교육 등을 들 수 있다. 시민단체로는 민주시민교육(NGO 연대 협의체)과 연계되어 있는 경실련, 한국YMCA전국연맹, 참여연대, 흥사단 청년아카데미, 녹색연합, 환경운동연합 등도 있다. 특히 학술단체인 한국민주시민교육협의회는 학문연구와 병행하여 민주시민교육의 실천모델로서 대학생리더십 훈련프로그램을 운영하고 있다(자세한 내용은 심익섭, 2004: 25 참조).

즉, 정치교육을 국가나 정권차원에서 정치사회화의 시각에 중점을 둠으로써 정치적으로 종속된 채 정권의 정당성을 위한 도구로 종종 이용되어 왔기 때문이다. 따라서 민주시민교육은 비정파적·초당적 입장에서 실시되어야 함이 전제된다. 이것은 정권교체마다 교육내용 및 방향이 달라져서는 안됨을 의미한다. 특히 민주시민교육 자체가 집권당의 홍보수단이나 특정 정권의 이해를 대변하는 역할을 제도적으로 차단함으로써 민주시민교육의 정치적 중립성을 확보시킬 수 있는 것이다.

둘째, 민주성의 원칙이다. 민주시민교육은 민주적인 시민을 육성하고 자유민주주의의 원칙에 따라 국민 개개인의 자유로운 자기실현 보장을 기본이념으로 한다. 이것은 국가권력에 대한 무조건적인 복종 대신에 대화와 설득을 통하여, 그리고 지배체제의 권위주의는 민주주의 이념과 민주적인 교육방식으로 대체되어야 한다는 논리에 근간을 둔 것이다. 특히, 청소년을 비롯한 시민들이 민주적인 생활방식을 익히고 자신들이 당면해 있는 사회적 현실을 올바르게 인식할 수 있도록 하는 것이 민주시민교육의 핵심이다. 따라서 단순히 지배체제의 권위적 강요에 의한 정치교육이 아니라, 자발적인 의식훈련을 통한 의사결정과 참여교육을 통해 선택과 비판의 개방성이 용인되는 미래 사회로의 건설을 의미하는 것이다. 이러한 민주성의 원칙은 궁극적으로 사회통합에 기여할 수 있다.

셋째, 참여성(Participation)의 원칙이다. 민주시민교육은 사회구조 및 제도와 관련된 것 중에서 비합리적이고 비인간적인 것을 밝혀내고, 정치적인 조작에 항거할 수 있는 비판능력을 배양하는 것이다. 이 경우 민주시민교육은 사회참여교육으로 전환된다. 즉, 인간이 개인 운명과 사회발전 사이의 관계를 파악하게 될 경우 인간은 정치·사회적 참여를 통하여 사회발전과 아울러 개인 운명을 개선시키는 동기를 유발시킴으로써 정치교육은 사회성원들의 사회참여를 촉발시킨다. 이런 측면에서 민주시민교육은 일반적인 인지교육과는 달리 사회인식의 토대위에서 적극적인 참여를 유도하기 위한 실천교육이라 할 수 있다(황병덕, 1997: 270).

넷째, 보충성(Subsidiarity)의 원칙이다. 이는 업무관할권과 재정지원에 관계된다. 업무관할권 측면에서, 보충성이란 "더 큰 단위(a larger unit)는 그것을 구성하는 더 작은 단위(smaller units)가 수행할 수 없거나 또는 수행하기가 적합치 않은 기능만을 담당해야 함"을 의미한다(Neunreither, 1991 : 1). 이는 각각의 더 큰 행정주체는 단지 보충적 또는 부차적 역할만을 담당하는 것으로 만족해야 한다는 것이다. 재정지원 측면에서, 보충성(Subsidiarity)의 의미는 더 큰 행정주체(국가 또는 중앙정부)가 재정지원을 보충적으로 지원함을 의미한다. 이러한 두 가지 측면을 종합해 보면, 상위단위(중앙)의 권한은 하위단위 수준에서 효과적으로 수행될 수 없는 일(task)에만 적용되며, 그러한 경우에 재정지원이란 보충적 기능만을 수행해야 한다는 것이다(Dubach, 1996 : 18).

3.2. 제도적 장치 개발

3.2.1 (가칭) 민주시민교육법 제정 현황 및 문제점

상기였듯이, 민주시민교육법안의 입법화시도는 비록 성공하지는 못했지만, 지난 1990년대 초부터 시작되어 지난 15대 국회부터 본격화 되었다. 그러나 법안관련 각 단체간의 입장과 이해관계의 조정이 충분치 못해 합의도출에 난항을 거듭하고 있다.

현재까지 민주시민교육관련법안을 제기한 단체는 ①국회시민교육연구회, ②한국민주시민교육협의회, ③한국민주시민교육협의회/민주시민교육포럼 그리고 ④중앙선거관리위원회 등으로 요약할 수 있다.

<표 16-1> 민주시민교육법안의 비교

	국회시민교육연구회 안	민주시민교육협의회 안 (2003.6)	민주시민교육협의회/민주시민교육포럼안(과기)	중앙선거관리위원회 안*
법안명	시민교육진흥법	민주시민교육 지원법	민주시민교육지원에 관한 법률	민주시민교육지원에 관한법률
목 적	·민주정치 문화의 함양 ·자유민주주의의 유지와 발전	·민주정치 문화의 함양 ·자유민주주의의 유지와 발전 ·민족통일의 도모 ·인류공영의 이상 실현	·다원적 민주주의 이해 ·인권의 존엄성인식 ·정치적 태도결정과 책임 등, 민주시민의식, 참여와 협력에 의한 민주문화정착	·다원적 민주주의 이해 ·공동체에 대한 올바른 정치태도 형성 ·민주시민의식 ·민주시민의식 함양
소 속	·국무총리 산하 「시민교육위원회」	국회소속 「민주시민교육원」	·국무총리 산하 「민주시민교육위원회」	중앙선거관리위원회 산하 「민주시민교육위원회」
조 직	·위원장은 국무총리, 위원은 위원장 위촉 ·위원회의 사무처리를 위해 시민교육지원단을 설치 ·여야 초당적 합의하에 국회산하 민주시민교육원 설치	·원장, 부원장 포함 임기 3년의 11인의 이사와 감사 ·이사회: 7인의 학술자문위원회 ·법시행에 필요사항 내 회규칙 적용	·임기 3년의 15인 이내 과반수 민간인 위원장 호선 ·당연직 차관급 이상 공무원 총리임명·한국민주시민교육센터 사무국 ·교섭단체 각 2인씩의 평가단	·임기 3년의 당연직과 선출직 위원 9인 ·호선에 의한 위원장과 부위원장 ·차관급의 민주시민교육위원 사무국 ·정원 및 분장사무는 중앙선관위 규칙적용
재 정	68억 규모	국회출연금 국회예산 경비지원	국가, 지방자치단체 예산 지원	공직선거 선거권자 1인당 200원의 국가 예산
기 타	학습휴가 실시	유사명칭 사용금지	학습휴가 및 학습비 지원	학습휴가 및 학습비 지원

출처: 신두철(2004: 121)에서 일부수정

  신두철(2004: 120-121)에 따르면, 민주시민교육법안과 관련된 문제점은 '①민주시민교육원'(가칭)의 설립·운영이며, ②그 동안 논쟁을 불러일으킨 주요쟁점은 민주시민교육원을 어디에 둘 것인가(설립주체)와 ③어떻게 설치(설립방법)할 것인가 즉, 국가기관 주도형으로 할 것인가 아니면, 민간주도형으로 할 것의 문제였다.
  우선 국회시민교육연구회는 김찬진 의원을 중심으로 2000년 1월 「시민교육진흥법안」을 제출하였다. 법안에 따르면 시민교육은 국무총리실 산하의 시민교육위원회가 주관하며, 위원장은 국무총리가 되고, 위원은 위원장이 위촉하는 체제로 추진되었다. 동법안은 임기만료 폐기되었다.

둘째, '한국민주시민교육협의회'는 「국회 소속으로 하는 안」, 민주시민교육포럼과7) 민주시민교육 네트워크 등 시민단체는 「국무총리실 산하로 하는 안」을 제시한바 있다. 이밖에도 「총리실소속 재단법인 안」과 중앙선거관리위원회에 산하 선거연수원을 확대·개편하여 민주시민교육원을 설치하는 방안 등이 있다.

셋째, '민주시민교육협의안'은 학자가 중심이 되어 다양한 논의와 수정작업을 거쳐 1997년 10월 31일에 「민주교육지원법안」을 52명의 여·야 의원의 발의로 국회운영위원회에 상정되었으나, 15대 국회의 임기만료로 자동폐기된 바 있다. 그 이후에는 민주시민교육협의회가 시민·사회단체의 지원을 얻기 위해 12개 시민사회단체로 구성된 민주시민교육포럼과 공동세미나를 개최 하였다. 이를 통해서 단일 법안 마련을 시도하였으나 결국 합의를 이루지는 못하였다.

마지막으로 '중앙선거관리위원회'는 선거연수원을 중심으로 민주시민교육원 설립을 위하여 내부적으로 장기발전계획을 수립하여 추진해나가고 있다. 최근에는 독일연방정치교육원과 교류협력을 위한 협정서 체결과 '한국정치교육의 현황과 미래'라는 주제로 심포지엄을 개최하는 등 공식적인 활동을 강화하고 있지만, 아직 공식적으로 법안을 마련하거나 제출 한 적은 없다. 최근에는 한국민주시민교육원(사), YMCA의 시민정치운동본부 등이 독자적인 법안제출을 검토 또는 계획하고 있다(송창석 2004:104).

---

7) 민주시민교육포럼에는 경실련, 공동체의식개혁시민운동협의회, 기독교윤리실천운동, 여성사회교육원, 참여연대, 한국여성단체연합, 한국여성유권자연맹, 학부모연대, 환경운동연합, 흥사단, 한국YMCA전국연맹, 함께 하는 시민행동 등 12개 단체가 참여하고 있다(신두철, 2004: 121).

3.2.2 (가칭) 민주시민교육원 설치시 고려사항

제도화의 구체화로서 민주시민교육기관이 설치가 고려된다. 이 경우 다음과 같은 사항들이 충분히 검토되어야 한다.

첫째, 시행주체와 지원체계의 문제이다. 현재 민주시민교육의 시행주체 및 지원기구를 국회, 국무총리실, 중앙선관위 등에 두는 방안이 거론되고 있다. 이는 민주시민교육의 정치적 중립성, 효율성 및 효과성과 연관되어 있다.[8]

둘째, 교육기관의 위상확립과 기능의 활성화 문제이다. 민주시민교육의 성공적 실현을 위해서는 법·제도적 지원도 중요하지만, 교육의 기본계획과 방향 설정 및 각종 교재 및 교수법 개발, 연구·출판 등을 수행하는 민주시민교육기관이 실질적으로 담당해야 할 역할도 매우 중요하다.

셋째, 예산확보와 지속적인 지원 문제

민주시민교육기관 설립과정을 전후하여 막대한 예산이 소요될 것으로 예상된다. 또한 지속적인 교육실시를 위해 매년 일정한 예산지원은 불가피하다. 왜냐하면, 정권이 교체될 때마다 예산확보의 불투명성이 제기된다면 민주시민교육의 지속성은 훼손될 것이기 때문이다.

3.3. 제도화의 주체기관

민주시민교육의 제도화 주체, 즉 시행주체와 관련기구의 운영주체가 누가되는 것이 바람직한가? 이하에서는 그동안 논의되었던 주체들을 분석하여 최선의 시행주체를 탐색하기로 한다.

---

[8] 자세한 내용은 후술함.

3.3.1 행정부 주체형

행정부 주체형의 장점은 ①재정확보 및 행정지원이 용이하며, ②전국적인 행정조직망을 가동하기 쉬우며, ③민주시민교육기관의 운영에 있어서 지속성을 유지할 수 있을 것이다. 또한 ④교육대상의 선발 및 동원, ⑤교육의 통합성 유지 그리고 ⑥기관이 추진하는 기타 사업을 능률적으로 집행할 수 있으며, ⑦각 부처간의 업무협조 및 조정이 가능할 것이다.

단점으로는 ①민주시민교육의 정치적 중립성을 유지할 수 없으며, ②과거 권위주의적 정권하에서 정부주도의 정치교육에 대한 불신과 부정적인 인식 때문에 국민의 지지를 획득하기 어려울 것이다. 또한 ③교육의 운영이 관료주의와 행정편의주의에서 탈피하기 어려울 수 있으며, ④내실보다는 실적에 치우쳐 교육이 형식적으로 될 수 있을 것이다. 그 밖에 ⑤민주시민교육의 다양성을 침해하고 관주도적인 획일화의 우려, ⑥작은 정부를 지향하는 행정개혁의 방향과 상반 그리고 ⑦여야간의 합의도출의 어려움 등이 고려될 것이다.

3.3.2 입법부 주체형

행정부로부터 독립된 헌법기관으로서 입법부가 민주시민교육의 주체가 된다면 다음과 같은 장점이 있다. 우선, 행정관료의 영향을 덜 받을 수 있으며, 예산확보도 용이할 수 있을 것이다. 또한 민주시민교육에 필요한 입법권을 행사할 수 있으며, 국회도서관을 비롯하여 다양한 시설과 정치관련 각종 자료와 해당 전문 인력을 활용할 수 있을 것이다(신두철, 2004).

단점으로는 만일 여·야간 합의하에 국회가 민주시민교육의 주체기관이 되더라도 합의와 타협의 정치문화가 정착되지 못한 현실, 정당의 빈번한 이합집산과 낮은 제도화 수준, 정당의 파벌성과 붕당성, 여·야간 동반자 관계가 아닌 대립과 투쟁적인 자세 등으로 자칫 민주시민교육기관이 정치적인 논리에 의해 운영될 가능성이 높다. 즉, 정권획득이 목적인 현실세계에서 여·야가 초당적·초정파적·초정권적으로 국가사업의 하나로서 민주시민교육을 공동으로 추진하기는 기대하기 어려울 것이다(홍득표, 1997: 166).

<그림 16-5> 민주시민교육 제도화 주체형 비교

유형	행정부 주체형	입법부 주체형	민간주도형	중앙선관위 주체형
장점	○행정지원의 용이 -전국적인 행정조직의 가동 용이 ○재정지원(예산확보)의 용이 ○교육대상의 선발·동원 용이 ○교육센터의 기타 사업추진 용이	○정부 관료주의 영향 배제 ○예산확보의 용이성 ○관련입법의 용이성 ○여·야합의 용이성	○조직운영의 자율성과 민주성확보 용이 ○교육의 정치적 중립 ○시민의 자발적인 참여 유도 ○교육내용의 다양화 -국가와 시민사회의 요구반영	○정치적 중립을 헌법상 보장 ○전국적 규모의 교육체제 확립이 용이 ○재정확보 용이 ○관련법안 제출 용이
단점	○교육의 정치적 중립유지 곤란 ○국민의 지지획득 곤란(과거 정부주도의 정치교육) ○관료주의와 행정편의주의로 운영될 수 있음(관주도) ○민주시민교육의 참뜻이 변질될 가능성이 있음	○국회와 행정부간의 갈등표출 가능성 ○행정부의 국회의사 반영시 문제점	○재정확보 어려움 ○센터설립에 참여하는 이해관계의 입장 조정 어려움 ○조직운영의 일관성과 효율성제고의 어려움 ○전국적 규모의 조직 가동의 어려움	○조직내부에 官 주도 시 육기관의 관료화 ○조직내부에 民 주도 시 조직관리 및 운영의 비효율성 초래 ○교육담당 전문인력 부족

(가칭) 한국민주시민교육원

민주시민교육법(가칭)

3.3.3 민간주체형

민간주체형은 민주시민교육에 뜻이 있는 개인이나 민간단체가 민주시민교육기관을 설립하여 운영하는 방법이다.9)

이러한 유형의 장점은 조직설립 및 운영에 있어서 자율성과 민주성을 확보하기가 용이하며, 교육의 정치적 중립을 보장할 수 있다. 특히, 이러한 유형은 민주시민교육의 참뜻인 다양성을 유지하기가 쉬우며, 따라서 시민의 자발적인 참여를 유도하여 교육의 저변확대 명분이 있다. 또한 시민의 요구를 시민단체가 수용할 수 있으며, 교육의 내용과 운영에 있어서도 국가와 사회의 요구에 객관적으로 부응할 수 있을 것이다.

단점은 재정확보의 문제, 기관설립에 참여하는 다양한 이해당사자간의 입장조정의 문제, 조직운영의 일관성과 효율성 확보 문제, 의사결정에서 주도권 문제 등으로 발생할 수 있는 갈등해소 문제, 대외적인 공신력 획득의 문제 그리고 민간단체로서 전국적인 규모의 교육기관을 설립·운영하는 것은 전례가 드문 일로 현실적으로 가능한가에 대한 문제 등이다.

3.3.4 중앙선거관리위원회 주체형

헌법기관으로서 중앙선거관리위원회가 민주시민교육의 주체가 되는 경우 다음과 같은 장점이 있다. 우선은 ①정치적 중립성이 헌법에 의해 제도적으로 보장받고 있다는 점이다. 이것은 민주시민교육기관에서 실시하는 교육의 내용이나 운영에 있어서 뿐만 아니라, 정부조직이나 정당조직으로부터 자율성을 확보한다는 데 의미가 있는 것이다. ②중앙선관위는 또한 각 시도별 그리고 시군구별 하부조직을 갖추고 있어 전국적인 규모의 교육체제 확립할 수 있다. ③ 재정확보가 용이한 점, ④ 그

---

9) 현재 한국민주시민교육원이 지난 2003년 사단법인으로 등록하여 활동 중에 있다.

동안 선거연수원내 민주시민교육을 전담할 관련 조직이 이미 설치되어 민주시민교육방법론과 인프라 구축을 계속해 왔다는 점 그리고 ⑤ 민주시민교육 관련 법안 제출시 헌법기관으로서 지속적으로 추진할 수 있다는 점 등이 있다.

단점으로는 ①조직내부에 官이 주도적인 역할을 할 경우 관료화에 대한 폐단이 지적될 수 있으며, ② 만일 조직내부에 民이 주도적인 역할을 할 경우 행정과 조직관리의 비전문성과 비효율성을 초래할 수 있다. 이를 보완하기 위하여 ③ 조직이 민과 관으로 이원화되어 있을 경우인데, 이 경우에는 책임소재가 불분명하며 갈등의 소지가 있을 수 있다. 또한 ④민주시민교육을 전담할 전문 인력의 부족(신두철, 2004: 125-126)과 ⑤ 민주시민교육기관의 발전과 연계된 교육의 내용과 방법측면에서의 취약성(허영식, 2004: 71-73)을 지적할 수 있다.

3.4. 제도화 착근을 위한 단계

지난 수년간의 경험에 비추어보면, 민주시민교육의 제도화를 위한 법안마련과 추진은 결코 쉬운 작업이 아니다. 일부 시민단체들은 행자부로 부터 활동 지원금을 받고 있어 민주시민교육의 필요성을 절실히 느끼지 않을 수도 있다. 또는 일부의 단체들은 이미 자체적으로 교육센터를 설치하여 운영하고 있다.10) 민주시민교육포럼의 경우는 2005년 현재 "시민교육위원회"법을 초안하고 의견수렴 중에 있다. 이런 식이라면 그간의 갖은 고충을 겪으면서 표출되었던 공동의 노력이 수포로 돌아갈 수 있을 것이다. 만일 다시 원점으로 돌아가서 법안추진이 이루어진다면 막대한 비용과 수고가 또 다시 반복될 것이다(서준원, 2000: 153).

이러한 사태를 방지하기 위해서는 그간에 논의되어 왔던 민주시민교육의 제도화 방안을 착근시키기 위하여 단계별 착근 방안을 수립해야

---

10) 예를 들면, 사단법인 한국민주시민교육원 등이 있다.

할 것이다.

<그림 16-6>에 따르면, 제도적 착근을 위한 제1단계는 시민단체연합, 학회 그리고 정당 및 정치권에서 공동의 합의가 도출되어야 한다. 이러한 합의는 여러 시민단체들간의 의견조율을 의미하며, 정치권의 무책임한 태도와 정부의 관료주의적 성향을 제거할 수 있는 기초가 되는 것이다. 제도화 제2-3단계는 합의도출된 것을 범단체적으로 합의문을 작성하여 공개적으로 선언하는 것이다. 이러한 선언은 선언에 그치는 것이 아니라, 명시적인 제도화 압력으로서 국민에게 하는 정치적인 약속으로 이해할 수 있는 것이다. 제4단계는 합의된 민주시민교육법안을 국회에서 통과시키는 것이며, 이를 계기로 본격적인 제도화 추진단계로 진입하게 된다. 따라서 제5단계에서는 우선 교육원 설립을 위한 추진단이 설치되어, 외부환경변수 및 작성된 조직안이 최종적으로 검토될 것이다. 이러한 단계를 거쳐서 최종단계에서 체제의 완성으로서 가칭 '한국민주시민교육원'이 설립될 것이다.

<그림 16-6> 민주시민교육 제도적 착근 단계

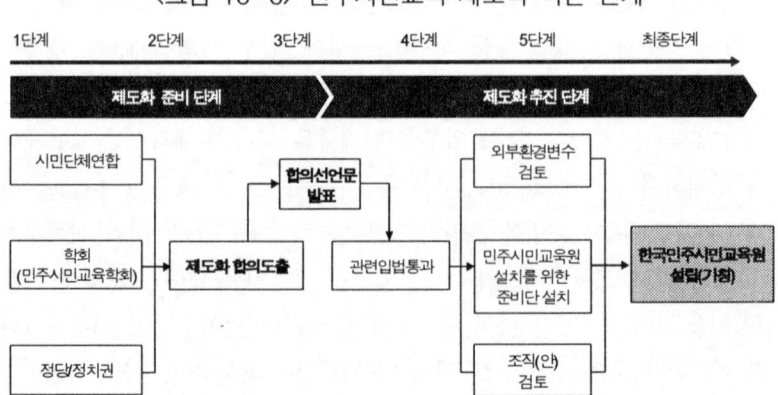

4. (가칭) 한국민주시민교육원을 위한 조직설계 방안

4.1. 조직설계의 의의 및 변수

4.1.1 의의

조직설계(Organizational Design)는 조직구조와 조직과정을 통하여 조직의 목표와 효과성을 달성하려는 조직관리 및 변화의 과정이다. 이때 조직구조란 규칙, 과업, 권한관계의 공식적인 체계로 정의할 수 있다. 조직구조에 의해서 과업의 할당방식, 보고체계, 공식적인 통합, 상호작용 패턴, 자원할당 등이 결정된다. 즉, 조직구조는 조직의 성공적인 활동을 위해 필요한 일과 부서, 직위나 권한관계 등을 안정적으로 짜놓은 틀 또는 뼈대를 의미한다.

한국민주시민교육원의 조직구조는 복잡성이라고 하는 차원에서는 어떻게 설계를 해야 할 지, 그리고 공식화 측면에서는 업무분장의 공식화를 어떻게 해야 할 지, 또한 집권화 측면에서도 공식적인 권한의 할당보다는 비공식적 권한의 할당을 어떻게 처리해야 할지에 관한 문제가 제기된다. 따라서 조직설계를 위한 조직변수의 고찰이 필수적이며, 다음에서 고찰해 보자.

4.1.2 조직설계의 변수

조직을 설계하기 위해서는 기초자료로 활용할 수 있는 기본변수와 조직설계에 직접적인 영향을 미치는 상황변수가 있다.

가. 기본변수

조직설계의 기본변수로는 다음의 세 가지가 있다. 첫째, 조직의 분화

정도(Degree of Differentiation)를 나타내는 복잡성이다. 분화에는 단위팀 사이의 횡적분리 정도 즉, 조직이 특정목표를 효과적으로 달성하기 위해 필요한 업무를 파악하여 할당해 주는 과정인 수평적 분화(horizontal differentiation)와 조직의 계층화 정도를 알아보는 수직적 분화(vertical differentiation) 그리고 조직의 시설 및 구성원의 지역적 분산정도를 알아보는 공간적 분산(spatial differentiation)이 있다.

둘째, 권력의 분산정도를 나타내는 집권화(Centralization) 또는 분권화(Decentralization)이다. 특히, 집권화는 조직내의 의사결정이 집중되는 정도를 나타내며, 따라서 고도의 집중도는 고동의 집권화를 의미한다. 분권화는 의사결정권과 명령지시권이 조직의 여러계층에 위양되어 있으며, 따라서 낮은 집중도를 의미한다.

셋째, 규칙의 수로 측정하는 공식화(Formalization)이다. 즉, 공식화란 조직내의 직무가 표준화되어 있는 정도(degree to which jobs within the Organization are standardized)를 나타낸다. 즉, 조직에서 직무수행에 관하여 언제·무엇을·어떻게 수행해야 하는 행위를 미리 규정한 정도를 의미한다.11) 일반적으로 업무의 전문성이 고도화되면 될수록 공식화 정도가 낮고 비숙련 업무나 생산작업 등의 업무에서는 공식화가 고도화된다. 공식화의 유형에는 공식화의 방법을 문서화 시킨 명시적 공식화와 그렇지 않은 묵시적 공식화가 있다.

나. 상황변수

조직설계의 상황변수로는 조직의 규모, 기술, 환경을 포함하는 외생적(객관적) 변수와 전략 및 권력작용을 나타내는 내생적(주관적) 변수가 있다.

우선, 외생적 변수에는 ①조직구성원의 수, 생산량, 총투하 자본금, 조직의 소유자산총액 등으로 파악되는 조직의 규모, ②조직 내에서 투입

---

11) 공식화의 정도가 높은 조직에는 직무활동의 내용을 명확하게 기술한 직무기술서(explicit job description), 많은 조직의 규칙(lots of organizational rules), 작업과정의 전체에 걸쳐 명확하게 규정된 절차(clearly defined procedures) 등이 있다.

물(Inputs)을 산출물(Outputs)로 변환시키는 과정 또는 방법을 의미하는 기술, ③조직의 외부변수로 고려되며, 조직의 과업수행에 영향을 주지만 조직에 의해서 통제되지 않는 단체나 세력들을 의미하는 환경이 있다.

다음으로 내생적 변수에는 ①조직의 비전, 목표 및 일관된 사명, 인적·물적자원 배분, 조직운영의 장기적인 틀을 제공하는 전략, ②특정 개인 및 집단이 다른 개인 또는 집단의 행태에 영향을 미칠 수 있는 능력으로서 행동주체(개인·조직단위) 사이의 관계를 설정해 주는 요인인 권력작용이 있다.

4.1.3 조직설계의 단계

가. 조직설계 과정

조직설계의 프로세스는 상기한 기본변수와 상황변수를 고려하여 조직구조관련 핵심이슈를 검토한 후 조직설계원칙을 도출하고 시나리오를 구성한 다음, 상위 및 하위조직의 편제를 설계하는 순으로 진행된다. 이러한 편제가 끝난 다음 구성원의 업무분장을 인력설계와 연계하여 인적설계를 마무리 지으면 조직설계 과정이 완성된다.

조직설계 과정에서 조직도의 작성은 조직구조를 기초로 하여 조직의 수직적·수평적 분화의 결과인 단위분서를 표시한 도표이다. 평범하게 보면, 조직설계 과정은 흔종이 위에 사각형의 박스(box)와 각각의 박스를 선으로 연결한 표에 불과하지만 조직설계도는 그것보다 훨씬 중요한 의미와 정보를 담고 있다. 즉, 고도로 분화의 결과로 어떤 기능과 기능을 분리하여 계선(line) 하나를 긋는 작업은 단순히 사각형의 박스 하나를 그리는 것이 아니다. 왜냐하면 그 하나의 선이 어떻게 그어 지느냐에 따라서 조직내 단위분서간의 의사소통, 협조체제, 단위분서의 행동패턴이 현저하게 달라지고 결과적으로 조직 전체로의 효과성 달성에 영향을 미치게 되기 때문이다.

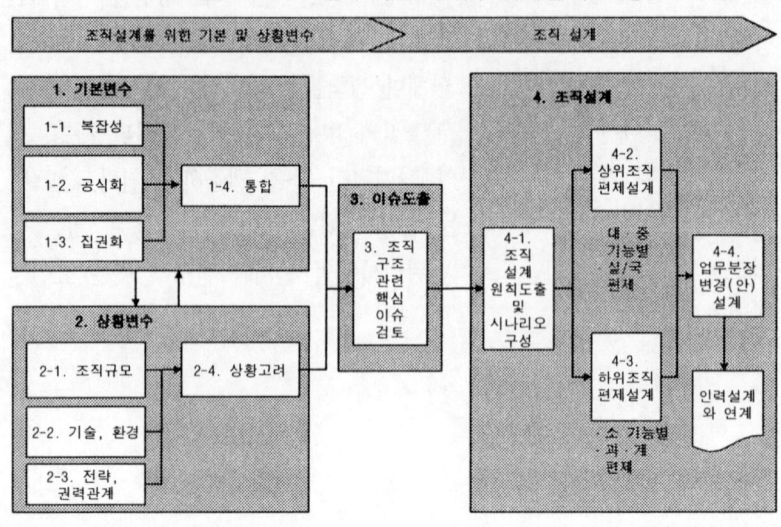

<그림 16-7> 민주시민교육의 조직설계 과정

나. 조직설계 특징

조직설계의 목표는 조직의 원칙에 충실한 조직구조를 갖추기 위해서가 아니라, 조직의 효과성을 달성하기 위한 것이다. 만일 분업의 원리와 전문화의 진전에 따라 조직의 분화가 고도화되는 경우 단위부서간의 조정기능 발휘가 어렵게 된다. 따라서 민주시민교육원처럼 계선(Line)조직이 강조되기 보다는 참모(Staff)조직의 활용도가 높은 경우, 참모의 효율성은 단위조직으로서의 업무수행 능률로서 나타나며 또한 측정이 용이하게 될 것이다.

4.2. 민주시민교육을 위한 조직모형

4.2.1 합의제 행정조직 모형

한국민주시민교육원에서 '원'은 Board형 조직을 일컫는 소위 합의제 행정기구를 의미하며, 독임제의 계선조직과는 상반된다.

이러한 'Board'형 조직은 다양한 조직단위체 또는 조직의 성원으로 구성된 합의제기관(Kollegialorgan)으로서 준입법권 및 준사법권을 보유하고 집행기능의 전부 또는 일부 권한을 지니는 기관(Organ)을 말한다. 현재 우리나라에는 감사원 및 한국소비자보호원의 형태가 이러한 범주에 포함되며, 구 경제기획원도 여기에 속한다.

만일 민주시민교육기관이 Board형의 합의제 조직으로 설립된다면, 다음과 같은 특징을 지니게 된다. 즉, 의사결정을 조직의 장이 단독으로 결정하는 것이 아니라 위원들의 집단적인 결정에 의하여 운영되어야 한다. 따라서 조직은 업무 수행상 책임을 분산해야 하며, 조직의 의사결정에 광범위한 경험과 배경을 가진 사람들을 조직의사결정에 참여시켜야 한다(Schuppert, 2000).

4.2.2 Mintzberg의 조직모형 - 기술구조와 지원스탭이 강화된 모형

Mintzberg(1979/1990)에 의하면 조직형상에는 다섯 가지 기본부문이 있다. 첫째, 핵심운영 부문(operating core)으로 조직의 제품이나 서비스를 생산해내는 기본적인 일들이 발생하는 곳이다. 둘째, 전략부문(strategic apex)으로 조직을 가장 포괄적으로 관점에서 관리하는 최고 관리층이 있는 곳으로 조직의 전략을 형성한다. 셋째, 중간라인(middle line) 부문으로 전략부문과 핵심운영부문간을 직접적으로 연결시키는 라인에 위치한 모든 중간관리자로 구성되어 있다. 넷째, 기술구조부문(technostructure)으로 조직내의 과업과정과 산출물이 표준화되는 시스템을 설계하는 분석가들을 포함하고 있다. 다섯째, 지원스텝부문(support staff)으로 기본적인 과업흐름 외에 발생하는 조직의 문제에 대하여 지원을 하는 모든 전문가들로 구성되어 있다. 그런데, Mintzberg에 의하면, 조직은 서로 다른 다섯 방향으로 작용하는 다섯 가지 힘을 갖고 있다. 첫째, 조직에는 집권화하기 위하여 전략부문 즉, 최고관리층에서 행사하는 힘이 있는데. 이러한 힘은 직접감독에 의한 조정을 통해 발휘되고, 이 힘이 강력할 때 조직은 단순구조의 형태를 갖게 된다. 둘째, 조직에는 표준화를 하기 위하야 기술구조부문에서 행사하는 힘이 있는데, 이러한 힘은 과업과정의 표준화에 의한 조정을 통해 발휘되며, 이 힘이 강력할 때 조직은 기계적 관료제 구조의 형태로 된다. 셋째, 조직에는 전문화기 위하여 핵심운영 부문에서 행사하는 힘이 있는데, 이러한 힘은 작업기술의 표준화에 의한 조정을 통하여 발휘되고, 이 힘이 강력할 때 조직은 전문적 관료제 구조의 형태가 된다. 넷째, 조직에는 사업단위를 분할하기 위하여 중간관리층에서 행사하는 힘이 있는데, 이러한 힘이 강력할 때 조직은 분화된 조직구조의 형태가 된다. 다섯 째, 조직에는 협조 및 혁신을 수행하기 위하여 지원스텝부문에서 행사하는 힘이 존재하는데, 이러한 힘은 상호적응에 의한 조정을 통하여 발휘되며, 이 힘이 강력할 때 조직은 애드호크러시(adhocracy) 구조의 형태가 된다(이창원/정진우, 2004: 90).

<그림 16-8> Mintzberg의 조직형상모델

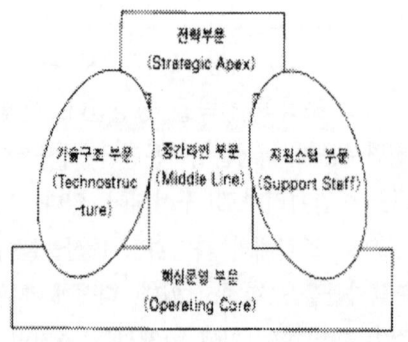

출처: 이창원/정진우(2004: 90)

한국민주시민교육원은 기술구조(technostructure)와 지원스탭(support staff)이 강화된 조직형상을 나타낼 것이다. 즉, 조직의 업무나 구조가 표준화될 수 있도록 업무흐름을 설계하고 수정하여 훈련시키는 역할을 담당하는 기술구조와 조직을 지원하는 전문화된 단위로서 법률자문, 조사 및 개발, 산업관계, 공중관계 등 각각 전문화된 분야에서 계선조직을 지원하는 지원스탭을 강조하는 조직으로 형성될 것이다.

4.2.3 조직의 효과성·효율성 제고모형

조직의 효과성을 제고하기 위해서는 조직목표의 이해가 선행되어야 한다. 조직효과성을 조직목표를 달성한 정도로 간주한다면, 조직효과성과 조직목표는 불가분의 관계인 것이다. 조직목표는 조직이 실현하고자 하는 바람직한 상태이며, 조직효과성은 조직이 실현하고자 하는 바람직한 상황을 얼마나 잘 달성하는가의 문제이다. 따라서 조직효과성은 조직설계의 궁극적인 목표가 되는 것이다.

조직의 효율성은 소위 능률성의 개념과 연관된다. 이것은 생산성의 개념과 유사하며 투입량(input)에 대한 산출물량(output)의 개념으로 규정된다. 민주시민교육활동에서 자원, 시설, 인력 등의 투입을 최소화하여 의도했던 교육의 목표를 달성했다면 이 단계에서 효율성이 우수하다고 평가될 수 있는 것이다.

4.3. (가칭) 한국민주시민교육원 조직모형

<그림 16-9>는 상기한 내용을 종합하여 민주시민교육을 위한 조직을 모형화 하였다. 교육원의 모형은 첫째, Board형의 합의제 행정모형으로 설계되었다. 즉, 의사결정은 분권화를 통하여 이루어진다. 이러한 의사결정 권한의 위임으로 나타나는 분권화는 ①조직환경이 급격하게

변화하고 이에 신속하게 대응할 필요성이 제기되는 상황에 적합하다. 민주시민교육원 조직은 외부환경에 탄력적으로 반응하여 신속하게 외부의 욕구를 수용해야 한다. ②조직이 대규모화되어 관리가 복잡해지는 경우 기관장의 부담이 과중하게 되는 경우에 발생한다. 교육원은 전국적인 교육체제를 갖추어야 하기 때문에 분권화를 수용해야 한다. ③사업의 내용이 다각화되는 경우 집권적 조직으로 대응하기 어렵고 사업부제조직 등으로 분권화가 촉진된다. ④ 조직내의 고도의 전문화가 이루어지거나 전문직 수가 증가할수록 분권화의 경향이 증대된다.

<그림 16-9> (가칭) 한국민주시민교육원 조직모형

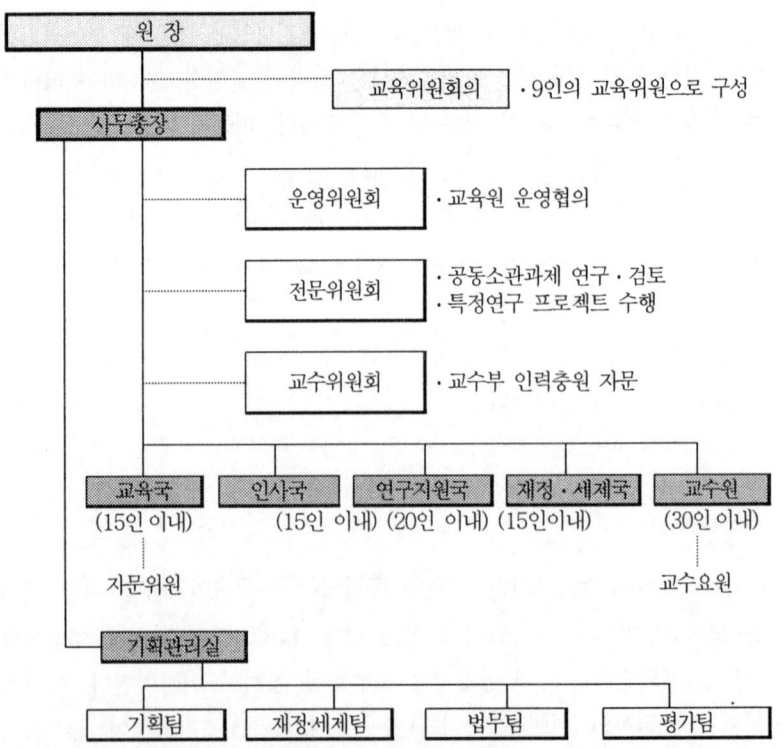

둘째, Mintzberg의 조직모형중에서 기술구조와 지원스탭이 강화된 모형으로 설계되었다. 교육원 조직모형에서는 운영 및 교수위원회는 지원스텝으로 전문위원회는 기술구조부문으로 설계되었다.
　셋째, 조직의 효과성·효율성을 제고시킬 수 있도록 설계되었다. 특히, 효과성·효율성을 제고 시키기 위해 조직이 가지고 있는 복수의 역할체계와 그 관계에 대한 인식과 분석을 가능하게 설계하였다. 이러한 분석은 조직담당자로 하여금 조직설계시 조정기능을 조직구조 자체가 스스로 가질 수 있도록 하였다.

5. 결론

　민주시민교육은 인간의 존엄성을 기초로 하는 헌법적 근본가치(Grundwerte)에서 출발하여 민주주의 국가의 가치와 신념을 수호하는 것에 목적을 두고 있다. 왜냐하면 민주화 과정에서 시민의 정치참여의 확대는 자주적이고 스스로 책임을 떠맡을 수 있는 능력을 갖춘 시민을 전제로 하기 때문이다. 이런 측면에서, 민주시민교육은 자율적이고 성숙된 시민을 양성할 목적으로 민주적인 정치체제에서 민주적인 개념과 지식을 체계적으로 전달하는 일종의 행위라고 표현할 수 있을 것이다.
　그러나 우리는 아직 민주시민교육에 대한 체계적인 접근이 봉쇄되어 있음을 부인할 수 없다. 그 이유에 대한 논의 및 제도화의 필요성에 대해서는 이미 앞에서 언급하였다. 특별히 민주시민교육의 제도화와 관련하여 최근의 움직임이 우리에게 시사하는 바는 다음과 같이 요약할 수 있다. 첫째, 민주시민교육은 헌법적 가치를 실현하는 차원에서 제도화된 틀에서 운영되어야 한다는 것이다. 또한 체계적인 조직과 운영과정상에서도 제도화 되어야 한다. 이것은 민주시민교육이 시민의 정치사회화의 과정으로 체화되기 위한 전제조건으로서 학교내외에서 의식적·계획적으로 제도화되어야 함을 의미한다.

둘째, 민주시민교육에 대한 제도화의 과정은 사회통합에 전제조건이 되어야 한다. 즉, 범사회단체간 제도화에 대한 최소한의 합의가 이루어져야 한다. 이것은 결국 국가의 내적통합에도 민주시민교육이 긍정적인 역할을 한다는 것이다. 여기에 또한 민주시민교육이 바로 시민적 정치문화의 구축과 민주주의의 강화 및 공고화에 크게 기여할 것이기 때문이다.

우리의 경우, 아직까지 민주시민교육과 관련하여 법제도상의 미비함과 민주시민교육 자체에 대한 회의가 존재하는 상황에서 범시민단체간의 합의는 민주시민교육의 제도적 착근을 위한 최우선적 과제가 될 것이다.

참고문헌

김영국(1997), "통일독일의 정치교육 실태에 관한 연구", 「한국정치연구」, pp. 277-299.
서준원(2000), "민주시민교육지원법안 추진과정과 향후과제", 「한국민주시민교육학회보」 제5호, pp. 141-189.
송창석(2004), "시민참여를 위한 민주시민교육 제도화 방안 - 가칭 '민주시민교육지원법' 입법 추진방향을 중심으로", 「선거와 시민참여, 그리고 민주시민교육」, 한국민주시민교육학회 2004 춘계학술세미나 자료집, pp. 89-118.
신두철(2004), "한국 민주시민교육의 제도화", 「한국민주시민 교육론」, 엠-애드.
심익섭(1998), 독일정치교육 조직체계에 관한 연구 : '연방정치교육원'을 중심으로, 「한국민주시민교육학회보」 제3호, pp. 281-305.
심익섭(2004), "한국 민주시민교육의 기본논리", 「한국민주시민 교육론」, 엠-애드.
이창원/정진우(2004), "국회사무처 조직재설계에 관한 논의", 「한국행정학보」

제38권 제5호, pp. 87-100.
전득주(2000), "독일의 정치문화와 정치교육 : 그 역사적 발전 과정을 중심으로", 「한국민주시민교육학회보」 제5호, pp. 1-29.
허영식(1987), "서독 정치교육의 발전과정과 이에 비추어 본 정치교육의 목표와 과제", 「사회와 교육」, pp. 109-128.
허영식(1997), "독일의 민주시민교육 운영체계", 「한국민주시민교육학회보」, pp. 116-151
허영식(2004), "민주시민교육 제도화 방안에 대한 일고", 「한국정치교육의 현황과 미래」, 선거연수원 심포지엄 자료집.
홍득표(1997), "한국 민주시민교육의 체제구축 방안 - 민주시민교육원 설립을 중심으로", 「한국민주시민교육학회보」 2호, pp.1-29.
Breit, Gotthard/Schiele, Siegfried(2000)(Hrsg.), Werte in der Politischen Bildung, Bonn.
Dubach, Alexander(1996), Integration und Subsidiarität, Bern: Verlag Stämpfli+Cie AG.
Gagel, Walter(1996), Geschichte der Politischen Bildung in der Bundesrepublik Deutschland 1945-1989, Opladen.
Hann, de Gerhard(2004), Politische Bildung für Nachhaltigkeit, in: Aus Politik und Zeitgeschichte, 16.Februar 2004, pp.7-15.
Künzel, W.(1997), Politische Bildung im Übergang zur Demokratie, in: Sander, W.(Hg.), Handbuch politische Bildung, Schwalbach-Ts., pp.528-542.
Massing, Peter(2004), Deutschland und Korea am Anfang des 21. JahrhundertHerausforderungen an die politische Bildung, unveröffentlichtes Manuskript.
Mickel, Wolfgang W.(1999) (Hrsg.), Handbuch zur politischen Bildung, Bonn.
Scharenberg, Albert(2004), Zustand und Perspektiven der politischen Bildungsarbeit, in Ostdeutschland, in: Aus Politik und Zeitgeschichte, 16.Februar 2004, pp.39-46.
Schiele, Siegfried(1996), "Politische Bildung in schwierigen Zeit", in: Aus

Politik und Zeitgeschichte, pp.3-8.
Schiele, Siegfried(2004), Ein halbes Jahrhundert staatliche politische Bildung in Deutschland, in Ostdeutschland, in: Aus Politik und Zeitgeschichte, 16.Februar 2004, pp.3-6.